김영욱 대표는 서울대학교 전기공학부 수많은 졸업생 중에서 특별히 기억에 남는다. 20여 년 전 전공수업인 '회로 이론' 강의에서 처음 보았을 때가 기억난다. 당시 이 강의는 필수과목으로 학부 학생 모두 들어야 했다. 그런데 학생들 사이에서는 '죽음의 협곡'으로 불릴 정도로 학점 따기가 어려웠다. 김 대표는 늘 가장 맨 앞에 앉아 수업을 들었고 빼어난 실력을 발휘했다. 훗날 김 대표로부터 "회로 이론 수업 덕분에 고시와 같은 샛길로 빠지지 않고 공학도로서 온전히 길을 걸을 수 있게 됐습니다."라는 인사를 들었다. 나는 교육자이자 학자로서 큰 보람을 느끼기도 했다. 당시의 에피소드는 온전히 담겨 있다.

또한 이 책에는 김 대표가 연구자로서 전세계에서 인정받는 특허를 보유하게 되고 기업가로서 프록시헬스케어라는 기업을 세우고 보유 기술을 제품으로 상용화하게 된 전체의 이야기들이 담겨 있다. 남다른 도전 정신과 열정이 없었다면 수많은 허들을 넘고 현재에 이르지는 못했을 것이다. 김 대표는 이 책에서 자신의 성과와 성공에 치중하기보다는 실수, 실패, 그리고 과오도 여과 없이 쏟아내고 있다. 의대에 진학했다가 공대로 다시 진학하게 된 이야기, 첫 번째 유학 도전에 실패하고 재수하게 된 이야기, 창업했으나 조직을 제대로 꾸리지 못해 고전했던 이야기는 생생하다 못해 안타깝기도 하다. 그의 진솔하고 소탈한 이야기를 통해 '도전하면 누구나 실패하게 되고 그 과정에서 또 한 번 성숙해진다.'라는 인생의 진리를 배우게 된다.

현재의 대한민국은 감히 "도전하고 성공하라!"라고 이야기하기가 어려운 상황이다. 특히 청년들의 상실감과 박탈감은 상당한 것으로 안다. 그럼에도 불구하고 누구든 '미래의 꿈'을 이야기하고자 할 때 이 책을 읽기를 권한다. 어느 자리에서든 '새로운 혁신을 만들고 싶다.'라는 열망을 품게 될 것이다.

- 문승일, 서울대학교 전기정보공학부 교수

나는 현직 치과의사이자 엔젤투자자 모임의 회장으로 도전 정신과 창의력으로 무장한 수많은 스타트업 대표들을 만나왔다. 특히 현직 치과의사이므로 다양한 신 의료기기들을 접할 때가 많다. 프록시헬스케어의 미세전자기파 칫솔인 트로마츠를 처음 접했을 때는 '이게 정말 될까?'라는 의문이 들었다. 그러나 김영욱 대표를 만나면서 이 의심은 단번에 기대감과 함께 향후 무궁무진하게 발전할 수 있다는 설렘으로 바뀌었다. 이런 김영욱 대표의 열정과 끈기는 어디에서 왔을까? 이 책에 그 일면이 하나하나 녹아 있는 것 같다. 아직은 출발선이라고 생각할 수 있다. 하지만 내 마음속에는 벌써 거의 목적지에 다다라 있는 것 같다. 그러한 나의 믿음이 어디에서 오는지를 한 구절 한 구절에서 진하게 보여주고 있다. 나는 김영욱 대표를 만나게 된 것이 크나큰 행운이다. 독자분들도 이 책을 읽으며 행운과 감동을 함께 누리길 소망한다.
— 최성호, 최성호치과의원원장·AI엔젤클럽회장

한국의 헬스케어 분야는 그야말로 혁신의 혁신을 거듭하고 있다. 새로운 기술을 의료의 현장에 적용하는 것이 임상을 맡은 의사들의 과제이기도 하다. 개인적으로 울산경제진흥원에서 후원하는 바이오 분야 청년창업 기업의 멘토로서 헬스케어에 전념하는 많은 청년을 만나보았다. 그들의 창의적이고 혁신적인 아이디어는 그야말로 반짝반짝 빛난다. 그러나 '상용화'라는 현실의 벽을 넘는 것은 또 다른 문제이다.

그런 면에서 프록시헬스케어는 이미 많은 허들을 넘은 헬스케어 분야의 떠오르는 벤처라고 해도 지나치지 않은 평가가 될 것이다. 창업 2년 만에 정식 제품 출시는 물론 매출을 일으키고 수출까지 직행한다는 것은 눈부신 성과가 아닐 수 없다. 그 중앙에 김영욱 대표의 남다른 노력과 활약상이 있었음은 당연한 일이다. 김영욱 대표는 '의대 출신 공학박사'라는 타이틀에서 알 수 있듯 양쪽 모두에 전문성을 갖춘 프로이다. 게다가 삼성전기와 씨젠에서 개발 업무를 담당했기에 필드의 감각도 탁월하다. 여러 방면에서 수학하고 경험한 것들을 프록시헬스케어에 녹아냈으리라 짐작할 수 있다. 그의 개인적 이야기를 펼쳐놓은 이 책이 창업을 꿈꾸는 청년들 그리고 실제 스타트업에 종사하는 대표들에게 큰 울림을 주리라 확신한다. 나는 가까이서 김영욱 대표를 오래 보아왔다. 그가 인생의 많은 도전을 어떻게 선택하고 어떻게 정면 돌파했는지 알고 있는 사람으로서 그의 이야기에서 진정성을 느낄 수 있었다. 현재의 삶에서 새로운 도전을 갈망하는 청년들에게 일독을 권한다. 비록 현재의 삶이 불투명하고 불확실할지라도 새로운 용기와 희망을 품을 수 있을 것이다.
- 이태훈, 울산대학교병원 임상시험센터장·교수

먼저 이 책에 추천의 글을 쓸 기회를 준 김영욱 대표에게 감사의 말을 전한다. 내게 큰 기쁨이자 영광이다. 김영욱 대표는 수많은 유학생 중에 매우 큰 인상을 남긴 학생이자 동료 연구자이다. 그가 처음 미국에 왔을 때 그의 영어는 유창하지 못했다. 우리는 진지하게 "언어 문제를 해결해야 한다."라는 대화를 나눴다. 그는 내게 당당히 "한국인인 내가 영어를 못하는 것은 당연하다. 이 부분에서 이해와 도움이 필요하다."라고 말했다. 나는 수긍했다. 그러나 이후 그는 누구보다 열심히 노력했고 수개월 만에 일상생활은 물론 연구 프로젝트 진행에도 아무런 문제가 없을 정도로 자신의 실력을 키워냈다. 나뿐만 아니라 많은 동료 교수들이 놀라워했다. 그리고 더욱 놀라웠던 것은 이러한 실력 변화가 그의 연구에서도 나타났다는 것이다. 그는 한번 주어진 과제는 무슨 일이 있어도 해결해냈고 '한국인의 투지'가 무엇인지 몸으로 보여주었다. 그가 단시간 안에 석박사 과정을 마치고 탁월한 연구 성과를 만든 것은 모두 그의 열정과 노력의 산물이다.

이 책은 그의 한국에서의 수학 과정, 유학 생활에서 연구 과정, 기업에서 문제를 해결하는 과정, 그리고 창업 스토리까지 담겨 있다. 나의 마음속에서는 '김영욱이라면 어떤 어려움이 있어도 절대 흔들리지 않고 목표를 향해 나아갔을 것'이라는 믿음이 있었다. 그리고 글을 통해 나의 믿음이 틀리지 않았다는 것을 확인했다. 정말 그는 퍼시스턴트(persistent, 끈질긴 집요한) 삶을 살아냈다.

메릴랜드대학교 시절 김영욱은 우리 랩의 좋은 모범 사례였다. 그는 스스로를 잘 관리했고 랩을 잘 운영했으며 연구를 함께하는 연구자들을 한 방향으로 이끌었다. 그의 이러한 태도는 어느 조직에서도 그대로 적용됐을 것이다. 그리고 그의 창업에도 큰 도움이 됐으리라 기대한다.

한국의 독자들은 이 책을 통해 한 명의 연구자가 어떻게 좋은 기업가가 됐는가를 확인할 수 있을 것이다. 또한 자신의 꿈을 향해 쉼 없이 달려온 이가 전하는 도전의 결과들도 확인할 수 있을 것이다. 이 모든 것은 내게도 큰 감동을 주었다. 김영욱 대표의 이야기가 하루빨리 영미권에도 소개돼 감동을 전할 날이 오기를 바란다.
– 레자 가드시Reza Ghodssi, 메릴랜드대학교 교수

수년 전부터 한국에도 '청년 사업가' 붐이 일고 있다. 좋은 선례가 만들어지면서 돈과 사람이 스타트업과 벤처에 몰리고 있다. 벤처의 사전적 의미는 '모험이 필요하나 높은 수익이 예상되는 참신한 사업이나 투자의 대상'이다. 많은 사람이 높은 수익과 참신함에 집중하지만 중요한 것은 '모험이 필요하다.'라는 것이다. 수확에 대한 기대가 크다면 그만큼 큰 리스크를 감당해내야만 한다.
이미 인정받는 벤처가 된 프록시헬스케어의 김영욱 대표 역시 '창업'에 앞서 많은 공부와 훈련을 거쳤다. 이 책을 통해 벤처 역시 자신만의 기술을 발명하는 데 그치지 않고 크고 작은 조직에서 프로젝트를 진행하며 개발과 운영을 동시에 진행하는 경험도 중요하다는 것을 깨닫게 된다. 김영욱 대표는 스스로를 단련시키며 그 모든 과정을 특유의 정면 돌파로 해낸 청년 사업가이다.
불행인지 다행인지 김영욱 대표는 '암'이라는 인생의 극적 상황에 맞서고서야 자신의 꿈을 실천하는 용기를 낼 수 있었다고 이야기한다. '후회하지 않는 삶'을 위해 인생의 이벤트들이 필요하다는 공감도 하게 된다. 이 책이 많은 독자에게 '자신 안에 있는 꿈'을 재발견하고 실현시키는 이벤트가 되길 기대해본다.
– 전영민, 롯데벤처스 대표

김영욱 대표가 이끄는 프록시헬스케어의 전력은 남다르다. 창립 첫해 G-밸리 창업경진대회 혁신상 수상을 시작으로 울산창조경제혁신센터 주관 '2019년 드림셰어 메디컬 해커톤'에서 대상을 수상했고 중소벤처기업부 장관상과 울산중소벤처기업청장상을 수상했다. 2021년에는 특허청 주관 디

데이 디캠프에서 우승하기도 했다. 스타트업으로서 화려한 이력을 자랑하는 이 기업에 도대체 무슨 특별한 기술이 있는가 궁금해진다.

김 대표는 이 책에서 자신의 도전이 어디서 시작됐는가를 이야기한다. 멀쩡히 잘 다니던 의대를 그만두고 공대를 가게 된 이야기, 유학 가기 위해 입시 강사로 밤낮없이 뛰어다녔던 이야기, 메릴랜드대학교에서 석박사를 하면서 겪었던 이야기, 그리고 실제 프록시헬스케어 창업의 밑거름이 된 '트로마츠(미생물막 제거) 기술'을 발명하고 세계 특허까지 거머쥐게 된 이야기들은 굉장히 흥미롭고 진한 감동까지 남긴다.

언론에 조명을 받는 스타트업 현장은 생기 넘치고 화려해 보인다. 하지만 현실을 조금만 들어가 보아도 얼마나 열악한지 알 수 있다. 실제 많은 스타트업이 남다른 성과를 이루기까지 치열하고 힘겨운 하루하루를 견디고 있다. 김영욱 대표의 현장성 넘치는 이야기들은 많은 스타트업에 본보기가 되고 조언이 되고 또 위로가 되리라 확신한다.

오늘도 열심히 자신들의 기술을 상용화하기 위해 땀과 눈물을 흘리고 있는 스타트업의 많은 젊은이에게 이 책을 응원의 메시지로 전하고 싶다.

— 김영덕, 디캠프 대표

퍼시스턴트 라이프

Persistent Life

발명가의 시대는 계속된다

퍼시스턴트 라이프

김영욱 지음

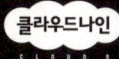

머리말

발명가의 정신은 삶을 풍부하게 한다

나를 딱 한 단어로 정의해야 한다면 '퍼시스턴트$_{persistent}$'를 선택하고 싶다. '끈질긴' '집요한'이라는 의미를 담고 있다. 미국 유학 시절부터 나를 따라다니던 말이기도 하다.

나는 공학도가 되겠다며 잘 다니던 의대를 그만두고 스물세 살에 대학수학능력시험을 다시 보았다. 그리고 지금은 '프록시헬스케어'라는 미생물막(바이오 필름) 제거 원천기술을 제품화하는 스타트업의 대표로 살아가고 있다.

나의 이력을 설명하는 짧은 두 문장 사이에 무려 20년이라는 시간이 흘렀다. 나는 미국의 메릴랜드대학교에서 석박사를 받았고 소위 말하는 대기업에서도 근무했다. 중소 벤처기업에 가서 맨땅에 헤딩하기로 성과를 만들기도 했다. 그 모든 기간에 끈질기고 집요해야만 했다. 그리고 스타트업 이야기를 시작하자면 '대장암 투병' 시기를 빼놓을 수 없다. 40대 초반 대장암을 떼 내고 인공항문을 제거하는 수술을 하고서야 인생의 1막이 끝난 것 같았다. 비로소 나는 스타트업에 모든 것을 걸 수 있었다.

10대 시절부터 소위 말하는 공부 잘하는 모범생이었다. 하지만 남들과 같은 길을 가는 걸 꽤 싫어했다. 누군가 "키워줄 테니 나를 따르라!"라고 말해도 '누가 누굴 키워줘?'라는 생각으로 과감하게 다른 길을 선택했다. 그런 태도가 '삶을 불편하고 어렵게 만들 것'이라는 지적을 숱하게 받았다. 실제 그런 성향 때문에 성공도 안정도 쉽게 이루지 못했다. 그러나 나는 꼭 뭔가를 목표로 한 것이 아니다. 단지 모두가 똑같은 길을 갈 필요는 없다고 생각했다. 내가 생각한 대로 행동했다.

덕분에 나는 순탄한 길 대신 가시밭길을 걸었고 죽도록 고생해야 했다. 의대를 그만두고 채 1년도 안 돼 후회가 밀려들었다. 공대에서는 '살아남기 위해' 필사적으로 공부해야 했다. 유학 시절 초기에는 영어가 제대로 되지 않아 주변의 질타를 받고 열등감에 빠졌고 참담한 심정을 여러 번 느꼈다. 회사 생활에서는 모든 걸 다 걸고 했던 프로젝트가 성공했음에도 팀이 해체되는 패배를 맛보아야 했다. 창업 역시 꽃길의 시작은 아니었다. 시제품 단계에서부터 받은 사용자의 엄청난 컴플레인, 믿었던 팀의 해체와 재구성, 자본금 유치 과정의 무시와 냉대 등 갖가지 일들이 벌어졌다.

그럼에도 나는 그간의 모든 과정에 보람을 느끼고 있다. 누가 알아주지 않아도 스스로가 자랑스럽다. 누군가에게 나의 아픈 실패 그리고 간신히 얻은 약간의 성공을 이야기하는 데 약간의 주저함도 없다.

"나에게 열린 저 문은 위기의 문인가, 기회의 문인가?"

아마 많은 사람이 혼란 속에 머물러 있을 줄 안다. 답은 정해져 있다.

"가보지 않은 길은 그 끝에 무엇이 있는지 결코 알 수 없다."

내가 경험한 바로는 대부분의 기회는 외롭고 처절하며 너절한 길로 연결돼 있다. 그 사이에서 가까운 사람의 외면은 나를 별 볼 일 없는 사람으로 만들고 실패는 쓰리다. 그러나 아이러니하게도 그 과정에서 가능성이 싹 뜨고 삶의 지경은 넓어진다.

'도전'은 죽은 단어가 돼서는 안 된다. 많은 시간과 에너지를 쏟은 자만이 도전의 끝에 도달할 수 있다. '발명가의 정신'은 삶을 풍부하고 의미 있게 만들어준다. 끈질기게 도전하고 집요하게 파고드는 과정은 그렇게 해본 사람만이 느낄 수 있는 희열을 선사한다. 내게 대부분의 실패는 미래를 열어주는 중요한 열쇠가 돼주었다. 지금 성공이라는 기준에 들어맞는 결과에 도달했는지는 알 수 없다. 그러나 나는 시간을 거슬러 올라간다 해도 같은 선택을 했으리라는 것 정도는 알게 됐다.

내가 책을 통해 전하고자 하는 메시지는 간단하다.

"자기 자신에게 기회를 줘라. 도전하고 앞으로 나아가라. 그 모든 과정에서 스스로의 존재가치를 확인하라. 성공하면 행복할 것이고 실패해도 배우는 것이 있을 것이다. 결국 인생이라는 멋진 이벤트를 완성하게 될 것이다."

  모쪼록 독자들에게 나의 삶으로 쓴 이 메시지가 충실히 전달되기를 바란다. 기대와 흥미를 느끼며 첫 장을 읽어주길 바라고 마지막까지 그 여정을 즐겨주기를 바란다. 자신의 기회를 찾고 완성시켜 나가는 데 작은 도움이 되기를 바란다.

2021년 9월
김영욱

차례

머리말 발명가의 정신은 삶을 풍부하게 한다   4

1부 정답은 없다

1장 성공이 아니라 성장이 중요하다   15

1. 나의 길을 스스로 개척해보고 싶었다   17
낯선 곳에서 낯선 사람을 따라가다 · 17 | 삶은 모든 가능성의 총합이다 · 19 | 과거는 미래에 의해 다시 쓰인다 · 23 | 다음 길을 스스로 찾아야 한다 · 26

2. 그냥 하는 것과 재밌어서 하는 것은 다르다   31
왜 선택하고 왜 그만두었는가 · 31 | 드디어 상상하던 공학과 만나다 · 37 | 해야 해서 하는 것과 원해서 하는 것은 다르다 · 42

3. 가능성을 확인하는 일에 전부를 걸었다   45
싸움에서 공부로 생존 전략을 바꾸다 · 45 | 자신을 증명하며 앞으로 나가다 · 49 | 정해진 궤도 밖으로 나아가다 · 54

2장 비긴 어게인! 그러나 끝까지 간다   59

1. '다음 기회'라는 거짓말에 속지 않는다   61
안주하는 사람에게 '다음'은 없다 · 61 | 잘하는 것을 잘할 수 있는 곳으로 가다 · 64 | 삶은 곳곳에 지뢰밭을 숨기고 있다 · 68

2. 에너지와 시간을 두려움에 뺏기지 마라   74
영어라는 장벽에 부딪히다 · 74 | 도망가지 않는 방법밖에 없다 · 76 |
드디어 웰던이라는 말을 듣다 · 78 | 이제 다시는 벌벌 떨지 않겠다 · 81

3. 나를 모르는 곳에서 스스로를 증명하라   84
차라리 눈앞의 현실에 집중하자 · 84 | 빨리 증명해 보이는 것이 좋다 · 87

4. 의학과 공학을 융합해 진가를 발휘하다   92
'살아남는 것'이 가장 큰 경쟁력이다 · 92 | 미생물막 감지 칩을 개발하다 ·
96 | 인생을 걸고 바이오 기술 개발에 나서다 · 101 | 그러나 끝날 때까지 끝난
게 아니다 · 109

2부 공짜는 없다

1장 아무것도 하지 않으면 실패조차 할 수 없다   115

1. 후회합니까? 후회합니다!   117
기대고 살아도 된다는 것을 깨닫다 · 117 | 지금은 후회할 때가 아니다 · 124
| 그래서 현실에서 다시 시작하다! · 130

2. 문제를 제대로 정의하라   135
"원래 그래."는 없다 · 135 | 결론을 바꾸고 싶다면 처음부터 다시 하면 된다
· 139

3. 퇴보한다고 느낄 때 가장 고통스럽다   148
해보지 않고도 알아야 한다 · 148 | 발전한다고 느낄 때 가장 좋다 · 151

2장 스스로 결정할 수 있어야 한다　　　　　　　153

1. 할 수 있는 곳으로 가라　　　　　　　155
   다시 출발점에 서서 고민하다 · 155 | 사표를 문서 분쇄기에 밀어 넣다 · 159

2. 다시 0부터 시작해도 된다　　　　　　　164
   차근차근 전진이다 · 164 | 가장 빛날 때 절망이 찾아오다 · 170

3. 절망 앞에서 삶의 불꽃이 활활 타오르다　　　　　　　174
   이렇게 생을 마감할 수는 없다 · 174 | 수술실에서 창업을 준비하다 · 179 | 지금 간절히 하고 싶은 것을 하라 · 181

3부 비밀은 없다

1장 무모하고 미련해도 괜찮다　　　　　　　189

1. 0과 1의 차이!　　　　　　　191
   마중물이 없으면 샘물도 없다 · 191 | 외롭고 처절하며 너절한 일의 끝에 성공이 있다 · 195 | 사업은 언제든 엎어질 수 있다 · 200

2. 혁신이란 이름으로 시작하다　　　　　　　205
   변하지 않았던 것들을 바꾼다 · 205 | "현재의 제품은 B급이다"라는 말을 듣다 · 211 | 한밤중 마케팅 회의를 하다 · 216 | 불량을 통해 배우고 발전하다 · 219

2장 어떤 성공에도 비밀은 없다   223

1. 창업에도 나침반과 속도계가 필요하다   225
   왜 그때의 나는 실패했는가 · 225 | 아버지에게 배우다 · 230

2. 홀로 성공할 수 없다! 팀이 중요하다   236
   "인사관리 자신 있습니다!" · 236 | 또 한 번의 팀 해체에서 배우다 · 240 | 전 직장 상사들을 영입하다 · 243

3. 투자금 유치, 실전, 그리고 전진이다   246
   씨앗 투자자를 찾습니다! · 246 | 투자자 70여 명에게 배우다 · 249 | 냉정하고 냉정하고 또 냉정하라 · 252

4. 우수함은 노력의 결과이다   256
   시제품과 완제품은 다르다 · 256 | 대기업으로부터 기술료를 받다 · 260

3장 끝까지 위험하게 살아라   265

1. 그래도 창업을 했을까   267
   나의 적성은 '문제해결' 능력이다 · 267 | 왜 어제는 시작하지 못했을까 · 269

2. 두려움의 실체를 확인하라   271
   경험의 한계를 넘어서야 한다 · 271 | 안개 속으로 들어가보라 · 273

3. 발명가의 시대는 끝나지 않았다   275
   우리에게 돌팔매가 필요하다 · 275 | 결국 자신만이 답을 알고 있다 · 277

1부
정답은 없다

Persistent
Life

1장
성공이 아니라 성장이 중요하다

1
나의 길을 스스로 개척해보고 싶었다

낯선 곳에서 낯선 사람을 따라가다

미국 애틀랜타 공항에서 눈을 떴다.

전날 인천 공항에서 비행기를 타고 도쿄를 거쳐 미국 미시간주 디트로이트로 이동했다. 장장 14시간 동안 한숨도 자지 못했다. '드디어 꿈에 그리던 미국으로 간다.'라는 설렘과 28년 인생의 첫 해외연수라는 기대로 심장은 요동쳤다. 약 2개월간 조지아공과대학에서의 연수가 계획돼 있었다.

나는 포항에서 태어났다. 서울살이는 2년여 정도에 불과했다. 20여 년을 포항, 대구, 울산 등 지방 소도시에서 보냈다. 그야말로 촌놈 김영욱에게 미국은 TV에서나 보던 동경의 땅이었다. 비행기가 떠서 미국으로 향하는 내내 긴장과 흥분으로 잠이 오지 않았다. 비행기는 디트로이트 공항에 무사히 착륙했다. 그곳에서 입국심사를 받고 국내선으로 갈아타 애틀랜타 공항으로 가야 했다. 더듬거리는 영어로 입국심사를 마치고 수화물을 옮겨 실었다. 애틀랜타 공항에 도착하면 홈스테이로 안내해줄 가이드가 기다리고 있을 것이다. 디트로이트에서 국내선으로 갈아타고 기내 의자에 앉을 때쯤 긴장도 풀리고 체력도 바닥이 났다. 나는 의자에 앉자마자 그대로 잠에 빠져들었다.

애틀랜타 공항 도착을 알리는 기내 방송이 여러 번 반복됐을 때 비몽사몽 눈을 뜰 수 있었다. 영어는 잘 듣지 못해도 눈치껏 사람들을 따라 움직였다. 정신을 차리고 나를 기다리고 있을 가이드를 찾아야 했다. 그런데 사람들이 걸어가는 길 아래를 보니 바닥에 'Baggage claim(수화물 찾는 곳)'이라는 글자가 쓰여 있었다. 대학생 신분임에도 당시 나의 영어는 '고등학교 교과서' 수준을 벗어나지 못했다. 'Baggage claim=분실물 보관소'로 해석했다.

'수화물을 찾으러 가야 하는데……. 길을 잘못 든 모양이다.'

나는 바른길을 찾아야 한다는 생각으로 사람들의 행렬에서 벗어나려고 방향을 틀었다. 그런데 갑자기 백인 친구 하나가 나를 붙들었다. 얼굴을 보니 비행기 옆자리에 앉았던 친구였다. 얼핏 "지금 가는 방향으로 가야 한다."라고 이야기하는 것 같았다. 얼결에 따라가 보니 정말 수화물 찾는 곳이 나왔다.

그 후로 공항을 벗어나기까지 그 친구는 나를 챙기며 도와주었다. 짐을 찾는 것은 물론이고 공항에 누가 데리러 오는지를 물어보고 가이드도 함께 찾아 나섰다. 그리고 가이드가 몰고 온 차에 나의 짐을 실어주고 난 뒤 "바이 바이!" 인사를 건넸다. 마치 내가 무사히 공항을 빠져나가는 것을 확인하는 것까지가 그의 일인 것 같았다.

나는 헤어질 때 정중하게 묵례하며 짧은 영어로 "나중에 이메일을 보내 인사하고 싶다."라고 했다. 그러나 그 친구는 "두고두고 신경 쓸 일이 아니다."라며 웃으며 악수를 청했다. 후일을 기약하지 않는 낯선 사람의 친절이 생경한 느낌으로 다가왔다. 그것은 일종의 기시감이었다. 멋진 일이 기다리고 있으리라는 기대와 확신이었다. 실제로 이후 몇 달간의 미국 생활은 이전에는 보지 못한 것들을 보게 되는 시간이었다. 이로써 스스로를 바라보는 관점도 달라질 수 있었다. 그 날은 2005년 1월 7일이었다.

삶은 모든 가능성의 총합이다

내가 머물 곳은 애틀랜타 북서쪽 브룩헤이븐 지역의 단독주택이었다. 흑인 여성이 가이드로 나왔는데 나를 아주 세심하게 챙겼다. 현지 생활에 대해 이것저것 많이 알려주려 했던 것이 인상 깊었다. 빗방울은 시간이 갈수록 점점 더 굵어지고 있었다. 하지만 나는 그런 날씨에 아랑곳없이 밝은 컨디션으로 홈스테이에 도착할 수 있었다.

가이드는 상아색 2층짜리 단독주택 앞에 나를 내려주었다. 아담하지만 잘 관리된 인상을 풍겼다. 그 집의 호스트는 캐럴이라는

60대의 멋진 부인이었고 나 외에도 대여섯 명의 게스트가 있었다. 나는 캐럴에게 "헬로, 나이스 미트 유Hello, nice to meet you."로 시작하는 중학교 영어 회화로 인사했다. 당시는 정확한 단어로 문법에 맞게 이야기해야 한다는 생각이 머릿속에 가득했다. 그러한 생각은 그 후 불과 몇 개월 사이에 눈 녹듯 사라졌지만 말이다. 처음 캐럴의 집에 도착했을 때는 군기가 바짝 든 이등병 같았다.

캐럴은 영화과 객원 교수로 유대인이었다. 동양에서 온 게스트를 환영하기 위해 친구들도 불러 모았다. 마치 나를 그 집에 초대된 손님처럼 대해주었다. 나는 간단하게 인사를 나누었고 2층에 마련된 방으로 안내됐다. 옷장과 TV와 욕실이 딸린 마스터 룸이었다. 예상했던 것보다 집이 편안했고 많은 사람이 친절하게 대해줘 긴장과 불안 그리고 두려움은 서서히 사라지기 시작했다.

나는 캐럴과 같은 집에 머무는 게스트들과 친해지기 위해 특유의 적극성과 친화력을 발휘했다. 영어가 원활하지 않다는 핸디캡을 극복하기 위해 몸으로 움직였다. 특히 청소와 요리를 잘했다. 캐럴은 나의 상황을 금방 알아차려 도와주었고 한인 마트에 함께 가는 등 친절을 많이 베풀어주었다. 나는 그에 대한 보답으로 한인 마트에서 사 온 순두부로 찌개도 끓여주고 '김으로 밥을 싸 먹는' 한국의 음식 문화도 소개해주었다.

나의 음식 솜씨에 감동한 건 캐럴만이 아니었다. 캐럴의 남자 친구 찰스도 그랬다. 찰스 역시 유대인이었는데 종종 캐럴과의 데이트에 나를 초대하곤 했다. 캐럴이 영화과 교수이다 보니 영화 관람이나 전시회 같은 이벤트가 많았고 각종 모임에도 주기적으로 참석하고 있었다. 캐럴은 찰스뿐만 아니라 나까지 자신의 모임에 데리고 다녔다. 그렇게 친해지기까지 캐럴의 세심한 배려가 한몫했다.

당시 나의 일과는 아침에 일어나서 캐럴과 함께 오트밀이나 빵으로 식사를 함께하고 점심 도시락을 싸서 지하철을 타고 학교에 갔다가 밤늦게 집으로 돌아오는 것이 다였다. 미국에 도착하자마자 학기가 시작됐으므로 여유가 거의 없었다. 나는 수업에 온 힘을 다했다. 발표도 스스로 하고 시험 준비를 철저히 했다. 서너 시쯤 수업을 마치면 중앙도서관으로 가서 저녁 9시까지 영어 공부를 했다. 집에 오면 거의 밤 10시가 넘었다.

그런데 그런 나의 스케줄은 사실 굉장히 '위험'한 것이었다. 애틀랜타의 치안 상황이 좋지 않았기 때문이다. 지하철역에 노숙자들도 많았고 각종 사건 사고로 뉴스거리가 넘쳐났다. 캐럴은 내게 위험 상황을 자주 알려주었다. 그럼에도 나의 귀가 시간이 빨라지지 않자 도착시간에 맞춰 지하철역으로 차를 가져와 태워주기까지 했다. 나 스스로는 혈기 왕성한 청년이라고 생각했으나 캐럴의 눈에는 애틀랜타의 상황을 모르는 '철부지 외국인'으로 비쳤는지 모르겠다.

하루는 나를 데리러 온 캐럴이 "공부만 하지 말고 미국을 이해하는 데도 시간을 좀 써보는 게 어떻겠어?" 하고 물었다. 나는 평소 캐럴의 친절함에 몸 둘 바를 몰랐기에 흔쾌히 그러겠다고 했다. 그 이후 나는 캐럴과 함께 주말 시간을 보내는 친구가 됐다.

처음으로 캐럴과 함께 참석한 행사는 유대인들의 문학 토론회였다. 명문대학인 에모리대학교에서 주최하는 행사였다. 나는 행사에 참석한 유일한 아시아인이었다. 나머지 참석자들은 교수이거나 연구원이었다. 캐럴은 청중들에게 나를 소개시켜 주었다. 나는 그때부터 실상 문화 충격이라는 것을 경험했다.

"미스터 영은 한국에서 의대를 다닌 적이 있고 현재는 유수의 대학에서 전자공학을 전공하고 있습니다. 미국에는 다양한 경험을 하기 위해 왔다고 해요. 그런데 도서관에만 너무 박혀 있는 것 같아 오늘 모임에 초대하게 됐습니다."

나는 많은 사람과 대화를 나누었다. 그런데 신기하게도 그 누구도 내게 "왜 의대를 그만두었어?"라고 묻지 않았다. 미국 연수를 가기 전 수년간 '의대를 그만둔 이유'를 답하느라 상당한 시간을 써야 했다. 특히 처음 나를 소개하는 자리에서는 "왜 의대를 그만두었냐?"라는 질문을 수시로 들었다. 그래서 언제 어디서든 합당한 답을 할 수 있도록 항상 준비하고 다녀야 했다. 그렇게 몇 년을 지내고 나서라서 그런지 답변이 필요 없는 그 시간이 오히려 낯설었다.

그뿐만이 아니었다. 사람들은 하나같이 "네가 의학 공부한 게 공학 공부하는 데도 도움이 될 거야. 참으로 대단하다."라는 말을 해주었다. 처음 듣는 말이었다. 나의 선택에 대한 비판과 비난 없이 미래에 대해 긍정적인 이야기를 듣는 것이 약간 어색하고 쑥스러웠다. 한편으로는 마음이 편안해졌다.

그런데 이러한 반응은 조지아공과대학교 어학반 선생님들도 비슷했다. 하루는 선생님 한 분이 나를 따로 불러 학교생활에 대해 이것저것 물어보았다. 그리고 나의 이력에 대해 "너의 커리어는 같은 나이대에서 보았을 때 거의 최고 수준이다."라는 말을 해주었다. 덧붙여 만일 내가 대학원을 진학하고 싶다면 추천서를 써주겠다는 말도 했다. 나는 집으로 돌아오는 내내 기분이 아주 좋았다.

'혹시 립서비스가 아닐까?' 하는 의심은 전혀 하지 않았다. 어리둥절하기만 하던 첫 느낌도 사라졌다. 오히려 오래전에 잃어버렸던 에너지와 자신감이 다시금 나를 흔들어 깨우는 것이 느껴졌다. '이곳 사람들은 나의 커리어를 진심으로 부러워하고 앞으로의 가능성도 높게 평가해주는구나!'

미국에서 만난 사람들이 나에게 보여준 태도는 그야말로 '편견 없이 우호적인 것'이었다. 모두 나의 선택을 존중해주었고 긍정적인 평가도 해주었다. 마치 내가 대단한 이력을 쌓아왔고 앞으로의 가능성도 충만한 청년이 된 것 같았다. 몇 해 만에 나는 '삶은 모든 가능성의 총합'이라는 말을 다시금 떠올릴 수 있었다.

과거는 미래에 의해 다시 쓰인다

나의 마음속 불안과 두려움은 어디서 시작됐던 걸까? 그 시작은 '나의 선택'이었다. 스물세 살 초여름 나는 재수까지 하면서 들어간 울산대학교 의과대학 의학과를 휴학했다. 계기가 전혀 없던 것은 아니다. 2000년 정부의 의약분업 방침에 반발하는 의사들의 항의가 있었다. 나 역시 의대생 신분으로 집단행동에 동참했다. 그러다 파업 철회 과정에서 새로운 꿈을 꾸기 시작했다. 의사가 아닌 공학의 길로 가보자.

그해 여름 나는 '의사는 되고 싶지 않다.'라고 생각했고 학교를 휴학하고 4개월 후 다시 대학수학능력시험을 치렀다. 그리고 다음 해인 2001년 스물네 살의 나이로 다시 전기공학부 1학년 학생이 됐다. 사실 합격 소식을 들었을 때만 해도 꿈에 그리던 공대생이 됐다는 기쁨과 만족감에 정신이 아득했다. 그러나 그러한 흥분은 불과 몇 달을 가지 못하고 사그라졌다. 이후 나를 사로잡은 감정은 '경쟁심'과 '두려움'이었다.

가장 먼저 나를 위축되게 한 것은 주변의 평가였다. "왜 그 좋은 의대를 그만두려고 하니?" "서울대학교 간다고 모두가 성공하는 건 아니라더라." "지금이라도 다시 학교로 돌아가라."라는 조언은 약과였다. 그들에게 나의 선택은 '치기 어린 도전'이었고 지금이라도 바로잡아야 할 '오판'이었다. 무엇보다도 장본인인 나보다 부모님이 훨씬 더 많은 걱정과 조언을 들어야 해서 마음이 아팠다. 좋게 말해서 걱정과 조언이지 솔직히 마음고생만 시키는 말들이었다.

"아들이 공부를 잘한다더니 기어이 부모 속을 썩이네요." "옛말에 '머리 좋은 자식이 부모 속을 썩인다'더니 딱 그 짝이에요." "고등학교 나와서 공장에서 꼬박꼬박 월급 받아오는 아들이 훨씬 낫지 않아요? 우리 아들은 벌써 용돈도 준다니까요."

부모님은 주변으로부터 이런 이야기를 들으며 늦깎이 아들을 서울까지 배웅했다. 당시 내색은 하지 않았지만 주변의 이야기를 들으며 마음고생이 상당했다는 것을 나중에 알게 됐다. 내가 의대를 그만둔 순간부터 모두가 "네가 틀렸다."라고 이야기하는 것만 같았다. 그런 생각을 할수록 마음에는 돌덩이가 하나씩 쌓여갔다. 시간이 흐를수록 스스로의 결정에 책임을 져야 한다는 생각이 강해졌고 그만큼 막막함과 조바심이 엄습해왔다. 그렇다 보니 바라던 전기공학부의 신입생 생활도 마냥 즐겁지 않았다. 예상대로 나는 한참이나 나이가 많은 신입생이었다. 고등학교를 갓 졸업하고 나온 동기들에 비하면 5수를 한 셈이었다. 몰랐던 것도 아니다. 그러나 젊디젊은 동기들의 얼굴을 마주하니 '이룬 것도 없이 나이만 먹은' 자신이 초라해졌다.

 게다가 신입생으로 대학국어, 대학수학, 일반물리학을 수강하면서 그토록 좋아하던 수학과 물리 감각이 무뎌졌다는 것을 깨닫게 됐다. 공과대학은 수학과 물리를 기반으로 하는 두뇌들의 집합소이다. 신입생들은 수학과 물리 감각이 그대로 살아 있었다. 그에 비해 나는 대학수학능력시험을 다시 치렀다고는 하나 주요 과목에 대한 감각이 무뎌질 대로 무뎌져 있었다. 잘하는 것을 둘째치고 살아남기도 쉽지 않았다. 수학과 물리가 좋아 전자공학을 전공하려고 했다. 그런데 그마저도 잘할 수 없을지 모른다는 생각이 들자 불안과 두려움이 거세게 밀려왔다.

 또 한 가지 나를 당황스럽게 했던 것은 의대와는 완전히 다른 공대 문화였다. 의대는 정원도 많지 않고 수업도 대부분 함께 듣기 때문에 고등학교 4학년이라고 해도 틀리지 않을 만큼 일체감이 강하다. 동기들은 물론 선후배 관계도 매우 돈독하다. 학교생활을 하면서 외로움을 느낄 틈이 없었다. 이와 달리 서울대학교 전기공학부는 한 학년 정원이 220명이나 됐고 수업도 제각기 들으러 다녔다. 선후배 미팅은 손에 꼽을 정도였다. 수강 신청부터 각개전투다 보니 학과 동기들과 어울릴 시간도 많지 않았다. 동기들은 물론 선후배들의 이름을 모두 외우고 다녔던 이전 의대 다닐 때와는 판이했다. 나는 입학과 동시에 문화 충격 그리고 무한한 외로움을 느꼈다.

동기들보다 네 살이나 많은 상황에서 잘 어울린다는 것은 참으로 힘들고 어려운 일이었다. 나는 오랜 시간을 홀로 보냈다. 그사이 생각은 많아졌고 불안은 증폭됐다.

'정말 의대를 그만두고 이렇게 시작하는 것이 괜찮은 것인가?'

나는 이전에 겪었던 삶의 경험이나 인생의 노하우, 특히 의대에서 공부했던 3년은 아무짝에도 쓸모가 없다는 것을 뼈저리게 느꼈다. 그리고 1학기를 마친 나는 3.48이라는 아주 평범한 학점을 받고 여름방학을 맞게 됐다. 공대 가서 공부하겠다던 야심은 어디 가고 의대 동기들보다 빨리 성공해야 한다는 경쟁심과 조바심에 정신이 아득할 지경이었다.

다음 길을 스스로 찾아야 한다

미국 연수 중에 사람들이 나의 이력에서 높이 평가해준 것 중 하나는 '군대 경험'이었다. 그들은 한국이 징병제 국가인 것을 잘 몰랐다. 아무리 설명해주어도 '2년 반의 군대 생활'에 대한 이야기를 '아주 특별하고 의미 있는 경험'으로 받아들였다. 같은 평가를 반복해서 들으니 나도 군대 생활이 자랑스럽게 느껴졌다.

그러나 솔직히 입대를 결정하게 된 가장 큰 이유도 앞서 설명한 '경쟁심과 조바심' 때문이었다. 스물네 살 대학교 신입생이 되고서야 군대 문제를 고민하게 됐다. 의대 다닐 때는 어차피 군의관으로 가게 되기 때문에 특별히 고민할 필요가 없었다. 그런데 공대 신입생이 되고 보니 '지금은 아니더라도 한 번은 가야 한다.'라는 새로운 고민거리가 생겨났다. 과 특성을 살려 병역특례도 고려해볼 수 있었으나 기간이 길다는 단점이 있었다. 게다가 병무청에서 병역특례 인원을 줄이는 시기여서 꼭 가게 된다는 보장도 없었다. 고민이 깊어지자 '의대를 계속 다녔다면 군의관이라는 편한 보직으로 해결할 수 있었을 텐데……' 하는 아쉬운 생각까지 들었다. 가만히 있으면서 부담감만 키우느니 하루빨리 해결하는 것이 낫겠다는 생각에 1학년 1학기를 마친 2001년 여름방학에 자원입대를 결정했다.

늦가을 논산훈련소로 입소해 육군 의무 특기병으로 근무를 마쳤다. 스물일곱 살 나이에 전역한 것이다. 2004년 1월 군 복무기간 축소로 25개월 2주간의 복무기간을 채우고 집으로 돌아올 수 있었다. 그러나 마냥 홀가분한 기분은 들지 않았다. 나의 인생은 하나의 문제를 해결하고 나면 다음 문제를 해결해야 하는 시험지 같았다. 제대했어도 그뿐이었다. 남들은 대학을 졸업하고 사회로 나가는 스물일곱 살까지 나는 이룬 것이 하나도 없었다. 앞으로 살아갈 날이 더 아득하게만 느껴졌다. 대학까지 높은 자존감 하나로 버틴 나에게 이러한 현실은 매우 쓰리고 아프게 다가왔다.

나는 10대 시절의 대부분을 공부 잘하는 모범생으로 보냈다. 자연스럽게 성적으로 친구들과 나를 비교하며 높은 자존감이 생겼고 매 시험성적이 발표될 때마다 남다른 성취감도 느꼈다. 특히 재수를 통해 모두가 바라는 대학에 당당히 합격했을 때는 마치 큰일을 해낸 듯했고 세상을 다 가진 것 같았다.

그러나 군대 갈 즈음 나는 더는 '촉망받는 우등생'도 '미래가 기대되는 청년'도 아니었다. 그걸 가장 크게 느꼈던 것은 군대 휴가를 나왔을 때다. 군대 동기들처럼 의대 친구들을 찾아갔다. 그런데 그들은 내가 알던 20대 초반의 청년들이 아니었다. 본과 3학년이 돼 벌써 의사 가운을 입고 병동을 돌아다니고 있었다. 일병 계급장이 달린 군복 차림의 내가 한없이 초라하게 느껴졌다. 시간이 지날수록 내가 체감하는 격차는 점점 더 커졌다. '이제 곧 사회에 나간다.'라는 기대를 안고 말년 휴가를 나갔을 때 의대 친구들은 벌써 의사고시를 준비하거나 이미 "의사 선생님" 소리를 듣고 있었다.

그렇게 10대 시절 하늘을 찌를 듯하던 자존감은 20대 중반 땅을 파고 들어가기 시작했다. 애초에 남들과 나를 비교해서 만들어진 '잘남'이란 것이 오래 갈 리 없었다. 개인적 성취와 만족은 이미 사라지고 없었다. 동기들과 비교하면 할수록 더 열등한 사람으로 생각됐다. 그럼에도 누구에게 솔직히 불편한 감정을 이야기하지 못했다. 스스로 의사라는 좋은 직업을 포기하고 경쟁이 치열한 공대생이 되겠다고 결정했다. 이제 와 누구에게 하소연한들 달라질 것도 없었다. 나 스스로 너무도 잘 알고 있었던 현실이다. 열패감을 삯이고 불안이 요동치는 중에도 다음 길을 찾는 것은 오로지 나의 일이었다.

미국 어학 연수를 계획할 때 나의 마음 가장 밑바닥에는 이러한 고민이 켜켜이 쌓여 있었다. 그래서 연수 기간과 장소를 정할 때도 '의사 동기들에게 뒤처지지 않을 것'을 최고 목표로 삼았다. 최대한 빨리 어학 실력을 쌓으면서 시간은 최대한 아낄 수 있는 곳이어야 했다.

군대 시절부터 미국의 여러 대학 프로그램을 알아보기 시작했다. 전역 후에는 종로의 유학원들을 찾아다니며 상담도 받았다. 당시 내가 제시한 조건은 매우 까다로운 것이었다. 첫째 단순 어학 연수가 아닌 대학교 강의를 들을 수 있어야 한다. 둘째 어학 코스를 밟으면서도 다른 나라 사람들과 어울려 생활해볼 수 있어야 한다. 셋째 대학 학기에는 영향을 주지 않는 방학 프로그램이어야 한다. 이러한 조건을 맞추는 학교는 상대적으로 매우 적었고 평판을 확인할 여력도 없었다. 군대 제대하고 1년이 흐른 뒤에야 조건을 맞춘 대학 중 그나마 이름이 알려진 조지아공과대학교로 연수를 떠나게 됐다.

사실 내가 연수를 떠나며 기대한 것은 막연히 아메리칸드림이 어떻게 실현됐는지 직접 눈으로 확인해 본다거나 메이저리거가 된 박찬호의 경기를 볼 수 있을지도 모른다는 것 정도였다. 그러나 나는 운이 매우 좋았고 결과적으로 전혀 기대하지 못한 것들을 경험하게 됐다. '완전히 새로운 자기 평가의 시간'은 내 무너진 자존감을 치켜세우는 데 큰 힘이 됐다.

미국 연수는 비록 짧았지만 내게는 의미 있는 시간이었다. 나의 경험과 선택을 존중해주고 밝은 장래를 예견해주는 많은 사람을 만났다. 모두 나의 미래에 강한 기대감을 표시했다. 그 말들이 열패감과 조바심에 바닥이 쩍쩍 갈라졌던 마음에 단비와 같이 스며들었다. 그곳에서 '다시 뭔가를 해낼 수 있겠다.'라는 자신감이 싹트기 시작했다. 그전에도 해외로 유학 가겠다는 목표가 전혀 없었던 것은 아니었지만 연수를 통해 목표는 더욱 확고해졌다. 대학 졸업과 함께 유학 가는 것은 단기간에 이루어야 할 가장 중요한 목표가 됐다.

2005년 3월 나는 만 2개월의 연수를 마치고 미국에서 돌아왔다. 갈 때와 올 때 마음가짐의 변화가 상당했다. 더는 의대 친구들을 보며 느꼈던 열등감에 흔들리지 않았다. 부모님에게 느꼈던 막연한 죄송함에서도 놓여났다. 나는 더 나은 모습으로 성장할 것이라는 확신이 들었기 때문이다. 마지막으로 서울대학교 전기공학부에 입학할 때부터 슬금슬금 나를 점령했던 불안감에서 벗어날 수 있게 됐다.

'내가 정말 잘할 수 있는 것은 무엇이고 지금 그것을 하기 위해 무엇을 할 것인가?'

나는 진지하게 고민했다. 그러자 불편한 감정들이 사라졌고 미래에 대한 우려와 긴장은 앞일을 계획하고 실천하는 긍정적 에너지로 바뀌었다. 다시 에너지가 충만하고 자신감으로 똘똘 뭉친 김영욱으로 돌아갈 수 있었다.

2

그냥 하는 것과
재밌어서 하는 것은 다르다

왜 선택하고 왜 그만두었는가

나는 중고등학교 시절에 기술, 공업, 물리, 수학을 좋아했다. 아버지와 함께 자동차 보닛을 열고 엔진을 들여다보는 것을 좋아했다. 내가 엔진 이곳저곳을 짚어가며 "이건 뭐 하는 거예요?" 하고 물어보면 아버지는 자신이 아는 선에서 최대한 자세하게 설명해주었다. 그때 어렴풋하게 재미있다는 느낌을 받았다. 막연하게 나중에 가서 공학 관련 일을 하면 좋겠다고 생각하게 됐다. 대학의 학과 구분을 알고 나서는 기계공학이나 전자공학과를 희망하게 됐다. 이런 이야기를 하면 "그런데 왜 의대에 갔어요?" 하는 질문이 따라온다. 시대적 배경과 공간이라는 물리적 배경이 합쳐져 그런 결정을 하게 됐다.

내가 고등학교를 졸업하고 바로 대학에 갔다면 1997년 3월 대학에 입학했을 것이다. 그런데 첫 수학능력 평가에서 원하던 성적을 얻지 못했다. 수능 당일 나는 '재수'를 결정했다. 입학원서를 한 장도 쓰지 않고 고등학교를 차석으로 졸업했다. 졸업식 날은 점심을 먹자마자 재수학원으로 향했다. 그런데 1997년 11월 '국가부도'라고 할 수 있는 IMF 구제금융 사태가 터졌다. 바로 며칠 전 나는 수능을 치렀고 원하던 성적을 얻었다. 그러나 그 후 대한민국에서는 1만여 개의 기업이 도산했고 주가지수는 반토막 이하로 떨어졌으며 이자율은 20퍼센트까지 치솟았다. 그 와중에 아버지가 다니던 건설회사도 부도가 났다. 전대미문의 상황에서 나의 대학입시도 계획대로 흘러가지 않았다.

입학원서를 쓰러 갔을 때 담임 선생님으로부터 "의대에 진학해 보는 건 어떠냐?"는 이야기를 처음 들었다. IMF로 평생 안정을 보장하던 기업들이 줄줄이 문을 닫았다. 자신의 능력으로 밥벌이할 수 있는 직업이 최고로 생각됐다. 정년이 없는 직업이면 가장 좋았다. 이전에도 의사는 선호도가 높은 직업이었는데 IMF로 선호도가 더욱 높아졌다. 부모님도 "집안에 의사 한 명 있으면 좋겠네."라며 선생님의 의견에 힘을 보탰다.

이전까지 나는 '의사가 된다'거나 '의사의 삶'에 대해 생각해본 적이 한 번도 없었다. 그래서 의사가 어떤 일을 하고 의대에서 어떤 공부를 하는지 전혀 알지 못했다. 그럼에도 주변의 권유와 안정적인 삶에 대한 막연한 동경으로 의대 지원을 고민하게 됐다. 돌이켜 생각해보면 그때 나는 '의사로서 어떻게 살아가게 될까?'를 고민했어야 했다. 그러나 그런 고민보다 '어느 의대를 가야 내 의지대로 미래를 설계할 수 있을까?'라는 고민을 했다. 실제 내 수학능력 시험성적으로는 웬만한 대학교의 의대는 갈 수 있었다. 신생 의대들이 많이 생길 때라 6년 장학금을 주는 곳도 있었다. 의사의 삶보다 가고 싶은 의대를 고르는 고민을 하면서 시간을 보냈다. 그렇게 첫 단추가 어긋났다.

그리고 '뭔가를 하기로 했으면 확실히 한다.'라는 나의 적극성은 엉뚱한 데서 나타났다. 의대 리스트를 놓고 고민하다가 울산대 의대가 눈에 들어왔다. 여러모로 내가 생각하는 조건에 맞는 곳이었다. 당시 내가 고민했던 것은 두 가지였다. 첫 번째, 살던 곳을 벗어나고 싶었다. 두 번째, 자유롭게 성장하며 성취감을 맛볼 수 있는 곳에 가고 싶었다.

첫 번째 고민은 울산대학교 의대는 울산에 있었으므로 자연스럽게 해결됐다. 당시 우리 집은 대구에 있었다. 대구만 벗어나면 됐다. 두 번째 고민은 울산대 의대의 역사가 10년이라는 적정선에 걸쳐 있어서 해결됐다. 신생 의대는 기초가 부실할 수 있었고 역사와 전통이 깊은 곳은 성격상 맞지 않을 수 있다는 판단을 내렸다. 특히 층층시하의 선배들이 많은 곳에서는 자유롭게 성장하며 성취감을 얻기 어렵겠다고 생각했다. 좌우로 재고 위아래로 재어보니 이제 10년이 된 울산대 의대가 내가 고민하던 조건에 딱 맞아 보였다. 그리고 가장 좋은 건 의대 기초과정인 예과 2년을 마치고 나면 서울의 협력병원인 아산병원에서 본과 수업을 듣게 되는 것이었다. 만 20년을 지방에서 자란 나로서는 더없이 좋은 선택지였다.

그런데 입학원서를 쓰려던 시기에 이상한 소문을 듣게 됐다. 울산대학교 의대에 가면 본과 수업도 울산에서 들어야 한다는 것이었다. 1997년 3월 울산광역시 동구에 울산대학교병원이 설립됐으니 울산대학교병원에서 공부와 수련을 하는 것이 당연하다는 이야기였다. 그런데 소문만 무성하다 보니 "예전대로 서울로 간다." "아니다. 울산에 남는다." 사람마다 말이 달랐다.

나는 혼자서 고민하느니 가장 정확한 정보를 찾아 듣는 것이 낫겠다고 생각했다. 바로 시외버스를 타고 울산대학교 의대를 찾아갔다. 직접 의예과 학과장실을 찾아가 문을 똑똑 두드렸다. 마침 학과장이 직접 문을 열어주었다.

"제가 이 학교를 지원하고자 하는데 입학하면 울산대학교병원에 배정된다는 소문이 돌아서요. 그게 진실인지 아닌지 알고 싶어서 왔습니다."

입시생의 당돌한 질문에 학과장은 파안대소하며 "근거 없는 내용이니 걱정하지 말고 지원하세요."라고 말했다. 그 말을 믿고 나는 원서를 썼고 울산대학교 의대에 특차로 합격했다. 입학 성적이 좋아 첫 학기 장학금까지 받을 수 있었다. 여기까지가 내가 의사의 길을 선택한 과정 전부이다.

그리고 의사의 길을 포기한 과정 역시 그다지 복잡하지 않다. 비록 의대에 고민 없이 들어가긴 했지만 충실히 다녔다. 과대표, 기획부장, 동아리 회장 등 친구들과 어울려 즐겁게 예과를 보냈고, 본과에 올라가 서울 생활을 할 때도 크게 불만이나 어려움을 느끼지 않았다. 그러다 2000년 의약분업을 계기로 한 의료계 파업을 겪었다.

사실 나는 2000년 의약분업 법안이 통과되면 의료계가 어떻게 변화할지 구체적으로 알지 못했다. 의료계 선배들이 강력하게 항의해야 한다고 했고 그 말을 당연히 믿었다. 그런데 의료계 선배들은 정부의 강경 방침이 발표되자 더 이상 전진하지 않았다. 일단은 교실로 복귀하고 상황을 지켜보겠다는 것이다. 나로서는 이해할 수 없었다. 의료 파업의 피해가 고스란히 환자들에게 돌아가는 상황을 보는 상황에서 다시 파업한다는 것도 말이 안 된다고 생각했다. 그제야 나는 '내가 의사가 된다면 어떤 의사가 될 수 있을까?'를 고민하기 시작했다.

우리 집안에는 의료계에 종사하는 친인척이 없었다. 따라서 나는 의사의 길에 대한 정확한 로드맵 혹은 의료인이 가져야 할 철학에 대해 들어본 적이 없었다. 정확히는 의사가 되면 어떤 삶을 살게 될지 알지 못했다. 매일 의학 공부를 하고 병원에서 살다시피 했지만 보고 들은 것이 다였다. 삶 전체를 들여다보지는 못했다. 다행인 것은 그랬기 때문에 '의사가 누릴 수 있는 경제적인 여유나 삶의 특장점'도 정확히 알지 못했다. 나는 쉽게 '다른 인생' 혹은 '내가 원하는 인생'을 살 기회가 왔다고 생각했다. 그래서 동기들에게도 의대를 그만둘 생각을 한다고 편하게 이야기할 수 있었다. 물론 주변 친구들은 나의 말을 곧이곧대로 듣지 않았다.

나는 휴학할지 말지 결정을 하기 전에 마지막으로 누군가의 조언을 듣고 싶었다. 가장 신뢰할 수 있는 지도교수를 찾아갔다. 지도교수는 찬찬히 나의 이야기를 들어주었다.

"마음은 갈팡질팡하고 부모님도 반대하십니다. 하지만 저는 예전에 해보고 싶었던 공부를 지금이라도 해보고 싶습니다. 그래서 휴학을 하고 공대에 가고 싶습니다."

두서없이 이야기를 마쳤다. 묵묵히 이야기들 들은 지도교수는 "꿈이 있으니까 한번 도전해보는 것도 괜찮을 것 같아."라고 짧고 굵게 말했다. 사실 나는 지도교수의 연구실을 들어갈 때까지도 '교수님은 틀림없이 학교에 남으라고 하실 거야. 그렇겠지. 그럼 그냥 학교 다녀야지.'라고 생각했다. 그런데 뜻밖의 답변을 듣게 돼 속으로 적잖이 놀랐다.

훗날 '지도교수님은 어떻게 그런 답변을 할 수 있었을까?'를 생각해본 적이 있다. 아마도 지도교수는 '적성에 맞지 않지만 의사로 살아가는 사람들'을 많이 보지 않았을까 싶다. 실제 한 의사 포털에서 개원의들을 상대로 '귀하의 인생을 되돌릴 수 있다면?'이라는 주제로 설문조사를 한 적이 있다. '후회한다'는 의견이 43퍼센트, '만족하지 않지만 후회는 않는다'가 23퍼센트 나왔다고 한다. 의사라는 직업에 만족하고 후회도 없다는 응답은 7퍼센트에 불과했다. 물론 가본 자만이 할 수 있는 답변이긴 하다. 하지만 모두가 동경하는 직업을 갖는다고 해도 만족이 보장되는 것은 아니다. 지도교수는 내가 후회하거나 만족하지 못하는 의사가 되느니 새로운 도전을 해보는 것이 낫다고 판단한 것 같다.

어쨌든 지도교수의 답변을 들은 나는 그대로 학과 사무실에 가서 휴학계를 냈다. 학과 사무실에서는 면역학 수업이 2주나 남아 있으니 다 듣고 학점을 딴 뒤 휴학하라고 만류했다. 그때 나는 "그건 제가 알아서 하겠습니다. 저는 지금 이 순간 학교를 휴학하고 싶습니다."라며 귀를 닫았다. 그렇게 면역학 수업의 F를 확정하고 학교를 빠져나왔다.

드디어 상상하던 공학과 만나다

의대 공부는 내게 큰 도움이 됐다. 특히 대학원 시절 의대에서 배운 다양한 지식은 '나의 특장점'으로 통했다. 심지어 나의 석박사 과정을 지도해준 메릴랜드대학교의 레자 가드시 Reza Ghodssi 교수는 "영 Young이 의대 출신 공학도라는 점을 높이 사서 우리 연구실 멤버로 선발하게 됐다."라고 공개적으로 이야기하기도 했다.

그런데 사실 의대를 다녔던 3년을 돌아보면 '공부'보다는 '운동'에 더 열심이었다. 그야말로 '체대생 같은 의대생 시절'을 보냈다. 참 '고민 없던' 시절이다. 나는 의대에 들어가 부과대표가 되자마자 자진해서 축구 동아리를 만들었고 초대 회장으로 충실히 활동했다. 수시로 타과와 친선 경기를 주선했고 한 번은 공대 축구팀과 싸워서 이기는 혁혁한 성과를 만들기도 했다. 방학은 더 바쁜 기간이었다. 팀원들과 경포대로 전지 훈련을 떠났다. 2학년 때는 전국 트라이애슬론 선수권 대회에 참가해 완주했고 사이사이 짬을 내 "전국의 악산을 모두 섭렵하자." 하고는 친구와 산을 타러 다녔다. 급기야 아버지로부터 "젊었을 때 몸을 그리 혹사하면 나이 들어 고생한다."라는 걱정을 듣기도 했다.

그럼에도 학점은 나쁘지 않았다. 고등학교 시절 하던 가닥이 있던 터라 예습 복습을 거의 하지 않고 수업 시간에만 집중했는데도 중상위를 유지할 수 있었다. 덕분에 나는 학교에서 '공부도 하는 명물'로 통했다. 다들 내가 의대를 즐겁고 신나게 다닌다고 생각했고 언젠가 의사가 되는 길을 포기하리라고는 상상하지 못했다.

앞서 언급한 대로 의약분업이 있기 전까지는 말이다. 사실 나도 나의 길이 그렇게 흘러 갈지 알지 못했다. 의대를 다니는 동안 이렇다 할 고민이 없었다. 심지어 '의사가 되고 나면 어떻게 살아갈 것인가?'에 대한 고민도 하지 않았다. 의대를 다녔으니 의사가 되는 것이 당연하듯 의사가 되면 또 당연한 삶을 살아갈 줄만 알았다. 해야 할 일들을 다 하면서도 늘 '시간'은 남고 '재미'는 부족했다.

나는 후에 공학 공부를 시작하고서 의대 시절 내게 뭔가가 빠져 있었다는 것을 알아차렸다. 의대생 시절 항상 밝고 명랑했지만 진정으로 원하는 일을 할 때의 '몰입감'은 맛볼 수 없었다. 그래서 새로운 '재밋거리'를 찾아다니는 데 열중했다. 친구들과 어울리고 운동으로 에너지를 푸는 데 많은 시간을 썼다.

훗날의 일이지만 나는 공학 공부를 시작하고부터 전에 없이 몸이 불기도 했다. 평소 좋아하던 운동을 하기에도 시간이 아까웠으므로 당연한 결과였다. 도서관에 들어가면 해가 지도록 시간 가는 줄 모르고 공부에 매달렸다. 그럼에도 '하고 싶은 것을 한다.'라는 즐거움으로 항상 에너지가 충만한 느낌을 받았다. 그러나 앞서 설명했듯 전기공학부를 입학한 순간부터 빛나는 순간이 시작된 것은 아니었다. 1학기를 마칠 때는 동기들에 비해 수학과 물리에서 뒤처지는 것은 아닌가 걱정이 앞섰다. 덕분에 군대를 마칠 즈음에는 공학도로서 또 한 번의 외도를 감행하기도 했다.

2003년 7월 1일 나는 병장이 됐다. 전역을 6개월 앞둔 군대 생활의 황금기가 시작됐다. 12일간의 정기휴가를 나와 광화문 교보문고에 갔다. 한창나이에 군대에서 시간을 허비하고 있다는 불안감과 세상이 어떻게 돌아가는지 알고 싶다는 허기를 채우기 위해 한참 머물렀다. 서점 안을 이리저리 돌아다니다 처음으로 사법고시 관련 책들을 보게 됐다. 순간 스물여섯 살 대한민국 육군 병장의 마음에 사법고시 합격을 통한 신분 상승의 욕망이 불타오르기 시작했다. 지난한 학창 시절과 재수 그리고 인생 마지막 대학수학능력시험을 돌아볼 때 누구보다 시험에 강한 체질이었다. 시험은 내게 긴장감 넘치는 한판 대결과 같았다. 그리고 승률도 나쁘지 않았다. 그러나 막상 법전을 펼쳐서 열어보니 완전 낯설었다. 공대생 특성상 한자어로 된 문장들이 길게 나열된 법전이 어려웠던 것이다. 순간 상당히 불리한 싸움이라는 생각이 들었다.

그런데 시선을 돌리니 변리사 시험에 필요한 민법 책이 보였다. 변리사 시험은 민법을 공부해서 1차 시험을 통과하면 2차 시험부터는 전공과목으로 진행이 됐다. 전공과목이라면 한번 해볼 만하다는 생각이 들어 도전해보기로 했다. 알아보니 전기공학부 동기들이나 후배들까지도 변리사 시험 준비를 많이 했다. 당연히 '나도 해볼 만하지 않을까?' 하는 막연한 희망이 싹터 올랐다. 다시 한번 더 설명하자면 당시는 나의 조급증이 최고조에 달했던 시점이다. 의대 친구들은 어느새 의사 가운을 걸치고 있었고 미래가 안정된 상황에서 결혼도 빨리했다. 나는 시간이 갈수록 격차가 커지리라 예상했다. 그런데 변리사를 따면 그 격차를 단번에 해소할 수 있으리라 확신했다.

나는 민법 책을 사 들고 부대로 복귀했다. 저녁 시간에 독서실에서 공부할 수 있도록 허락을 구했다. 군대 생활이 몇 개월밖에 남지 않았으므로 어렵지 않게 독서실 사용을 허락받을 수 있었다. 오후 8~9시 자유시간과 10~12시 취침 시간이 내게 주어졌다. 나는 온 힘을 다해 공부했다. 남들보다 늦었다는 생각과 어떻게 해서든 따라 잡아서 인생을 정상 궤도로 올려놓아야 한다는 생각뿐이었다. 일과를 마치면 피곤이 몰려왔지만 '군대에서 영원히 있을 수는 없으니 사회생활을 준비하는 것은 당연하다.'라는 생각으로 버텼다. 그렇게 6개월 법전과 함께 보내니 어느 정도 민법이 익숙해지기 시작했다.

2004년 1월 4일 전역을 하고부터는 낙성대에 자취방을 얻고 서울대학교 중앙도서관으로 등하교를 시작했다. 변리사 1차 시험이 3월 5일로 예정돼 있었다. 나는 증명사진을 새로 찍어 시험 접수를 하고 시험 준비도 철저히 했다. 공부하면 할수록 '나도 이제 뭔가가 될 수 있다.'라는 생각에 마음이 편안해졌다. 의대 친구들도 의사고

시를 준비할 때였는데 나도 고시 준비를 한다는 것이 큰 위안이 됐다. 이만하면 사회의 일반적인 기준으로 보아도 절대 뒤처지지 않은 인생이라고 스스로를 위로했다.

그리고 3월 2일 복학 후 첫 학기 수업이 시작됐다. 군대 가기 위해 1학년 2학기 수업을 건너뛴 나는 2학년 1학기 수업을 신청하고 본격적인 전공수업에 돌입하기로 했다. 변리사 시험에서도 전공과목을 잘 보아야 하므로 당연한 선택이었다. 2학년 수업 중 가장 어려운 과목은 4학점짜리인 '회로 이론'이었다. 120여 명이 함께 듣는 전공필수 수업이었고 3월 2일 개강일에 첫 수업이 시작됐다.

지금도 정확히 기억난다. 전기공학부 문승일 교수가 『회로 이론』이라는 법전에 버금가는 두께의 영어 원서를 들고 교실로 들어왔다. 그때까지 내가 전기 전자공학에 대해 배운 것은 고등학교 시절 옴의 법칙을 기반으로 하는 물리 수업이 전부였다. 나는 걱정 반 기대 반으로 수업에 들어갔다. 그리고 며칠 뒤 치러질 변리사 시험에 관해 이런저런 고민도 하고 있었던 것 같다. 문승일 교수는 5분 정도로 짧게 자기소개를 하고 바로 수업을 시작했다. 칠판에 직접 회로를 그리면서 수학적 해석을 포함해 저항, 인덕터, 축전기를 연결해서 새로운 기능이 구현되는 방법을 설명했다.

"우와! 전자기기가 이렇게 동작하는구나!"

나는 맨 앞줄에서 수업을 들었는데 교수의 생생한 목소리가 여느 수업과 확실히 달랐다. 강의내용이 귀에 쏙쏙 꽂혀 들어오는 느낌이었다. 그리고 불과 몇십 분 만에 입에서 감탄사가 튀어나왔다. 갑자기 심장이 고동치며 살아 숨쉬는 느낌이 들었다. 이전의 공부와는 다른 엄청 신기한 경험이었다. 이렇게 회로 이론 첫 시간은 내게 강력하고 새로운 임팩트를 주었다. 75분의 수업을 마치고 강의실을 나오며 이제야 '공부의 참맛'을 알게 됐다는 것을 깨달았다. 회로 이론 수업이야말로 내가 상상하던 '공학'이었다. 그래서 너무 재미있었다. 나는 그때 내가 무엇 때문에 대학을 다시 왔는지 정확한 이유를 찾을 수 있었다. 아버지와 함께 자동차 엔진을 살펴보던 때의 기분을 느꼈다. 비로소 내가 꿈꿔오던 길에 들어섰음을 실감했다.

'사나이가 칼을 뽑았으면 끝장을 봐야지.'

회로 이론 첫 수업을 마치고 '공부 외도'를 그만두었다. 이제라도 나의 길을 가야겠다는 생각이 들었다. 어렵게 여기까지 왔으니 정말 제대로 된 도전을 해봐야겠다고 다짐했다. 나는 어떤 이유에서인지 이전까지는 하고자 하는 일과 꿈꾸는 것들을 바로 보지 못했다. 회피하고 도망치려고만 했다. 제대로 된 승부 없이 '해야만 하는 일'에 많은 시간을 써버렸다. 깨닫고 나니 법전을 보면서 조급증을 달래던 나의 모습이 너무나 부끄러워졌다.

해야 해서 하는 것과 원해서 하는 것은 다르다

회로 이론에 깊이 그리고 무겁게 빠져들었다. 매일 아침 7시에 서울대학교 신공학관 301동 전기공학부 해동학술정보도서관에 들어가 맨 끝 창문 옆자리를 차지했다. 그리고 매일 밤 11시에 마을버스를 타고 집에 갔다. 그 사이 회로 이론 교과서의 문제에는 바를 정(正) 자가 하나씩 세워졌다. 한 번 풀 때마다 하나씩 선을 그었다. 모든 문제를 5번씩 푸는 것이 목표였다.

해야 해서 하는 공부와 원해서 하는 공부는 차원이 달랐다. 3번의 수능 그리고 의대를 다니며 나는 수없이 많은 시험을 치렀고 그때마다 좋은 성적을 거두려 안간힘을 썼다. 한 번도 "공부 좀 해."라는 잔소리를 들어본 적이 없었다. 내게 공부는 항상 가장 만만한 상대였고 좋은 스파링 상대였다. 그러나 원하던 성적을 얻은 그 수많은 과정에서도 회로 이론만큼 깊은 몰입과 흥분을 경험하진 못했다. 그것은 새로운 문이 열리는 경험이었다.

학기 내내 나는 문승일 교수에게 궁금한 것을 찾아 물었다. 자신의 과목에 높은 집중력을 보이는 학생을 잘 지도해주었고 그 후로도 든든한 멘토가 돼주었다. 결과적으로 1,000쪽이 넘는 『회로 이론』을 수없이 열고 덮는 사이 회로에 대한 나의 전문성은 자연스럽게 높아졌다. 나는 회로 이론에서 A+ 점수를 받았다. 120명 중에서 단 3명만이 받을 수 있는 점수였다. 과정과 결과 모두에서 높은 만족감과 성취감을 경험한 순간이었다.

전기공학부를 겨우 2학기 마치고 처음으로 '전기공학부 전공에서 최고가 되겠다.'라는 욕심을 갖게 됐다. 그리고 '전자공학 분야에서 내 이름 석 자를 새겨보겠다.'라는 목표를 세웠다. 그리고 이때부터 진지하게 '나의 미래'를 계획하기 시작했다.

'나는 어떤 전자공학자가 될 것인가?'

진지하게 고민하고 목표를 설정하기 시작했다. 가장 먼저는 자료 조사부터 해야 했다. 학계 공학 부분에서 존경받는 교수들의 이력을 모두 조사하기 시작했다. 대부분 유학 갔다 온 이력을 갖고 있었다. 특히 미국의 대학교 출신들이 많았다. 이름만 들어도 알 법한 유명 대학이 많았다. 그제야 공학자가 되기 위해서는 미국에 가서 석박사를 따 오는 것이 유리하다는 것을 알았다.

'그렇다면 나도 미국으로 유학 가서 박사학위를 받아야겠다.'

그때부터 나는 미국 유학 그리고 공학박사가 되는 길을 가장 가까운 미래의 목표로 세우게 됐다. 그리고 치열하게 실행 계획들을 짜서 실행해 나갔다. 우선 유학 가기 위해서는 학부 성적이 중요하다. 무엇보다 전공학점이 우수해야 한다. 다음으로 유학하러 빨리 가기 위해서는 졸업을 앞당겨야 한다. 계절 학기를 활용하고 최대한 재수강은 피해야만 한다. 나는 모든 과목에 우수한 성적을 받아서 한 번만 수강하고 7학기에 졸업을 한다는 계획을 세웠다. 군대에 가느라 듣지 못한 1학년 2학기 수업의 기초과학과 교양 수업은 계절 학기를 활용해 모두 이수했다.

나는 메릴랜드대학교로 유학 갈 때 가져간 최소의 짐 속에도 『회로 이론』과 『전자 회로』 교과서를 넣어 가지고 갔다. 처음으로 '전자공학도로서의 꿈'을 꾸었던 때를 기억하고 초심을 잃지 않기 위해서였다. 지금까지도 그 두 권의 책은 곁에 두고 있다.

3

가능성을 확인하는 일에 전부를 걸었다

싸움에서 공부로 생존 전략을 바꾸다

'나는 어떤 사람인가?'

철이 들고 지금까지 나는 수시로 내가 어떤 일에 가치를 두는지 고민한다. 내가 생각하는 나는 남들과 같은 길을 무조건 따라가는 것을 죽기보다 싫어한다. 하고 싶은 일을 할 자유를 중요하게 생각하고 그래서 안 되는 일에 부딪힐 때도 어떻게든 뚫고 가려고 온 힘을 쏟는다. 성공보다는 성장이 중요한 모티베이션이 되는 것도 그러한 기질 때문이다. 별것 아니나 지금까지 내가 이룬 대부분의 것들이 그러한 성장 욕구에 의해 완성됐다. 그러나 인생을 길게 놓고 보면 성장 욕구는 좋은 면만 있는 것은 아니다. 이를 밑거름으로 잘 활용하면 불굴의 한국인이 되지만 자칫하면 정해진 환경과 싸우는 데 모든 에너지를 소진할 수도 있기 때문이다. 성장 욕구가 강한 사람을 정해진 틀이나 굴레에 가두어 두려고 하면 반발심만 심해진다. 결국 남들보다 쉽게 삐뚤어진 길에 들어서고 만다.

나는 10대 시절 한 번의 전학을 통해 나의 성장 욕구와 환경의 중요성을 깨달았다. 그리고 삶의 에너지를 공부에 쏟는 법도 배우게 됐다. 나의 특성을 나보다 먼저 간파한 어머니 덕분이었다. 중학교 2학년까지 나는 포항의 대동중학교를 다니고 있었다. 당시는 키순서로 번호를 매기는 것이 관행이었다. 나는 키가 매우 작아서 반 번호 1번을 독차지했다. 고만고만하던 친구들이 중학교에 가면서 쑥쑥 자라기 시작했고 졸지에 나는 '땅꼬마' 혹은 '땅콩'으로 불리게 됐다. 아이들의 놀림이 슬금슬금 심해졌고 나는 그에 대해 강하게 반발했다. 초등학교 시절까지는 '공부를 곧잘 하는 똘똘이'였으나 중학교에 들어가면서부터는 '싸움만 잘하는 땅꼬마'로 통하기 시작했다. 친구들은 나를 자극하는 데 더 열을 올렸고 그럴수록 '절대 지지 않겠다.'라는 나의 의지도 강해졌다.

한번은 하굣길에 친구가 교복을 잡아당기는 바람에 단추가 후드득 떨어졌다. 나는 화가 나서 씩씩거렸고 친구는 "콩만 한 게!"라고 응수했다. 이때부터 나는 상대가 말을 할 틈을 주지 않았다. 그대로 육탄전이 벌어졌다. 교무실에 불려가 출석부로 머리를 맞을 때까지 분을 삭이지 못했다. 그리고 그런 식의 싸움이 하루가 멀다 하고 했다. 집에 가면 어머니는 무슨 일이 있었냐고 물었지만 나는 "길에서 넘어졌어."라고 대답했다. 그렇게 싸움을 하고 다니니 학교 성적이 좋을 리 없었다. 포항 똘똘이로 통했던 것도 지난 과거였다. 전교 400명 중 209등. 나의 중학교 2학년 1학기 통지표에 적힌 석차였다.

그때부터 어머니는 '이대로 뒀다간 점마가 포항 건달이 되겠다.'라는 생각을 했다고 한다. 어머니는 내가 키가 작은 것을 콤플렉스로 생각하고 있다는 것, 학교에서 싸움이 잦은 것, 나의 에너지가 쓸데없는 데 낭비되고 있다는 것을 모두 간파했다. 그럼에도 나를 불러 이런저런 잔소리를 하지 않았다. 대신 아버지에게 "대구로 이사 가겠다."라고 선언 아닌 선언을 했다. 어머니는 내가 도시라는 새로운 환경에 가면 새로운 것들을 볼 수 있으리라 예측하고 아버지를 설득했다.

이사와 전학은 속전속결로 이루어졌다. 어머니의 바람대로 나는 대구에서도 학구열이 높기로 소문난 성당중학교로 배정이 됐다. 그리고 성적도 상승세로 돌아서기 시작했다. 그러나 엄밀히 당시 나를 변화시킨 것은 '삶에 대한 가능성'이 아니라 '10대들의 과격함'이었다. 전학을 가면서 나는 1번에서 탈출했다. 여전히 키가 작았지만 전학생이다 보니 마지막 번호가 배정됐다. 덕분에 앞자리가 아닌 뒷자리에 앉았는데 앞이 잘 보이지 않았다. 존재감도 크게 드러나지 않았다. 전학 첫날에는 '어디 한번 건들 테면 건드려 봐라.' 하는 반항심은 가득했다. 하지만 그러한 반항심은 대구 중학생들의 싸움을 목격하고 얼음물에 불씨가 꺼지듯 사그라들었다.

대구 친구들의 싸움은 포항 친구들의 그것과는 스케일이 달랐다.

대구 친구들은 마포자루부터 주변의 다양한 '도구(?)'를 활용했다. 나는 포항에서는 싸움을 자주 했지만 한 번도 물건을 던지거나 도구를 사용해본 적이 없었다. 포항의 불문율은 무조건 맨주먹으로 싸운다는 것이었다. 그런데 대구에 오니 눈앞에서 마포자루가 춤을 추고 의자가 날아다녔다. 나는 겁을 집어먹고 '잘못 덤볐다가는 뼈도 못 추리겠다.'라는 생각을 했다. 그 후로는 싸움을 피해 다녔다. 사소한 놀림은 참고 넘겼다. 그렇게 친구도 없는 낯선 곳에서 싸움까지 그만두고 나니 할 수 있는 것이 공부밖에 없었다.

나의 관심사는 콤플렉스 방어와 싸움에서 공부로 넘어갔다. 그러자 성적은 올라갔다. 게다가 다시 공부하면서 '공부의 재미'를 알아가기 시작했다. 하나하나 새로운 것을 알아간다는 것이 좋았다. 마치 미션을 하나씩 해결하며 다음 단계로 넘어가는 게임처럼 공부를 통해 다음 단계로 나가는 것이 즐겁고 흥미로웠다. 덕분에 고등학교 시절에는 전교에서 두 명에게만 주는 성적 장학금을 받을 수 있게 됐다.

내가 공부를 잘할 수 있었던 이유 중 하나는 앞서 언급한 '남들과 다른 길을 가고자 하는 성향'도 한몫했다. 공부는 사실 알려주는 것을 배우는 것이 대부분이다. 남들이 알아낸 지식을 내가 습득하는 것이 공부다. 그러나 나는 기질적으로 기존의 방식을 거부하는 것을 좋아했다. 나는 나의 기질을 활용해 나만의 공부법을 창안했고 적극적으로 활용함으로써 좋은 성적을 거두게 됐다. 일례로 고등학교 시절 『수학의 정석』을 수도 없이 풀었다. 그러나 예제와 문제를 푸는 내내

'왜 굳이 이렇게 풀어야 하지?'라는 생각이 들었다. 나는 다르게 푸는 나만의 방식을 만들어보고자 했고 고심 끝에 그 방법들을 찾아냈다. 나만의 풀이 방식을 만들어낼 때는 시험에서 좋은 성적을 받은 것보다 기분이 좋았다. 자신감이 증폭되는 것을 느꼈다.

나는 친구들에게 공부 해설을 해주는 것도 매우 좋아했다. 보통 우등생들은 깍쟁이라는 인식이 있다. 나는 친구들에게 문제를 공유하면서 나만의 방식을 소개하는 것을 즐겼다. 친구들은 "우리는 경쟁 관계인데 나한테 알려주면 네가 손해 아니야?"라고 반문했지만 나는 전혀 그렇지 않다고 말했다. 친구들이 내 방식을 빌려서 문제를 풀더라도 문제풀이의 핵심 요소를 가장 잘 아는 것은 나일 수밖에 없다. 따라서 그 누구도 가장 먼저 해결한 나를 따라올 수 없다고 자신했다.

이러한 공부 방법을 나는 물리와 다른 과목에도 그대로 반영했다. 선생님이 설명해주는 방식이 아닌 나만의 방식으로 스토리를 풀어서 현상의 원리를 이해하고자 했다. 많은 문제를 풀면서 나의 논리를 증명해 보았고 친구들과 공유했다. 그러면서 나의 공부 체력은 더욱 단단해졌다.

자신을 증명하며 앞으로 나가다

나는 스스로의 방식으로 문제를 해결하는 데 큰 재미를 느꼈다. 그리고 그러한 학창 시절 경험은 그 후 나의 삶에 많은 영향을 미쳤다. 나는 전통이 강한 학교나 이미 우수한 성과가 많은 조직보다는 이제 시작되는 곳, 실력과 노력으로 뭔가를 만들어가는 곳을 찾아가게 됐다. 나의 커리어와 진로 결정은 그러한 성과의 결과로 만들어졌다.

내가 고등학교로 진학할 때 대구는 '뺑뺑이'로 학교 배정이 됐다. 당시 영남고, 대구고, 계성고는 역사와 전통을 자랑하는 명문이었다. 부모님은 3곳 중 한 곳에 배정이 되기를 바랐다. 그런데 심인고로 통보를 받았다. 당시 심인고는 평판이 좋지 않았다. 나조차도 실망을 금치 못했다. 그런데 나는 고등학교에 진학하고 얼마 안 돼 좋은 평판을 가진 곳이 내게도 좋을 것이라는 생각은 잘못된 선입견이라는 것을 알게 됐다. 나는 인재가 많지 않던 그곳에서 선생님들의 주목을 받았고 잠재력을 펼칠 기회도 많이 얻게 됐다.

주어진 환경에서 옴짝달싹하지 못하는 상황은 사실 어린아이 시절로 끝이 난다. 그 시기가 지나가면 누구나 좋고 나쁜 환경을 선택할 수 있다. 그리고 설사 비교적 열등한 환경에서 놓인다고 해도 스스로의 능력을 발휘해 자신을 발전시킬 수 있다. 나는 10대를 빠져나오며 인간은 누구나 '자가 동력'이 가능하다는 믿음을 갖게 됐고 나 스스로를 발전시켜 나가자고 다짐했다.

이런 맥락에서 군대 시절은 나의 믿음을 더욱 견고하게 한 시간이었고 지금도 매우 자랑스럽게 생각하는 경험이었다. 나는 입대 한 달 전부터 매일 10킬로미터씩 뛰었다. 남들보다 늦은 나이에 군대 간다는 것이 약간의 부담으로 다가왔다. 나이 먹고 몸까지 둔해서 군대

생활을 제대로 하지 못할까 봐 걱정됐다. 일단은 체력이라도 키워놓자는 생각이었다. 그래서인지 훈련소 생활은 생각보다 어렵지 않았다. 보통 훈련소에서는 1,500미터 달리기로 체력 측정을 하는데 입소 후부터는 주기적으로 한다. 나는 달리기를 해둔 덕분에 앞번호로 들어올 수 있었다. 그리고 이 덕분에 뜻한 바 없이 특공대로 배치되는 일이 벌어졌다.

우리나라의 주요 특수 부대는 자원 입대자들로 채워진다. 그러나 그들이 특수 업무를 모두 소화하기는 어렵다. 국방부에서는 훈련소 성적이 좋은, 쉽게 말해 잘 뛰는 일반사병을 특공병으로 배치한다. 얼떨결에 나는 특공병 신분이 됐고 공수 훈련과 천리행군 등 특전사와 똑같은 훈련을 받게 될 처지에 놓였다. 처음 적응은 쉽지 않았다. 1,500미터 구보 측정에서야 열심히 달린 덕분에 남들보다 좋은 결과를 얻을 수 있었다. 하지만 공수 훈련은 완전히 다른 것이었다. 게다가 예나 지금이나 나는 눈이 좋지 않아 안경을 쓰고 체구도 170센티미터를 간신히 넘길 정도로 우람하지 않다. 당시는 특수부대에서는 그렇게 흔하다는 무술 단증 하나도 없었다.

그럼에도 특공대 배치 첫날 바로 건물작전 훈련에 투입됐다. 5층 건물에서 외줄에 몸을 맡기고 건물 벽을 걸어 내려가 창문을 뚫고 낙법을 한 후 사격 자세를 취하는 훈련이었다. 건물에 올라가자마자 다리가 떨리기 시작했다. '잘못 떨어지면 죽겠구나.' 하는 그야말로 현실적인 공포가 덮쳐왔다. 아니나 다를까 건물 벽을 걸어 내려올 때 사달이 났다. 건물 벽에서 미끄러졌는데 하늘이 그대로 노랗게 변했다. 하루가 어찌 갔는지 모르고 그대로 지나갔다. 그런데 인간은 적응의 동물이라고 했던가. 다음날부터 뭔가 달라지기 시작했다. 지기 싫다는 오기와 이왕 이렇게 된 거 해보자는 배짱이 튀어나왔다. 처음 낙하에 성공하고 나니 '재미있다.'라는 생각까지 하게 됐다. 그 후부터는 '어떻게 해야 더 잘할 수 있을까?'를 고민했다. 어느 날부터는 교관으로부터 칭찬을 듣는 사병이 됐다.

나는 발전하고 있다는 느낌을 받는 것이 좋았다. 특공병이 돼 이제까지 한 번도 받아보지 못한 훈련을 받으며 공포를 극복하고 주어진 과제를 해내는 것이 뿌듯했다. 특공무술, 특공전투, 댈러스타워 헬기레펠 등 공수 훈련과 특공 훈련을 받는 내내 새로운 것을 할 수 있다는 흥분을 느꼈고 잘해 낸 후의 희열도 맛봤다. 나는 2주간의 훈련을 마치고 자대 배치 후 최단기간 단증 획득에 도전했다. 나는 우리 부대의 유일한 무단자였다. 다들 합기도, 태권도 등 종합 5단 정도는 가지고 있었다. 나로 인해 우리 대대의 전투력이 내려가는 것을 용납하고 싶지 않았다. 저녁 시간마다 태권도 훈련을 받고 발차기를 위해 다리를 찢었다. "악!" 소리를 내며 발차기를 할 때는 '이렇게까지 해야 하나' 싶다가도 점점 다리에 힘이 실리는 것을 느낄 때는 뭔가를 하고 있다는 뿌듯함이 밀려왔다.

2002년 3월 태권도 승단 심사가 있었다. 전년도 11월에 훈련소에 입소해 2월에 자대 배치를 받고 근 1개월 만이었다. 모두가 무리한 시도라고 말렸다. 그러나 나는 당당히 심사를 받았고 합격했다. 포상 휴가를 받고 집으로 향할 때는 금메달을 딴 국가대표처럼 감격의 기쁨이 밀려왔다.

나는 부모님이 계신 원주로 향했다. 그런데 아이처럼 신이 난 아들과 달리 아버지의 표정은 그다지 좋아 보이지 않았다. 아버지는 100일 휴가 때부터 나의 군대 생활을 걱정하고 있었다. 당시 아버지와 나는 목욕탕에 갔는데 탈의하다가 내 허벅지를 뒤덮은 멍이 그대로 드러났다. 아버지는 "요즘 군대에서도 구타가 있니?" 하고 놀라서 물었다. 나는 안심시켜 드리려고 자초지종을 설명했다. 그러나 아버지는 "동기들보다 많은 나이에 군대에서 고된 훈련까지 받는구나."라며 몹시 마음 아파했다.

휴가 복귀 후 나는 다음 훈련들에 대한 기대에 들뜬 시간을 보냈다. 그런데 하루는 군단에서 차출 명령이 떨어졌다. 군단장의 비서 업무를 담당할 행정병으로 발령이 날 것이라고 했다. 순간 마음속에서 '이건 아닌데…….' 하는 생각이 일었다. 3성 장군을 보좌하는 업무도 중요하겠으나 실상 비서가 하는 일은 전화 받고 책상 닦고 서류 만드는 일이 전부였다. 내 젊음의 시간을 그런 일에 허비하고 싶지 않았다. 나는 용기를 내서 "계속 훈련을 받고 특공병으로 명예롭게 제대하고 싶습니다."라고 말했다. 예상대로 엄청 혼이 났다. 그리고 자대로 다시 보내졌다. 다시 부대로 돌아갔을 때 대대장은 몹시 황당한 표정을 지어 보였다. 그러다 나의 이야기를 들은 후에는 엄청나게 기뻐하며 칭찬을 아끼지 않았다.

"김 일병! 미국에서 제일 잘 나가는 사람이 누군지 알아? 하버드 대학교 나와서 해병 나온 사람이야. 나는 김영욱 일병이 특공대를 전역하고 나라의 인재가 되길 바란다."

약 1년 반 뒤 나는 특공병으로 무사히 전역을 할 수 있었다. 그 사이 전투 수영 대회에 나가서 1등 트로피도 받았고 북한과 경의선 연결공사를 할 때는 경계 근무도 섰다. 나름의 보람 있는 시간이었다. 때때로 아버지는 "그때 군단장 사무실로 갔어야지……." 하고 아쉬워했다. 하지만 나는 나의 결정을 한 번도 후회한 적이 없다. 혹자는 군대에서의 시간이 "젊음의 낭비다."라고 하고 어떤 이는 "군대 생활이 거기서 거기다."라고 폄하하기도 한다. 하지만 내게 군대 생활은 나의 육체적 가능성을 확인한 의미 있는 시간이었다.

정해진 궤도 밖으로 나아가다

"당신은 누구인가요?"

아마 이런 질문을 받으면 답변으로 직장, 직위, 이름, 학벌, 재산 정도 등의 다양한 정보를 쏟아낼 것이다. 그러나 그런 것들은 답이 아니다. 직장이나 직위나 그런 것들이 당신일 수는 없기 때문이다. 나 역시 '나를 어떻게 설명할 수 있을까?'를 고민해보았다. 이런저런 수식어를 빼고 나니 '성장하고자 애쓰는 사람' 정도밖에 남지 않았다. 사실 그것이 나의 본질이다. 나는 수많은 선택의 순간마다 성장 가능성이 있는 것을 선택했다. 물론 모두가 정답은 아니었고 최선의 선택도 아니었다. 그러나 수많은 시행착오를 거치는 동안 '그래도 결국은 성장할 것'이라고 말로 스스로를 위로했다.

지금까지 설명한 대로 나의 길은 순탄치 않았다. 의대 다니다 휴학하고 다시 수능을 본 후 전자공학과에 들어갔건만 한 학기를 마치자마자 조바심에 군대에 갔고 특공병 생활은 즐겁고 의미 있었지만 계속 군대에 머물 수는 없었다. 동기 의사들을 보며 비교의식과 열등감이 극에 달했을 때는 '변리사' 시험을 통한 신분 상승을 꿈꾸기도 했다. 그러나 다행히 공부 외도는 오래가지 않았다. 대학 복학 후 처음 들었던 회로 이론 수업을 통해 '가야 할 길'에 대한 명확한 비전을 세울 수 있었다.

나는 이렇게 지난한 과정을 통해 나이 스물일곱 살이 되고서야 일생을 걸 무언가를 발견하게 됐다. 그 후부터는 조금씩 상황이 나아졌다. 미국 조지아공과대학교에서 진행된 연수를 통해 무너진 자존감도 다시 세운 후에는 마음이 한결 편안해졌다. 나머지 대학 생활은 '원하는 것에 모든 것을 쏟아붓는 자유의 시간'이었다. 나는 공부만 했고 더는 바랄 것이 없었다. 계획대로 유학 가게 될 거라는 기대에 자유의 시간을 맘껏 만끽했다. 결과는 스스로도 만족스러웠다.

2007년 나는 서울대학교 전기공학부를 7학기 만에 졸업할 수 있었다. 우등 조기졸업이었고 전공 분야에서만큼은 톱 수준의 실력을 자랑했다. 대표 수업인 확률변수, 전자회로1·2, 전자장1·2 등의 전공수업에서 모두 최우수 성적을 받았다. 나는 학부 과정의 전자물리 분야에서 독보적 위치에 올랐고 미래에 대해서도 꽤 자만했다. 그래서 '미국의 명문대학교 석박사 과정에 진학하는 것'이 당연한 미래라고 생각했다. 쉽게 입학허가는 물론이고 장학금까지 받는 것이 정확한 로드맵이었다.

그러나 1997년 IMF와 같은 예상치 못한 일이 또다시 내 인생에 찾아왔다. 2007년 서브프라임 사태가 터진 것이었다. 2006년 미국의 부동산 가격이 급락했고 부실 대출에 따른 문제가 드러나기 시작했다. 그 후 전 세계적으로 엄청난 경제 폭풍이 일었고 미국 내부에서는 2006년부터 경기 불안에 따른 대책들이 나오고 있었다. 우리나라에 미치는 영향력은 2007년 하반기 그리고 2008년이 돼서야 짙어졌다. 나는 그보다 앞서 그 영향권에 들어가 있었다. 대학들은 2007년부터 재정 악화에 시달리기 시작했다. 대학원생 티오TO, Table of Organization를 줄이는 것은 물론 장학금 규모도 대폭 삭감했다. 결과적으로 나의 로드맵은 실현되지 못하고 쓰레기통에 처박혔다. 그 사실을 알기 전에 나는 이미 유학을 위한 만반의 준비를 하고 있었으므로 또 다른 결정의 순간을 맞아야만 했다.

한국의 학기는 2월 졸업으로 끝이 나고 미국의 학기는 9월에나 시작된다. 학부 수업을 마치고부터 미국행 비행기를 타기까지 최소 7개월에서 길게는 9개월의 시간이 비는 것이다. 마지막 학기를 마치고 겨울방학이 시작되는 시점을 기준으로 계산하면 9개월인데 매우 긴 시간이었다. 이 시간을 허투루 보내고 싶지 않았다. 나는 돈도 벌고 경험도 쌓을 요량으로 국내 유수의 기업에 취직하기로 했다. 입사원서를 썼고 합격도 했다. 졸업식도 하기 전에 신입사원 연수에 들어갔다.

그런데 졸업식 즈음해서야 일이 예상대로 흘러가지 않고 있다는 것을 알게 됐다. 이미 도착했어야 할 '합격통지 메일'이 하나도 도착하지 않았던 것이다. 무려 13곳에 원서를 썼는데 말이다. 3월 마지막 날까지 합격통지를 해준 곳은 코넬대학교가 유일했다. 그것도 장학금 혜택은 없는 합격통지였다. 미국의 어마어마한 학비와 생활비를 고려할 때 장학금 없는 유학은 불가능했다.

그렇게 나는 '한 번도 생각해보지 않은 선택'을 해야 하는 상황에 놓이게 됐다. 회사에 남아서 그대로 회사원이 될 것인가, 아니면 회사를 그만두고 유학 준비를 위해 다른 길을 갈 것인가 고민에 빠졌다. 누군가는 안정적으로 회사에 다니면서 다음 기회를 기다리라고 했고 누군가는 당장 회사를 그만두고 다른 길을 알아보라고도 했다.

나는 믿는 대로 그리고 원하는 대로 살기로 했다. 조직에 남는 것은 내가 생각한 '성장'이 아니었다. 그러므로 가능한 성장을 위해 궤도를 이탈해야만 했다. 그다음은 스스로 개척해 보는 수밖에 없었다. 2007년 3월 또 그렇게 나는 첫 번째 직장에 사표를 내고 백수가 됐다. 서브프라임으로 몰아치기 시작한 북풍한설을 궤도 밖에서 온몸으로 받아보기로 한 것이다.

2장

비긴 어게인!
그러나 끝까지 간다

1
'다음 기회'라는 거짓말에 속지 않는다

안주하는 사람에게 '다음'은 없다

내가 2007년에 최초로 유학 지원을 할 때 희망했던 분야는 '바이오 메디컬'이었다. 나는 연수 기간에 미국인들이 '경험을 인정해주고 미래 가능성에 대한 평가도 인색하지 않다.'라는 인상을 받았다. 따라서 의대 경험을 살려서 좀 더 세분화된 전공 분야를 선택하는 것만으로 경쟁력을 확보할 수 있다고 기대했다. 바이오 메디컬은 신생 분야로 그야말로 장래가 밝았다. 개인적으로는 전자공학과 바이오를 접목하는 것만으로도 경쟁 우위에 설 수 있다고 자신했다.

그러나 당시 나는 미국의 학계 분위기를 몰라도 너무 몰랐다. 바이오 메디컬 분야는 신생 분야인 만큼 전공 인원이 많지 않았다. 전자공학과 정원이 200명이라면 바이오 메디컬은 15명에 불과했다. 그리고 '잘 나가는 미래 산업'이기 때문에 미국 내부에서도 진학을 희망하는 학생들이 많았다. 티오는 적은데 내국인 지원자도 많으니 외국 유학생을 받을 여유가 적었다.

게다가 내가 유학 가고자 하는 시기는 2007년 경제 위기와 맞물리게 됐다. 대학들이 외국인 유학생을 받는 데 더욱 소극적이 됐다. 예산 지원이 줄어들자 장학금 같은 혜택을 주는 일도 어려워졌다. 결과적으로 조지아공과대학교, 코넬대학교, MIT, 존스홉킨스 등 명문 대학교 13곳의 바이오 메디컬 부문에 박사지원서를 냈으나 대부분 낙방하고 말았다. 코넬대학교에서만 '장학금 없는' 입학허가서가 도착했으므로 온전히 실패한 것이나 다름없었다.

한동안 나는 심각한 좌절감에 빠져 있었다. 몇 년간 이런 상황을 맞이하리라곤 꿈도 꿔보지 못했다. 스스로도 인정할 만큼 공부에 매진했고 좋은 성적을 거두었다. 게다가 오랫동안 유학 준비를 차곡차곡 해왔으므로 모든 것이 물 흐르듯 흘러갈 줄만 알았다. 현실의 결과를 받아들이기 어려웠다. 실패를 온전히 인정하기까지 밤잠을 설치며 이메일을 살폈다. 미국과 시차가 있으니 한밤중에 합격통지서가 올지도 모른다는 기대에 잠을 잘 수 없었다. 새벽녘에 내일은 합격통지가 올 거라고 위로하며 잠을 청했다. 노심초사로 몇 달을 보내다 달력이 3월로 넘어가면서 마침내 실패했다는 결론에 다다르고 말았다.

'남들보다 1년 빨리 졸업하려고 그렇게 발버둥쳤는데. 결국 이렇

게 또 1년을 까먹고 마는구나.'

나의 속은 쓰리고 아팠다. 그러는 중에 곧 현실적 고민이 밀려들었다.

'그런데 계속 회사에 다녀야 할까?'

2006년 12월 나는 하이닉스반도체 선행개발 연구원으로 입사해 회사에 다니기 시작했다. 원래 계획대로라면 2007년 8월까지 회사에 다니다가 퇴직한 다음 바로 미국 유학길에 오를 예정이었다. 4학년 2학기를 마칠 즈음 9개월간 반도체 회사에서 연구개발 경험을 쌓는 것도 경력에 도움이 되리라 판단해 입사 시험을 보았다. 지금 생각해보면 모두에게 절대 좋지 않은 선택이었다. 회사에 미안한 마음도 적지 않다.

나는 회사 생활 3개월째 접어든 시점에서 '앞으로는 어떻게 해야 하나?' 하는 고민을 하기 시작했다. 유학의 꿈을 어떻게 실현할 것인가가 주요 화두였다. 유학은 수년간 공 들여온 나의 꿈이었고 당연한 미래였다. 현실의 삶을 그 미래에 맞게 선택해야 했다. 회사에 계속 다니면서 1년 뒤 유학에 재도전하든가, 회사를 그만두고 나가서 재도전하든가 하나를 선택해야 했다.

문득 돈을 벌어야겠다는 생각이 들었다. 세상일은 알 수 없다. 내년에도 경기가 좋아지지 않으면 또다시 장학금 없는 입학허가서가 도착할 수도 있다. 어쩔 수 없이 자비 유학을 해야 할 수도 있다. 그때를 대비해 한 학기 등록금 정도라도 마련 해두어야겠다는 생각이었다. '한 달에 300만 원은 저축해야 하지 않을까?' 나는 막연하게나마 돈을 더 많이 벌 방법을 궁리하기 시작했다. 그리고 현실적 방법을 찾아야 한다는 결심을 했다.

'내가 돈을 가장 많이 벌 방법은 무엇일까?'

사실 내게 가장 높은 몸값을 지급할 수 있는 곳은 회사가 아니었다. 나의 스펙이 가장 잘 통하는 곳은 회사가 아니라 사교육 시장이었다. 회사를 그만두고 학원 강사를 하는 것이 돈 버는 데 더 맞는다는 결론을 내렸다. 나는 미안하고 송구한 마음으로 사표를 제출했다.

회사의 반응은 채찍과 당근 모두였다. "이럴 거면 너를 안 뽑았어."라고 이야기하는 선배가 있는가 하면 "어차피 유학 못 가게 된 거 회사 1년 다녀보고 다음 기회를 노려보자."라고 이야기하는 선배도 있었다. 그러나 이미 나는 여러 번의 시행착오를 겪은 후였다. 안주한 사람에게 다음은 없다는 것을 너무도 잘 알고 있었다. 회사에 남아서 유학을 준비한다는 것은 말도 안 된다고 생각했다. 나는 손사래를 치며 "그런 마음으로 회사에 다닐 수는 없습니다."라고 단호하게 이야기했다. 몇 차례의 면담을 거쳐 사표가 수리됐다. 나는 원하던 백수가 됐다.

잘하는 것을 잘할 수 있는 곳으로 가다

우선 이력서를 들고 서울대입구역 부근의 학원을 돌았다. 어렵지 않게 중학생 대상 보습학원에서 강사 일을 시작할 수 있었다. 일단 경험을 쌓자는 생각으로 중학교 2학년 과학 담당을 맡았다. 공부는 내가 제일 잘하는 분야이고 중학교 과학 정도는 예습할 필요가 없었다. 첫 출근길에 나는 매우 자신만만했다. 그러나 그 자신만만이 꺾이기까지는 오랜 시간이 걸리지 않았다.

우리 반 아이들은 대략 50명 정도였다. 나는 강의에 열과 성을 다했다. 그런데 아이들의 열과 성은 도통 보이지 않았다. 판서하고 돌아서면 얼굴 몇몇이 사라졌다. 아이들 머리통이 그대로 책상에 박혀 올라오지 않았다. 한편으로는 자존심이 상했지만 아이들을 깨워가며 수업을 계속했다. 그런데 상황은 악화일로였다. 나중에는 수업을 제대로 듣지 않는 아이들을 바라보며 '그래 봐야 자기 손해다.'라는 생각으로 강의를 계속했다.

몇 주 후 중간고사 시즌이 됐다. 원장은 아이들의 성적 향상을 위해 주말에 나와서 문제풀이를 해주라고 했다. 그 자리에서 나는 "공부는 학생이 해야지 선생이 왜 공부를 합니까?"라고 답했다. 내 상식에 중간고사든 기말고사든 공부는 학생들이 알아서 하면 될 일이었다. 강사가 나서서 공부를 시킨다는 발상이 이해되지 않았다. 그러나 원장은 "모두가 김 선생 같이 생각하면 학원이 왜 필요하겠습니까?"라고 반문했다. 원장의 얼굴에 '답답하다'는 4글자가 박혀 있는 것 같았다. 나는 별수 없이 수긍하고 주말에도 출근해 아이들을 봐주었다.

그리고 며칠 후 중간고사 결과를 받고 학원 선생들의 회식 자리에 갔다. 원장은 강사들을 앉혀두고 다른 과목은 성적이 올랐으나 내가 맡은 과학은 모두 성적이 떨어졌다고 이야기했다. 나는 의아스러웠다. 그러나 이어서 학생 수가 줄었다. 50명으로 시작했던 학생 수가 1개월 만에 40명으로 줄었다. 당연히 나의 수입도 줄었다.

나는 심한 충격을 받았다. 아니, 좌절감을 맛보았다. 유학하러 못 가게 된 것과는 다른 부류의 좌절감이었다. '내가 가장 잘한다고 자신했던 이곳에서조차 성공할 수 없다면 도대체 어디로 가야 한단 말인가?' 자존심이 와르르 무너져 내렸다.

'도대체 무엇이 문제인가?'

나는 과학적으로 그리고 논리적으로 상황을 분석해보았다. 나의 결론은 나와 학원이 맞지 않는다는 것이었다. 나는 공부는 원리를 이해하는 것이 중요하다고 생각하는 학생이었다. 그래서 강사로서도 그 부분을 강조했다. 학생들에게도 문제풀이보다는 원리를 이해시키는 강의를 했다. 내 기준에 문제는 '원리를 알면 당연히 풀리는 것'이었다.

그러나 내가 가르치는 아이들에게는 그런 논리가 통하지 않았다. 아이들이 원하는 것은 당장 문제풀이였다. 그렇게 문제에 익숙해져야 중간고사와 기말고사에서 좋은 성적을 올릴 수 있었다. 나는 공부는 스스로 하는 것으로 생각했으나 아이들과 학부모는 족집게처럼 시험에 나올 문제를 뽑아주길 바랐다. 그리고 진득하게 기다릴 여유 따위는 갖고 있지 않았다. 원하는 서비스를 제공하는 곳에만 시간과 돈을 투자했다. 실제 시험 기간이 끝나면 학원들마다 아이들의 들고 남이 상당했다.

나는 패인 분석을 마치고 바로 문제해결에 나섰다. 우선 원장에게

"이대로 있는 것은 예의가 아닌 것 같다."라고 말하고 학원을 그만두겠다고 밝혔다. 붙잡고 말고도 없이 학원을 나왔다. 이제 '나와 생각이 같은 아이들이 있는 곳'으로 가야 할 차례였다. 나는 이왕이면 고3 수험생 그중에서도 상위 1퍼센트의 학생을 대상으로 하는 학원을 찾아 나섰다. 초여름 강남 인근에 있는 상위권 대학을 목표로 하는 재수생이 많은 학원에 이력서를 냈고 면접과 시범 강의를 거쳐 출근할 수 있게 됐다.

두 번째 학원에서 나는 진가를 발휘하기 위해 애를 썼다. 과학적으로 그리고 논리적으로 패인 분석을 거친 덕분에 제대로 된 강사로 거듭날 수 있었다. 몇 개월 만에 나는 월 100시간 이상의 강의를 하는 강사가 됐고 내 수업에는 항상 대기자가 생겼다. 내가 계획하고 바라던 대로 월에 350만 원 이상의 저축도 달성할 수 있었다.

나의 지피지기가 매우 잘 통했던 덕분이다. 나는 중학교 2학년생들은 잘 몰랐으나 수험생들, 특히 '공부 좀 한다.'라는 소리를 듣는 친구들은 잘 알았다. 상위권 대학을 목표로 하는 수험생은 크게 두 부류이다. 첫째는 공부에 대한 자신감과 자만심이 가득한 경우이다. 둘째는 공부에 대한 열등감과 열패감이 가득한 경우이다. 나는 둘 다에 대해 해법을 알고 있었다.

공부에 자신감과 자만심을 가진 친구들은 솔직히 웬만한 강사보다 공부를 잘한다. 따라서 잘 들으려 하지 않는다. 이때는 '가장 쉽다고 생각하는 것조차 가장 어려울 수 있다.'라는 것을 깨닫게 해주면 된다. 대표적으로 수학의 행렬 같은 부분이다. 똑똑한 학생일수록 자신보다 많은 것을 아는 사람에게 쉽게 존경심을 갖는다. 시범 강의에서 나의 내공이 '절대 만만치 않다.'라는 것을 흘려주기만 하면 기세가 꺾인 학생들이 수업을 매우 잘 따라왔다. 두 번째로 공부에 대한 열등감과 열패감이 가득한 경우는 지난 수능이나 모의고사를 망쳐서 패배감에서 헤어 나오지 못한 경우이다. 소위 말하는 슬럼프에 빠져서 허우적대는 경우가 흔하다. 이때는 정신 무장부터 다시 시켜주어야 한다. 길을 찾고 당장 목표를 향해 매진하도록 당근과 채찍을 활용해 기운을 불어넣는다. 두 번째 학생도 정신만 차리면 수업 집중도가 매우 높아진다.

나는 학생의 상황을 간파하고 그것에 맞게 강의했다. 그러자 결과가 좋게 나타났다. "공부 좀 해."라고 잔소리할 필요도 없이 모두 성적이 올랐다. 상위권 수험생들은 '공부는 스스로 한다.'라는 것을 누구보다 잘 알고 있다. 따라서 원리만 알려주면 주로 문제풀이인 숙제는 밤을 새워서라도 해왔다. 당연히 성적은 오르고 학생과 학부모의 만족도도 높아졌다. 결과적으로 내 강좌에 대한 학생들의 충성도는 매우 높았고 안정적인 수입으로 연결됐다.

삶은 곳곳에 지뢰밭을 숨기고 있다

그러나 삶은 곳곳에 지뢰밭을 숨기고 있다. 누군가 "인생에서 가장 우울했던 때가 언제였나요?"라고 물을 때면 나는 망설임 없이 '학원 강사 시절'을 꼽곤 했다. 그 후로도 나의 삶은 역경의 연속이었지만 꼭 그때가 유독 힘들었던 것은 삶의 만족도가 가장 낮았기 때문이다.

나는 학원에서 아이들을 가르치는 일이 잘 맞지 않았다. 나는 아이들이 좋았고 아이들도 나를 좋아했다. 아이들의 성적이 오르는 것을 지켜보는 것은 큰 기쁨이었고 통장 잔액이 늘어나는 것은 더 큰 기쁨이었다. 그러나 그 와중에도 나의 하루하루는 우울했다. 나는 오로지 경제적인 이유로 내가 잘하는 일을 시작했다. 그리고 그 일을 정말 잘하기 위해 삶의 밸런스 따위는 안중에 둘 수 없었다.

고3 혹은 재수생들을 위한 수업은 아무리 빨라도 5시나 돼야 시작할 수 있다. 아이들은 학교 혹은 종합학원에서 수업을 듣고 야간 자율학습 시간에 짬을 내 나의 강의를 들으러 왔다. 마지막 수업을 마치고 귀가하면 12시가 훌쩍 지난 시각이었다. 주말은 종일 바빴다. 학생들에게 여유가 있을수록 강사는 여유가 없다. 토요일과 일요일은 종일 강의하느라 초주검이 됐다. 한가롭게 하자면 할 수도 있었다. 하지만 나에겐 유학 자금 마련이라는 명확한 목표가 있었기에 그럴 수가 없었다. 심지어 수험생 대상 강사가 가장 한가롭다는 수능 당일도 수업했다. 한 푼이라도 더 벌기 위해 예비 고3 과정 강의를 자원했고 열심히 해서 통장 잔액을 올렸다.

그렇게 나는 올빼미족에 주말 근무자로 쉬는 날도 없이 수개월을 살았다. 수입이 늘어나는 만큼 일상적인 삶에서 점점 멀어졌다. 어느 순간 외롭다는 느낌까지 받았다. 듣기로는 학원 강사 일을 시작한 대부분의 강사들이 초반에 비슷한 감정을 겪는다고 한다. 당사자가 된 나의 외로움의 우물은 상당히 깊고 넓었다.

　자의 반 타의 반으로 친구들과 연락을 끊게 된 것도 이유가 됐다. 아무리 마음속에 큰 비전이 있다고 해도 현실의 나는 서른 살 학원 강사를 하는 자취생이었다. 철없이 친구들과 어울려 놀고 싶은 마음도 적지 않았다. 그러나 친구들을 만나지 못했다. 우선 친구들이 바빴다. 의사 친구들은 그렇다 치고 사회생활 하는 친구들도 만날 수가 없었다. 그네들이 퇴근을 준비하며 저녁 약속을 잡을 시간에 나는 생업 전선으로 나가야 했다. 사이클이 안 맞았다. 스스로도 애써 시간을 만들지 않았다. 유학 가지 못하고 학원 강사 하는 현실을 친구들에게 설명하고 싶지 않았다. 자존심에 흠집만 갈 것 같았다. 그렇게 유학 자금 마련을 위해 아등바등하는 사이 자존감은 또다시 바닥으로 내려앉았다.

　그나마 다행인 것은 아등바등한 시간이 길지 않았다는 것이다. 2007년 11월에 나는 다시 미국 대학에 원서를 접수하기 시작했다. 작년과 같이 나는 서울대학교 전공 교수님을 찾아다니며 추천서를 부탁했다. 다만 이번에는 지원 학과를 달리했다. '이번에는 꼭 가야 한다.'라는 마음에 학과 선택의 폭을 넓혔다. 바이오 메디컬을 가야겠다는 고집을 내려놓았다. 이미 바이오 메디컬 분야의 분위기를 알았으므로 전자공학 분야로도 원서를 썼다. 당시는 대학원에 진학하면 융합 과정을 통해 원하는 공부를 할 수 있으리라는 막연한 기대도 있었다.

　무사히 원서 접수를 마치고 또다시 기다림의 시간을 맞았다. 다행히 2008년 2월 기다리던 합격 소식이 들려왔다. 나는 위스콘신대학교, 미네소타대학교, 퍼듀대학, 캘리포니아 주립대학교 샌디에이고, 케이스대학교, 메릴랜드대학교, 텍사스주립대학교에 합격했다. 너무나 기뻤다. 드디어 미국 유학길에 오를 수 있다는 감격에 젖었다. 한편으로는 이제 학원 강사를 그만둘 수 있다는 안도감이 찾아왔다. 어느 대학으로 갈지를 선택하면서 잃어버린 활력을 다시 찾았다.

여전히 나는 바이오 메디컬 분야에 대한 강한 호감이 있었다. 바이오 쪽 연구실이 있고 전문성이 강한 학교에 가고 싶었다. 그 기준으로 메릴랜드대학교를 선택했다. 메릴랜드대학교는 메릴랜드에 있는 명문 주립대학교로 메릴랜드주에서 가장 규모가 큰 대학교이다. 미국 내 약 5,300개 대학교 중 50위권으로 최상위에 속했다. 한국인에게는 인지도가 높지 않으나 퍼블릭 아이비리그 대학교 중 한 곳이다. 내가 지원한 학과는 전자 컴퓨터공학 계열이지만 교수들의 백그라운드가 매우 다양했고 바이오 쪽 연구실도 있었다. 심지어 담당 교수인 레자 가드시 교수는 재료공학, 바이오엔지니어링, 에너지, 시스템, 전기 컴퓨터 공학에 대해서도 학문적 깊이를 인정받고 있었다. 학과 순위로는 미국 내 12위 정도로 톱 순위에 꼽혔다.

내게는 학교 위치도 매력적이었다. 메릴랜드는 워싱턴DC 근교에 있어서 여러 정부 과제를 공동 수행할 수 있었고 재정 상황도 상대적으로 좋았다. 동부지역의 아이비리그에 들어갈 수 있다는 것도 뭔지 모를 동경심을 자극했다.

마지막으로 메릴랜드대학교는 장학금을 주었고 연간 약 3만 달러 정도의 생활비 지원도 약속했다. 막상 현지에 가보니 비싼 물가로 여유 있는 수준은 아니었으나 당시는 경제적 부담을 내려놓고 미국 유학길에 오를 수 있다는 생각에 마음이 설렜다. 나는 레자 가드시 교수에게 이메일을 보내 인사하는 것으로 입학을 확정했다.

가을학기 시작일은 8월 26일이었다. 나는 8월 13일 워싱턴DC로 가는 직항 항공권을 예약했다. 그리고 8월 7일까지 학원 일을 마무리하기로 했다. 힘들고 어려운 시기를 뚫고 온 만큼 감회가 새로웠다. 그 마음 그대로 강사 게시판에 글을 남겼다. 나는 일을 시작할 때의 절박한 심정, 그동안 받은 기회와 배려에 대한 감사, 그리고 '꿈을 이루고자 미국에 오게 된다면 밥 한 끼를 대접하겠다.'라는 글도 덧붙였다. 응원의 댓글을 보니 뿌듯했다.

나는 학원 강사 일을 그만두고 일주일도 안 돼 비행기를 탔다. 워싱턴DC의 서쪽에 있는 댈러스 공항에 도착했고 한국 유학생 선배들이 마중을 나와 준 덕분에 숙소까지 차를 타고 안전하게 이동했다. 초창기 내가 머문 곳은 거실과 주방은 공유하고 방 1개만 사용하는 셰어하우스였다. 조지아공과대학교에서 연수할 때의 숙소와 비슷했다. 다만 내게는 동부지역의 높은 물가로 인해 그마저도 상당한 지출이 됐다.

나는 이틀 정도 방 정비를 하고 워싱턴 내셔널스의 홈경기를 보러 갔다. 학교 근처의 칼리지 파크 역에서 지하철을 타고 내셔널스 파크가 있는 네이비 야드 볼파크Navy Yard-Ballpark 역에 도착했다. 메이저리그 관람은 그간의 노고를 보상하는 나만을 위한 작은 이벤트였다. 사실 초등학교 시절부터 나는 야구광이었다. 야구는 나의 승부 근성과 정확히 일치하는 스포츠였다. 투수의 수 싸움과 멘탈 관리를 지켜보는 것은 승패를 확인하는 것보다 흥미로웠다. 박찬호 선수가 메이저리거가 된 후부터는 메이저리그를 직접 가보는 것이 또 하나의 로망이 됐다. 덕분에 유학을 꿈꿀 때부터 미국 가면 가장 먼저 메이저리그 관람을 하겠노라 다짐했다.

나는 2008년 8월 16일 내셔널스 파크 3층 관람석에서 미국에 온 것을 실컷 만끽했다. 내셔널스 파크라는 거대한 공간 안에 수많은 사람과 함께 있는 것이 더욱 나를 흥분시켰다. 야구공이 배트에 맞는 소리가 울리고 투수의 긴장감에 전이됐다. 순간 심장은 심하게 고동쳤다. 꿈이 이루어진 것을 만끽하며 나의 가슴도 벅차올랐다.

2

에너지와 시간을
두려움에 뺏기지 마라

영어라는 장벽에 부딪히다

    유학생들이 다 그러하듯 나의 유학 생활에서 가장 큰 장벽은 '영어'였다. 나의 영어 실력은 한국의 입시에 최적화돼 있었다. 단기 연수를 다녀왔다고 해도 크게 달라지지 않았다. 당시 나는 1분 말을 하기 위해 3분을 생각해야 했다. 한국말로 먼저 정리해서 주어와 동사를 정하고 시제에 맞는 정확한 문법을 구사하려 했다. 경상도 악센트가 튀어나오지 않도록 최대한 R 발음을 살리려 애를 썼다. 당연히 대화는 부자연스러움 자체였다.

    수업 준비는 예상 질문을 뽑고 그에 대한 답변을 한국어로 작성한 후 영어로 번역해 암기해가는 방식으로 했다. 당연히 현장에서 튀어

나온 질문에 즉각적으로 대처한다는 것은 불가능했다. 나의 지도교수가 된 레자 가드시 교수는 곧 나의 영어 실력이 형편없다는 것을 알아차렸다. 그의 생각은 '단순한 불만'에서 차차 '심각한 불만'으로 바뀌었고 경고성 멘트를 날리기에 이르렀다.

"나는 자네가 답변을 못 하는 것이 공학적 지식이 없어서인지, 영어 실력이 부족해서인지 알아야겠네."

참으로 굴욕적인 대화의 시작이었다. 나는 공학적 지식에 대해서만큼은 자신이 있었다. 그러나 애써 변명을 하려 할수록 영어는 더 엉망진창이 됐다. 그 후로는 가뜩이나 못 하는 영어에 등줄기에 땀이 흐르는 긴장까지 더해져 입을 떼기가 힘들어졌다.

문제는 그렇다고 입을 다물고 살 수도 없었다. 대학원 과정은 학부 과정과는 매우 다르다. 학부는 입학허가를 받으면 수업을 듣고 학점을 이수한 후 졸업하면 된다. 발표 수업도 팀 작업도 요리조리 피해 다닐 수 있다. 그러나 대학원 과정은 입학허가를 받고 수업을 듣는 것만으로 학위를 딸 수 없다. 입학허가는 그저 수업을 듣고 대학원 과정을 수행할 수 있게 된다는 의미일 뿐이다. 연구실에 들어가 학위 연구를 해야만 학위를 받을 수 있다.

특히 미국의 대학원 과정은 연구실에 들어가 프로젝트를 진행하지 않으면 석·박사과정을 마치는 것이 거의 불가능하다. 그런데 연구실에 들어가 연구를 진행하려면 지도교수와의 원활한 소통이 최우선이다. 애초에 나는 레자 가드시 교수의 지도를 받을 목적으로 메릴랜드대학교에 갔다. 따라서 그의 연구실에 들어가야 했고 그러기 위해서는 그의 인정이 절실히 필요했다. 그러나 레자 가드시 교수는 영어도 못 하는 대학원생을 지도할 정도로 인내심이 풍부한 분이 아니었다.

첫 학기부터 레자 가드시 교수의 수업을 수강하게 됐다. 그는 팀 프로젝트 중심의 발표와 토론을 매우 중요하게 여겼고 중간발표와 최종발표를 평가해 학점을 주었다. 나는 그의 연구실에 들어가기 위해 확실한 눈도장을 찍고 좋은 평가를 받아야만 했다.

도망 가지 않는 방법밖에 없다

내가 속한 팀의 프로젝트 주제는 '비침습적 당뇨 질환의 모니터링 시스템 개발'이었다. 흔히 당뇨 환자들은 침습적 방법으로 당뇨 모니터링을 한다. 가장 일반적인 방법이 침 혹은 바늘로 찔러서 적은 양의 피를 낸 후 모니터링 기계에 넣어 당뇨 수치를 알아내는 식이다. 더 정확한 방법은 혈액검사로 당화 혈색소 수치를 확인하는 것이다. 당뇨 환자들은 3~6개월 단위로 혈액검사를 하는 게 일반적이다. 두 방법 모두 침습적, 즉 피를 채취하는 불편한 과정을 거친다는 단점이 있다.

우리 팀은 모이자마자 프로젝트 진행 계획을 세우는 방법부터 발표 준비까지 활발하게 의견을 나눴다. 미국인 1명, 인도 유학생 1명, 중국 유학생 1명, 그리고 나까지 4명이었다. 나 외에는 원어민 수준의 영어를 구사했으므로 어려움은 없었다. 오로지 나만 영어 콤플렉스가 너무 심해서 말을 거의 하지 않았다. 대신 나는 듣는 데 집중하고 마지막에 한두 문장으로 의견을 정리해 덧붙였다. 머릿속으로 한참을 고심한 후에 뱉은 문장이라 의사전달에는 어려움이 없었다.

　우리는 1개월간 열심히 만나서 프로젝트 내용을 발전시켰다. 피를 보지 않고 당뇨 검사할 방법으로 땀을 통해 혈액의 포도당(당뇨를 확인하는 물질)을 확인하는 것을 고안했다. 일종의 새로운 당뇨 모니터링 디바이스의 개발이 목표였다. 체내의 포도당 변화는 땀의 점성에도 영향을 준다. 따라서 땀의 점성 변화를 확인할 수 있는 디바이스를 개발한다면 굳이 피를 볼 이유가 없었다. 우리는 당뇨 환자나 당뇨 의심 환자가 몸에 붙이고 다니는 것만으로 손쉽게 혈당 변화를 모니터링할 수 있는 디바이스를 개발하겠다는 목표를 세웠고 연구 계획도 세밀하게 짰다. 그러는 사이 중간발표가 1주일 후로 다가왔다.

　발표 날짜가 다가오게 되니 팀 내에서는 '누가 초기 발표를 맡을 것인가?'가 논의 거리가 됐다. 발표자는 당뇨 질환에 대한 대략적인 설명과 우리가 개발하고자 하는 디바이스가 미래의 환자들에서 어떤 혜택을 줄지 임팩트 있게 소개해야 했다. 팀원들은 청중들의 관심을 유도해 수의를 환기시키고 집중도를 높이기 위해 최선을 다해야 한다고 입을 모았다. 동시에 우리가 해결하고자 하는 문제가 얼마나 중요하고 어려운 것인지도 알려야 한다고 했다. 한 마디로 프로젝트 발표의 핵심을 맡게 될 터였다.

　"영이 해보면 어떨까?"

그런데 한 팀원이 내게 초기 발표를 해보라고 제안했다. 나는 눈이 동그래져 손사래를 쳤다. 하지만 나머지 팀원들도 모두 "영이 잘할 수 있을 것 같아."라며 나를 지목했다. 팀원들이 굳이 내게 공을 넘긴 건 당뇨 질환에 관해 깊은 지식이 있을 것이라고 확신했기 때문이다. 우리 팀의 팀원들은 모두 학부에서 기계공학과 전자공학을 배웠다. 디바이스에 대한 이해도가 출중했다. 하지만 당뇨 질환을 포함해 의학적 지식의 수준은 매우 얕았다. 그에 비해 나는 의대를 3년이나 다녀 당뇨가 매우 친숙한 질환이었고 상대적으로 아는 것도 많았다. 이미 나의 기초 지식은 디바이스를 고안하기에 앞서 당뇨라는 질환을 이해하고 특징을 정리하는 데 큰 도움이 됐다.

하지만 나는 '영어 실력 때문에 팀원들에게 피해를 주어서는 안 된다.'라는 생각에 극구 사양을 했다. 앞에 나서서 이야기하는 것을 꺼리는 성격이 아니었다. 하지만 당시는 정말 쥐구멍에라도 들어가고 싶었다. 그럼에도 팀원들은 "너 정도 영어 실력이면 조금만 연습하고 자신감을 가지면 충분히 할 수 있어."라고 설득했다. 상황이 그렇다면 열심히 연습해서 부딪히는 것밖에 방법이 없었다. 나는 울상인 얼굴로 "초기 발표를 맡을게."라고 마지못해 답을 했다.

드디어 웰던이라는 말을 듣다

그야말로 독한 트레이닝이 시작됐다. 나는 발표 자료가 정리되고

부터 예능 프로그램의 MC처럼 손 카드를 만들어 자연스럽게 발표하는 연습을 시작했다. 발표 전날은 팀원들 앞에서 예행 연습도 했다. 팀원들의 반응은 나쁘지 않았으나 세세한 지적사항이 여럿 나왔다.

"발표 중간에 자꾸 단어를 찾는 듯한 느낌이 든다." "메시지는 충분히 전달되고 있으니 걱정을 내려놓아라." "영어 실력에 대한 의구심을 버려라."

나는 팀원들의 코멘트들을 빠짐없이 받아 적었다. 그리고 다시 연습을 시작할 때 그 코멘트들을 보았다. 그때 나는 영어 실력보다 '영어를 못한다.'라는 인식이 더 큰 문제라고 생각하게 됐다. 팀원들의 코멘트들에 영어 실력 자체를 문제 삼는 것은 하나도 없었다. 오히려 암기한 영어 단어를 떠올리려 하는 습관이 메시지 전달을 방해한다는 이야기가 많았다. 나는 문제점을 간파했고 어떻게 더 잘할 수 있을까를 고민했다. 그러나 발표까지 시간이 많지 않았다. 끊임없이 반복해보는 수밖에 없었다. 본 발표에서는 더 잘해야 한다는 생각에 손 카드가 닳도록 연습했고 또 연습했다.

우리 팀의 발표순서는 3팀 중 두 번째였다. 심사위원으로 타과 교수까지 등장해 긴장감이 한층 고조됐다. 나의 얼굴도 상기됐다. 첫 번째 팀의 발표자가 단상에 올랐다. 다음 발표가 바로 나였기 때문에 사실 프로젝트의 주제보다 발표자의 언변과 태도에 온 신경이 집중됐다. 첫 번째 팀의 발표자는 처음부터 끝까지 홀로 발표를 마쳤다. 미국인에 해군연구소의 현직 연구원이다 보니 언어적 유창함은 물론 메시지 전달에도 흠잡을 데가 없었다. 나는 그렇게 연습했음에도 잔뜩 기가 눌려버렸다.

드디어 우리 팀 차례가 됐다. 팀원들을 두고 나만 청중들 앞에 섰다. 가장 먼저 레자 가드시 교수의 매서운 눈빛이 얼굴에 꽂혔다. 그리고 얼마나 잘하는가 보겠다는 표정으로 발표장을 매운 선배 연구자들의 얼굴이 들어왔다. 심장이 뛰고 혈압이 올라가는 것이 느껴졌.

"헬로 에브리원Hello everyone, 위 아 고잉 투 프레젠테이션 아워 프로젝트we are going to present our project."

어렵게 첫 문장을 꺼냈다. 그런데 신기하게도 그 순간 마음의 평화라는 것이 뭔지를 느끼게 됐다. 마치 학원 강사가 돼 학생들을 앞에 두고 수업을 하는 것처럼 마음의 평화가 찾아왔다. 많은 사람 앞에서 발표하던 학창 시절도 떠올랐다. 긴장이 풀리면서 '그래 나름대로 최선을 다했으니 한 번 해보자.'라는 각오가 찾아왔다.

나도 모르는 사이 손짓과 몸짓을 하게 됐다. 교수 그리고 선배들과 눈 맞춤도 하고 애드리브라 할 수 있는 약간의 추임새도 곁들이게 됐다. 문장이 끊어질 때 다시 긴장감이 느껴져 입술이 떨리기도 했다. 그러나 내가 생각해도 크게 거슬릴 정도는 아니었다. 긍정적으로 보자면 나의 문법 중심 영어는 누구나 이해하기 쉬웠고 경상도 악센트는 영국식의 발음처럼 단어를 더욱 정확하게 전달했다. 발표는 무리 없이 끝이 났다.

나는 박수 소리를 들으며 단상에서 내려왔다. 마치 연극 무대를 성공적으로 마친 배우처럼 안도의 한숨을 쉬었다. 팀원들은 모두 '엄지척' 신호로 나를 칭찬해주었다. 그 후 발표도 매우 안정적인 가운

데 진행됐고 우리 팀의 발표는 순조롭게 마무리됐다.

세 번째 팀까지 발표를 마쳤을 때 레자 가드시 교수는 내게로 와서 "웰던, 굿잡, 영Well done, good job Young"이라고 말해주었다. 우리가 스테이크 주문할 때 쓰는 그 '웰던'이 맞다. 이런 공식적인 자리에서 웰던은 뭔가를 뛰어나게 잘해 냈다는 것을 의미한다. 레자 가드시 교수는 나의 영어 실력이 좋아진 것에 안도했고 내가 부단히 노력했다는 것도 인정해주었다. 그때 나는 처음으로 영어에 대한 부담감에서 해방되는 카타르시스를 맛보았다.

이제 다시는 벌벌 떨지 않겠다

레자 가드시 교수 앞에서 첫 번째 발표를 마치고 2008년 12월에 나는 연구실의 연구원으로 합류해도 좋다는 확답을 듣게 됐다. 한 학기 동안 내가 학업 과정에서 보여준 전공 실력과 유학 초기의 어렵고 힘든 과정을 남다른 도전정신으로 극복해내는 것을 지켜본 결과였다. 의대를 다닌 경험으로 뛰어난 의학적 소양을 가진 것도 높이 평가했다.

그러나 앞서 잠깐 언급했듯 레자 가드시 교수는 영어를 못하는 사람을 극도로 싫어하는 분이었다. 이미 MIT 재학시절 영어를 못하는 한국인 연구원들을 많이 겪었고 그때의 답답함을 아직도 간직하고 있었다. 그리고 그 후유증 때문인지 연구실에 아시아인 유학생을 한

명도 들이지 않았다. 연구실에는 이민 2세들이 더러 있었다. 그러나 그들은 미국 태생으로 미국에서 교육을 받아 영어에 전혀 문제가 없었다. 그러다 보니 외국 국적의 아시아인으로 나는 최초의 연구원이 됐다. 나를 연구실 연구원으로 합류시킨 것은 레자 가드시 교수로서는 상당한 모험이 아니었을까 느낌이 들었다.

그런데 연구실에 합류한 지 6개월 정도 지나고 나서 일이다. 어느 정도 연구 성과를 이룬 후 중요한 회의에 참석하게 됐다. 그날의 주요 안건은 내가 하는 프로젝트를 성장시키기 위해 외부 협력을 강화하자는 것이었다. 레자 가드시 교수가 회의를 주최했다고는 하나 프로젝트의 진행자는 나였다. 내가 회의에서 담당해야 할 부분도 상당했다. 그러나 그날은 컨디션 난조로 회의 진행이 원활하지 못했다. 긴장을 하는 바람에 질문 타이밍을 놓치는 일이 반복되면서 결국 아무 말도 하지 못하고 회의가 끝났다.

그러자 레자 가드시 교수는 개별 면담을 하자고 했다. 그리곤 내가 그날 아무 말도 안 한 부분을 강하게 추궁했다. 그런 일이 반복되면 가만히 있지 않겠다는 경고까지 했다. 어렵게 연구소에 들어와서 6개월이나 고생했는데 담당 교수로부터 협박에 가까운 힐난을 들으니 가슴이 답답했다. 급기야 억울하다는 생각까지 들었다. 나는 당돌하게 입을 떼고 말았다.

"제가 영어 못하는 것은 인정합니다. 그러나 저는 평생을 한국에서 보낸 한국인입니다. 제가 영어를 잘하는 것이 오히려 이상한 일이 아닌가요? 저는 최선을 다해 노력하고 있습니다. 그런데도 아직 목표점에 다다르지 못했습니다. 부디 이해하고 기다려주십시오!"

레자 가드시 교수의 얼굴에는 당황한 빛이 역력했다. 나조차도 어안이 벙벙했다. 다음에 어떤 일이 벌어질까 조마조마했다. 그런데 레자 가드시 교수는 "너무 스트레스를 받지는 마."라며 면담을 마치자고 했다. 내가 그 정도까지 이야기할 정도면 자신이 너무 과하게 밀어붙였다고 판단했던 거 같다.

연구실을 나오며 나의 머릿속에는 '너무 대들 듯이 이야기한 것은 아닌가.' 하는 생각과 '나도 내 생각 정도는 이야기해도 되지 않는가.' 하는 정반대의 생각이 교차했다. 그러다 결국에는 '이렇게 이야기하니 속이 후련하다. 차라리 잘됐다.'라는 뻔뻔한 결론으로 상황을 정리하기로 했다. '한 번의 생채기쯤이야 어쩌겠는가. 앞으로 더 잘하면 되지.' 나는 스스로를 안심시키며 일상으로 돌아갔다.

지금도 나는 내가 한국인이고 영어를 완벽하게 잘하는 것은 과한 욕심이라는 생각에는 변함이 없다. 연구 분야와 현지 생활에 무리가 없는 수준이면 되는 것이다. 나는 영어 때문에 스트레스를 많이 받았고 극복하기 위해 부단히 애를 썼다. 그러다 마지막에는 의사전달을 잘할 수 있도록 노력하는 수준에서 극복해내면 그만이라고 결론짓고 말았다. 후로는 영어 콤플렉스 자체를 잊고 지내려 노력했다. 더 이상 영어에 벌벌 떨며 에너지와 시간을 뺏기고 싶지 않았다.

결과적으로 나는 약 6년간의 유학 생활 동안 초기 몇 개월을 제외하고 영어 때문에 어려움을 겪지 않았다. 그후에 겪은 난관에 비하면 영어 콤플렉스 정도는 약과라는 생각이 들 정도였다.

3
나를 모르는 곳에서 스스로를 증명하라

차라리 눈앞의 현실에 집중하자

흔히들 힘들고 어려운 시절에는 꿈을 많이 꾸게 된다고 한다. 미래에 대한 비전을 에너지원으로 현실의 어려움을 극복하기 위해서다. 그러나 내 삶은 그렇지 못했다. 사실 내게는 미래를 그려본다는 것이 너무 어려운 일이었다. 우선 내가 박사과정을 시작했을 때는 서른한 살이었다. 무사히 박사학위를 딴다면 미국의 대기업이나 국가 연구소에 취직할 수도 있다. 운이 좋다면 대학교수가 되는 것이 가능할 수도 있다. 그러나 그때가 언제인지 당시로서는 기약할 수가 없었다. 아무리 짧게 잡아도 5년 뒤의 일을 기대하며 현실을 참아낼 만큼 인내심이 강하지 않았다.

나는 여러 문제에 부딪히면서 '차라리 눈앞의 현실에 집중하자.'라는 생각을 했다. 당장 문제를 해결하려고 온 힘을 기울이면서 문젯거리나 고민 자체를 잊었다. 일종의 아이러니였다. 나의 생존법은 고민에서 도망가기 위해 고민 속에 온몸을 밀어 넣는 것이었다. 그도 그럴 것이 언제나 오늘의 발표, 오늘의 시험, 오늘의 실험 등 당장 고민하고 해야 할 것들이 산더미처럼 쌓여 있었다. 때로는 오늘의 경제적 어려움마저 보태졌다. 그런 것들을 해결하기 위해 온 힘을 기울였다. 그렇게 6년을 보냈다. 코앞에 닥친 수능시험을 잘 치르지 못하면 미래를 기약할 수 없는 고3 수험생처럼 하루하루가 다급했다. 돌이켜 보면 이러한 삶의 방식은 내가 선택할 수 있는 최선의 것이기도 했다.

나는 메릴랜드대학교에 입학해 사람들을 만날 때 그리고 레자 가드시 교수의 연구실에 들어갔을 때 자기소개를 했다. 의대를 다닌 이력과 서울대학교 전기공학부 졸업 등이 주요 내용이었다. 주위의 반응은 기대 반 우려 반이었다. 일단 메릴랜드대학교에는 한국인들이 많지 않았다. 그들은 한국인이 어떤 사람인지 몰랐고 민족적 특성에 대한 이해가 없었다. 나를 온전히 '이방인'으로 대했다. 대학교라는 공간 그리고 자유분방한 문화적 특성상 나쁜 선입견을 갖거나 내비치지는 않았다. 하지만 기본적인 신뢰도 주어지지 않았다. 그러한 분위기는 내게 현재의 중요성을 일깨워주었다.

예를 들어 내가 홀로 워싱턴DC의 내셔널스 파크에 앉아 있다면 보이는 것이 나의 전부이다. 만일 내가 추레한 옷을 입고 바닥에 앉아 술을 마신다면 노숙자 혹은 부랑자로 판단하고 피해갈 것이다. "서울대학교를 우수한 성적으로 졸업한 인재가 왜 여기서 이러고 있나?"라고 물어볼 사람은 없다. 반대로 만일 내가 고급 양복에 깨끗한 구두를 신고 벤치에 앉아 신문을 보고 있다면 '신사'로 생각하고 지나갈 것이다. "박사과정도 마치지 못해놓고 그런 여유나 부리고 있어?"라고 비난할 사람들은 없다.

나는 유학 생활이 시작된 후 스스로 증명해내기 전까지는 그동안 했던 경험과 가진 능력들은 한 줄 이력에 불과하다는 것을 알았다. 역으로 만일 내가 어떤 것을 스스로 증명해낸다면 잠재력 이상의 평가 속에서 기회를 거머쥘 수도 있을 것이다. 그러므로 나는 현재에 집중하며 성과를 만드는 일에 매진해야만 했다.

머릿속에서 나는 이전의 이력 따위는 지워버렸다. 의대를 다녔다는, 서울대학교를 우등 조기 졸업했다는, 미국 명문 주립대학교의 유학생 신분이라는 '우월감의 원천'들을 떨쳐냈다. 그리고 매일매일 다이어리에 구체적인 목표들을 적어 나갔다. 아침에는 '내가 오늘 무엇을 해야 하는가?' 썼고 저녁에는 '내가 오늘 무엇을 해냈는가'를 점검했다. 그렇게 고3보다 절박한 심정으로 하루의 리스트를 지워 나가는 삶을 살아냈다.

빨리 증명해 보이는 것이 좋다

연구실로 출근이 시작됐고 레자 가드시 교수와 커뮤니케이션을 시작했다. 하지만 나의 미래는 불투명했다. 예나 지금이나 미국의 대학교는 "입학은 쉬워도 졸업은 어렵다."라는 말이 통한다. 특히 박사 과정은 연구실에서의 성과와 논문이 중요하지만 그전에 기본 검증을 거쳐야 했다. 소위 말하는 '박사 자격시험'이다.

학교에서는 박사 자격시험이 학생들의 실력을 재검증하고 미달된 학생을 걸러내는 제도 정도로 설명한다. 구체적으로 시험은 필기와 발표로 치러진다. 모두 두 번의 기회가 주어진다. 대학원 수업 중에 박사 자격시험을 치러야 했다. 모두 통과하지 못하면 그대로 제적된다. 발표 시험은 필기시험을 통과한 학생에게 주어지는데 전공 관련 교수 몇 명이 질의하고 그에 맞는 답변을 해야 패스가 된다. 필기시험 후 1년 안에 시험을 보아야만 한다.

'박사학위를 받으러 유학까지 간 사람이 그깟 시험을 통과 못 할까?' 가볍게 생각할 수도 있겠으나 현지 분위기는 전혀 그렇지 않다. 일부 대학원은 시험의 높은 난이도 때문에 입학생의 절반 가까이 중도 탈락한다. 실리콘밸리의 유명 대학교는 졸업 정원의 5배수를 뽑고 대부분을 박사 자격시험에서 떨어트린다고 한다.

만일 두 시험 중 하나에서 떨어지면 학생은 짐을 싸서 그대로 학교를 나가야 한다. 대학원생들은 내색하지 않았지만 박사 자격시험에 굉장한 스트레스를 받았다. 실제 시험에서 떨어져 학교를 나가게 될 때 학생이 받는 심리적 타격은 더 상당하다. '결과가 곧 실력'이라고 하지만 시험 결과에는 여러 변수가 작용한다. 시험의 공정성을 떠나서 학생의 컨디션이 안 좋을 수도 있고 피치 못할 사정이 생길 수도 있다. 정말 실력이 안 돼서 시험을 통과하지 못했다고 해도 자칫하면 '패배자'라는 낙인을 평생 안고 살아갈 수도 있다. 그러다 보니 박사과정 학생들은 입학 순간부터 박사 자격시험 때문에 엄청난 스트레스에 시달리게 된다.

나는 박사과정에 들어가자마자 두 개의 시험을 첫 시험대이자 목표로 삼았다. 나는 입학허가 시 학부 졸업생 자격으로 석사과정을 이수하는 학생으로 분류됐다. 그러나 2009년 8월 석사과정 1년 만에 교육 과정이 박사과정으로 변경됐다. 그때부터 내게도 박사 자격시험에 대한 스트레스가 찾아왔다. 나는 시험을 미루고 스트레스를 견디느니 하루라도 빨리 두 시험을 통과하는 것이 낫겠다고 판단했다. 그럼으로써 지도교수와 선후배들에게 나의 존재를 확실히 증명해 보이리라는 각오도 있었다. 나는 석사에서 박사로 과정 변경이 있던 8월에 바로 필기시험을 접수했고 그달 말에 시험이 예정돼 있다는 통보를 받았다.

사실 속전속결로 필기시험을 접수하게 된 배경에는 '학업에 대한 자신감'도 깔려 있었다. 필기시험의 주요 내용은 물리, 수학, 전공과목이었다. 주관식으로 풀어야 하긴 했지만 학부 시절 배운 내용에서 크게 벗어나지 않으리라 예상했다. 그래서 시험 자체에 대한 스트레스는 있었지만 어렵지 않게 통과하리라는 기대감도 있었다. 나는 시험에서 예상대로 합격선을 무난히 넘긴 상위권 성적으로 필기시험을 통과했다.

레자 가드시 교수는 나의 시험 결과에 매우 흡족해했다. 연구실 선배들 대부분이 한 번씩 낙방했던 시험인지라 단번에 패스한 것이 큰 자랑거리이기는 했다. 덧붙여 지도교수는 내가 외국인이라는 핸디캡을 극복하고 단번에 시험을 통과한 것을 높이 평가해주었다. 덕분에 아주 옅게나마 남아 있던 나의 학업 실력에 대한 의구심을 말끔히 해소할 수 있었다. 나는 기세를 쭉 이어가는 것이 좋겠다는 생각으로 발표 시험 준비에 나섰다.

발표 시험은 대학원 과정의 과목을 하나 정해서 해당 분야 전공 교수 세 명이 참석한 가운데 무작위로 질문을 받고 판서를 통해 설명과 답변을 하는 식으로 진행됐다. 대체로 미국인들은 발표 시험에 강했다. 공교육에서 발표 시험을 많이 했고 앞서 필기시험을 통과하면서 학업 실력을 높여 놓은 터라 대부분 무난하게 통과됐다. 그러나 외국인 유학생들은 달랐다. 발표 시험 자체가 매우 낯선 경우가 대부분이었다. 거기다 영어로 아는 것을 풀이하고 누군가를 이해시킨다는 것은 아주 고난도의 시험이었다. 그러다 보니 아시아 유학생들에게 발표 시험은 '죽음의 계곡'이라 불릴 정도였다.

나의 발표 시험은 필기시험 합격 시점에서 한 달 반 정도 후인 2009년 10월로 예정됐다. 내가 선택한 과목은 고체물리학 Solid State Physics이었다. 고체물리학은 내가 박사과정 첫 학기에 전공 필수과목으로 이수한 과목이었다. 학부 시절 양자역학의 기초, 전자물리의 기초, 전자

회로1, 전자기학1에서 수강한 내용과 상당 부분 겹쳤다. 서울대학교 재학 시절 대부분의 과목에서 높은 점수를 받았던 만큼 박사과정 수업도 어렵지 않았다. 심사위원들은 까다로운 질문들을 많이 했다. 하지만 내가 아는 지식에서 어려울 것은 없었다. 영어 역시 콤플렉스도 어느 정도 극복이 되고 지난 1년여간 실력도 향상돼 큰 애로사항이 되지 않았다.

발표 시험까지 합격하고 나자 나는 교내에 '박사 자격시험을 3개월 만에 마무리한 괴물'로 소문이 났다. 지도교수는 "1년에서 길면 2년에 걸쳐 통과하는 시험을 초고속으로 통과하다니 대단하다."라며 칭찬했다. 나 역시 유학 3학기 만에 학업적 실력을 증명해낸 것이 매우 자랑스럽게 생각됐다. 또한 '유능한 학생'이라는 선입견은 그 후 내게 많은 도움이 됐다. 지도교수와 선후배들은 나의 연구에 신뢰와 응원을 아끼지 않았다.

거기다 지도교수는 내게 연구실 매니저 자리를 부탁했다. 연구실 매니저란 반장 같은 역할을 한다. 물리적인 연구실 관리는 물론 지도교수의 지침을 전달하고 주간회의를 주관한다. 통상 6개월에서 1년 정도 임기로 돌아가면서 맡아서 했다. 그런데 지도교수는 2년 넘게 내게 연구실 매니저 자리를 일임했다. 지도교수의 두터운 신임은 나의 연구의 좋은 에너지원이 됐다.

재미있는 이야기를 보태자면 그사이 연구원들은 물론 지도교수마저 나의 한국식 영어에 상당히 익숙해졌다는 것이다. 내가 뭔가를 해내는 사람으로 인식이 되자 아무도 나의 영어를 문제 삼지 않았다.

오히려 경상도식 악센트에서 중요한 지점을 찾아 이해하려고 노력하는 모습이 보였다. 이러한 변화를 체감하는 것은 기분 좋은 일임이 틀림없었다.

4
의학과 공학을 융합해 진가를 발휘하다

'살아남는 것'이 가장 큰 경쟁력이다

사실 나는 '천재'라는 말을 믿지 않는다. 세상에 태어날 때부터 잘하는 사람이 어디 있는가! 나는 모든 사람은 '노력파'라고 생각했다. 그래서 못한다면 노력하는 것이 당연하다고 생각했다. 그러나 그런 생각을 깨버리는 사건이 박사과정 첫 학기에 벌어졌다.

모든 사건의 핵심에는 '채드'가 있었다. 나는 고체물리학 수업에서 채드를 처음 만났다. 고체물리학으로 말할 것 같으면 내가 박사자격시험 과목으로 선택할 만큼 자신이 있는 과목이었다. 메릴랜드 대학교의 고체물리학 담당 교수는 그 분야 대가 중의 대가로 굉장한 아우라를 가진 분이었다. 나는 강의 첫날부터 상당한 기대감을 품고 수업에 임했다. 수업 초기에는 채드뿐만 아니라 교우들과 거의 교류 없이 수업에만 집중했다.

그런데 막상 수업을 듣고 보니 나의 예상과 달리 수업은 약간 밋밋했다. 수업 내용 대부분이 학부 시절에 배웠던 것과 겹쳤고 깊이도 느껴지지도 않았다. 내가 학부 수업을 너무 치열하게 들었기 때문일 것이다. 학부 시절 나는 교과서 두 권을 들고 다니며 양자역학 수업을 들었는데 강의 내용이 대학원 수준이라는 소문이 파다했다. 분명 강의명은 '양자역학의 기초'였다. 그러나 서울대 이병호 교수는 결코 학생을 기초 단계에 둘 분이 아니었다. 시쳇말로 토가 나올 정도로 어려운 강의를 들어야 했고 중도 포기자도 상당했다. 나는 오로지 '노력'과 '끈기'로 교과서를 파고들었고 학기 말에는 양자역학에 대한 높은 이해도를 자랑할 수 있었다. 덕분에 대학원 과정의 고체물리학은 상대적으로 내게 수월하게 다가왔다.

고체물리학 담당 교수는 "평가는 학기 중 3번에 걸친 시험으로 한다."라고 진즉부터 포고를 했다. 그리고 어영부영 첫 번째 시험을 보게 됐다. 나는 무난하게 시험문제를 풀고 자신감 있게 답안지를 제출했다. 일주일 후 성적이 나왔다. 나는 100점 만점에 85점을 받았다. 강좌 평균 45점에 비해 월등히 높은 점수였다. 나는 탁월한 성적에 만족했다. 그런데 나의 만족감에 찬물을 끼얹는 일이 벌어졌다. 공개 평가표에서 학생 한 명이 120점을 받은 것을 본 것이다.

그 학생이 앞서 소개한 '채드'였다. 덕분에 나는 두 번째로 고체물리학을 잘하는 학생이 됐다. 특유의 성장 욕구와 승부 욕구가 발동하기 시작했다. 나는 '반드시 채드를 이겨보리라.' 다짐했다. 나는 채드를 유심히 관찰했다. 그는 미국인 학생으로 메릴랜드대학교에서 학부를 마치고 레이저 관련 연구실에 소속돼 박사과정을 밟고 있었다.

'어떻게 120점을 어떻게 받았을까?' 나는 궁금증을 해소하고 싶었다. 교수가 100점 만점에 120점을 주었다는 것은 '나조차 생각하지 못한 기발한 답안을 냈다.'라는 평가의 결과였다. A+는 받아놓은 당상이었다. 그런데 나는 채드를 관찰하면 할수록 미궁에 빠졌다. 채드는 나처럼 열심히 공부하지 않았기 때문이다. 같은 연구실의 한국인 친구를 통해 알아본 바로는 연구실에서도 설렁설렁 일한다고 했다. 나는 나처럼 모든 걸 걸고 일하지 않는 채드가 어쩐지 밉게 느껴졌다.

'열심히 하지 않는데 성적은 뛰어나다니?'

그러던 중에 2차 시험이 다가왔다. 나는 이상하다는 느낌만 받고 채드의 공부법은 파악하지 못한 상태였다. 이번에는 더욱 완벽해져서 채드를 이겨보리라 마음먹고 또 다른 노력과 끈기를 발휘했다. 그런데 결과는 참담했다. 2차 시험 성적도 1차와 크게 다르지 않았다. 나의 점수는 83점, 학생 평균 점수는 48점, 채드의 점수는 110점이었다.

'노력은 상식이 아닌가?'

이때 나의 고정관념 하나가 깨졌다. 확실히 채드는 노력파가 아니었다. 나나 다른 친구들은 열심히 계산했고 물리학적 현상을 이해하는 데 집중했다. 모르면 암기하고 문제풀이를 하면서 넘어갔다. 그에 비해 채드는 암기 따위는 하지 않았다. 그제야 고체물리학에 심취해 있는 채드의 모습이 눈에 들어왔다. 스트레스 없이 고체물리학이라는 세계에 들어가 즐기고 있었다. 결과가 좋은 것은 당연했다. 나는 아무리 열심히 노력해도 채드를 이길 수는 없다는 명확한 현실을 직면했다. 온몸에 소름이 돋는 패닉이 찾아왔다.

박사과정의 고체물리학에만 채드와 같은 사람이 있겠는가? 확률변수, 반도체공학, 통신의 기초, 전자기학, 전자회로, 논리회로, 프로그래밍 등등 수많은 전자공학의 영역에서 또 다른 채드는 있을 것이다. 더 나아가 메릴랜드대학교가 아닌 미국의 100개 이상의 명문대학교, 전 세계의 수많은 명문대학교에 수많은 채드가 있을 것이다. 또한 전자공학만 아니라 기계, 재료, 화학, 물리, 수학, 의학, 약학 등 넓은 분야에서 활약하는 또 다른 채드는 또 얼마나 많을 것인가? 내가 감히 그들과 경쟁이란 것을 할 수 있을까? 그들과 경쟁하지 않고 어떻게 공학도로서 전문성을 인정받는 것이 가능하겠는가?

나는 서른한 살 유학생 신분으로 한 번의 패닉을 경험한 뒤 알을 깨고 세상에 나온 기분에 젖었다. 젊은 시절 의사 친구들과 나를 비교하며 가슴 졸이던 모습이 너무나 부끄럽고 부질없게 느껴졌다. 세상의 수많은 채드가 있다는 것을 모르고 산 과거의 나는 우물 안 개구리에 지나지 않았다. 그것을 깨달은 것으로 나는 새로운 세계에 발을 들여놓은 것만 같았다. 그때부터 나는 '어떻게 하면 잘할 수 있을까?'라는 고민을 내려놓았다. 대신 '어떻게 하면 살아남을 수 있을까?'를 처절하게 고민하기 시작했다.

내가 '채드를 이기겠다.'라는 생각으로 벤치마킹을 하거나 더 잘할 방법을 찾는 것은 승산 없는 게임이었다. 성적에 연연하며 공부에 매진하는 것도 의미가 없기는 마찬가지였다. 그보다는 차라리 독자적인 경쟁력 혹은 독자적인 생명력을 갖추는 것이 나았다. 예를 들어 '공학 분야에서 어떤 일을 가장 먼저 할 수 있을까?'를 고민하는 것은 큰 의미가 있었다. 수많은 넘사벽 천재들과 경쟁해서 이길 수 없다면? 내가 가장 먼저 할 수 있는 것을 찾아서 성취하는 것이 최선이라는 생각이 들었다.

그러면서도 나는 두 발을 현실이라는 땅에 굳건히 붙이는 것을 잊지 않았다. 당장 내가 잘할 수 있는 것과 실현할 수 있는 것을 고민했고 할 수 있는 것을 바로 시작해야 한다고 다짐했다. 대표적으로 연구와 논문은 내가 당장 해결해야 할 과제였다. 보기에 그럴싸한 연구보다는 실용적인 데이터를 확보해 의미 있는 성과를 내야 한다고 생각했다. 나의 실험이 현실에서 활용될 방안을 찾는 것이 최우선이었다. 그리고 이때의 깨달음과 전략은 석박사 과정의 연구 성과는 물론 현재의 나를 있게 한 가장 큰 디딤돌이 됐다.

미생물막 감지 칩을 개발하다

어찌어찌 유학 생활 3년 차가 됐다. 나의 생활은 본격적으로 자리를 잡아가고 있었다. 나는 연구실에서 대부분의 시간을 보냈다. 교수와의 커뮤니케이션은 한국에서 하던 방식대로 했다. 우선 계획을 제시했고 그 필요성을 논리적으로 설명했다. 연구의 진척 사항이 생기면 그때마다 공유하고 방향성을 확인했다. 결과가 나오면 프레젠테이션 발표를 하고 마무리했고 다음 계획도 명확하게 제시했다.

그리고 2011년 2월 성공적으로 석사학위 논문심사를 마쳤다. 당시 나의 연구 주제는 중증 감염의 원인이 되는 미생물막Biofilm, city of microbes을 정량적으로 감지하는 칩의 개발이었다. 미생물막은 영어로 바이오필름이라고 하는데 '세균들의 모임' '세균들의 집합체'라고 할 수 있다. 미생물(세균)은 단독으로도 존재하지만 서로 뭉쳐 있을 때 보호막을 형성해 생존에 훨씬 더 유리하다. 흔히 우리가 물때라고 부르는, 눈에 보이지는 않지만 손으로 만졌을 때 미끈거리는 느낌의 그것이 미생물막이다. 바이러스는 일단 보호막이 형성된 미생물막 형태가 되면 잘 씻겨 내려가지 않는다. 그러다 보니 화장실이나 주방에서 물때가 끼면 물리적으로 힘을 주어 닦거나 세제와 같은 화학적 방법을 동원해야 한다.

일반인들은 '물때를 감지하는 데 칩까지 만들어야 하나?'라는 의문을 가질 수 있다. 그런데 미생물막은 화장실과 주방에만 있지 않다. 우리 주변 어디에나 있다. 대표적인 것이 입 안에 있는 치태이다. 또한 상처가 생긴 곳은 어디나 세균 번식으로 미생물막이 만들어질 수 있다. 상처에 미생물막이 생긴 것을 흔히 '감염'으로 표현한다. 박테리아가 미생물막을 형성하기 시작하면 세균 감염이 심해지고 미생물막을 줄이거나 제거하지 못하면 환자가 위중한 상태에 빠지거나 사망에 이를 수도 있다.

　대표적으로 우리 몸의 관절을 금속 재질로 교체하는 '인공관절 이식술'은 미생물막이 생겼을 때 매우 치명적인 부작용을 일으킨다. 미생물막 제거를 위해 환자의 몸에 어마어마한 항생제를 쏟아부어야 하고 차도가 없을 땐 극단적으로 이식한 인공관절을 제거해야만 한다. 그러다 보니 미국의 몇몇 단체에서는 미생물막의 감지와 제거를 위해 막대한 연구자금을 지원하기도 한다.

　나는 석사과정에서 미생물막 발생을 감지하는 칩을 개발하고자 애를 썼다. 처음에는 나도 미생물막에 대한 이해도가 매우 낮았다. 공학 전문가들뿐 아니라 의료인을 만나보아도 미생물막의 발생과 그 규모를 바이오칩을 통해 확인할 수 있으리라는 것을 상상하지 못했다. 그런데 그 과정에서 나는 이것이야말로 해볼 만하다고 약간의 쾌재를 불렀다. 누구도 상상하지 못한 일이라면 도전 과제로서 굉장한 의미가 있을 것이다. 내가 최초로 해낸다면 그야말로 세계 최초라는 타이틀을 거머쥐는 공학도가 될 수도 있을 것이다.

　미생물막 관련 자료를 찾아보고 전자공학 지식을 활용했다. 나는 수개월 만에 미생물막을 확인하는 칩을 만드는 데까지 성공했다. 그러나 이 부분은 전체 과정에서 사실 어려운 것도 아니었다. 문제는 이 칩을 실제 의료 현장에서 사용할 수 있도록 하는 것이었다. 공학도의 석사 연구 과정은 어찌 보면 매우 실제적인 작업이라 할 수 있다. 단순히 테스트하고 결과를 내는 수준에 머물지 않는다. 마치 제품 개발자처럼 앞으로 어떤 형태의 칩이 제품으로 탄생할 수 있을지 그 칩이 어떤 문제를 해결할 수 있을지에 대한 밑그림도 포함돼 있어야 했다.

나는 미생물막에 의한 감염을 미리 진단하는 소형 칩을 개발하고 인공관절에 삽입 혹은 부착하는 방법을 염두에 두었다. 보통 인공관절의 수명은 10년 내외인데 미생물막에 의한 세균 감염은 언제든지 나타날 수 있다. 인공관절을 이식한 환자들은 퇴원 때 "언제든 열이 나거나 이상 통증이 오면 병원에 오세요."라는 안내를 받는다. 세균 감염은 의료인이 고려하는 가장 흔한 위급 상황이다. 그런데 인공관절에 미생물막을 감지하는 센서가 있어서 초기에 감지할 수 있다면 위급 상황이 닥치는 것을 얼마든지 예방할 수 있다. 그렇게만 된다면 상당히 의미 있는 연구 성과를 얻게 될 것이다.

그리고 미생물막 감지 센서 칩의 발명을 공표하기 전에 해당 칩이 '실제 부착 환경에서 작동이 가능하다.'라는 전제를 달성해야 했다. 이 부분은 난제 중의 난제였다. 상식적으로 체내 미생물막에 의한 감염 정도를 확인하기 위해서는 바이오칩이 인체 내 혈액이 흐르는 공간에서도 제대로 작동이 돼야 했다. 그러나 내가 발명한 바이오칩은 외부 환경에서는 어느 정도 작동하다가도 혈액에 들어가기만 하면 번번이 녹아내렸다. 미생물막을 확인하기도 전에 칩은 사용 불능 상태가 돼버렸다.

나는 몇 날 며칠 체액에 의해 녹아내리는 칩을 지켜보며 답답함을 느꼈다. 그래서 실험 결과를 가지고 지도교수를 찾아갔다. 실제적인 대안은 아니더라도 고민을 나누고 함께 해결책을 마련해볼 수 있기를 기대했다. 그러나 실험 결과를 확인한 레자 가드시 교수는 전에 없이 흥분해서 "영! 이 문제를 반드시 해결해야 해!"라고 언성을 높였다. 나는 속으로 "그래서 어떻게?So What?"를 수도 없이 부르짖은 후에 연구실을 나왔다. 혈액 속에서도 작동이 되는 칩을 만드는 것은 오로지 나의 과제였고 내가 해결해야만 하는 일이었다.

  사실 아주 방법을 모르는 것은 아니었다. 혈액 내에서도 칩이 녹아내리지 않게 하기 위해서는 '코팅'을 하면 된다. 그런데 수많은 소재 중 어떤 것으로 코팅해야 할지 전혀 감을 잡지 못한다는 것이 문제였다. 어떤 소재는 칩이 녹아내리는 문제는 해결했으나 미생물막을 센싱하는 민감도에 영향을 주었다. 칩은 멀쩡했으나 센싱 값이 도출되지 않았다. 어떤 것은 센싱하는 데는 문제가 되지 않았으나 칩을 유지시켜 주지 못했다. 센싱 값이 도출되는 중간에 칩이 녹아내려 그대로 쓰레기통에 버려야 했다. 이런 식이라면 수많은 소재를 일일이 코팅제로 만들어 실험하다가 세월 다 갈 것만 같았다. 막막하고 암담했다. 미련하고 답답한 방법으로는 답이 없다는 결론을 내렸다.

  코팅제 찾기에 본격적으로 나서면서 "머리를 쓰지 않으면 몸이 고생한다."라는 옛말을 떠올렸다. 머리를 써보기로 했다. 나는 일종의 가설을 세워두고 코팅제의 특성들을 수학적으로 분석해보았다. 코팅제의 특정 값을 프로그램으로 돌려보니 코팅제로서 적절한 값을 가진 소재들이 추출됐다. 곧이어 나는 수학적으로 유의미한 값을 보여준 소재들을 코팅제로 활용해 실험을 진행했고 마침내 '알루미늄 옥사이드'가 가장 탁월한 코팅 성능을 발휘한다는 것을 밝혀냈다.

알루미늄옥사이드로 코팅한 센싱 칩은 혈액 내에서도 기능과 성능을 모두 유지했다.

마침내 미생물막을 정량적으로 감지하는 칩 개발이 가능해졌다. 당시 나의 연구 결과는 굉장히 혁신적인 것이었고 주변의 환호도 대단했다. 모두가 기대하지 못한 결과에 놀랐고 담당 교수도 칭찬을 아끼지 않았다. 그렇게 나는 '미생물막을 정량적으로 감지하는 칩의 개발'을 성공적으로 마친 덕분에 유학 2년 반 만에 공학석사 학위를 순조롭게 취득할 수 있었다. 그 후 나의 석사 논문은 기술 선진성이 인정돼 논문 전체의 내용이 미국 특허로 등록됐다.

인생을 걸고 바이오 기술 개발에 나서다

석사학위를 받는 것은 기쁜 일이었다. 그러나 이후 나는 크나큰 딜레마에 빠졌다. 미생물막 센싱 칩의 개발 목표는 의료 현장에서 사용할 수 있도록 하기 위해서였다. 그러나 나는 센싱 칩 발명 후 곧바로 '완성된 센싱 칩을 정말 상용화할 수 있을까?' 하는 의구심을 품게 됐다. 센싱 칩을 통해 보니 미생물막이 생각했던 것보다 아주 빠른 속도로 생성됐기 때문이다.

당시 나를 포함한 관련 연구자들은 바이러스가 성장해 미생물막을 형성하기까지 2~3일의 시간이 걸릴 것이라고 예상했다. 나의 연구도 바이러스가 생기고 2~3일 정도는 자라고 모여야 미생물막이 만들어져 감염이 진행되므로 그 전에 약을 먹으면 충분히 예방이 가능하다는 가설에서 시작했다. 그러나 막상 미생물막 센싱 칩을 개발해내서 바이러스가 미생물막을 만드는 시간을 측정해보니 너무나 빨랐다. 불과 8시간이었다. 8시간은 치료의 골든타임으로 보기에 짧아도 너무 짧았다.

일례로 미생물막 감지 센서 기술이 상용화돼 인공관절 수술을 받은 환자에게 감지 센서를 부착해 퇴원을 시킨다고 치자. 환자의 인공관절에 언제 바이러스가 생길지는 모른다. 만일 환자가 잠을 자는 중에 바이러스가 생기거나 여행이나 출장 갔을 때 바이러스가 생겨서 8시간 내 병원에 갈 수 없는 상황이 벌어진다면 치료의 골든타임을 놓치게 된다. 감지 센서를 부착했다고 해도 8시간 내 병원에 갈 수 없다면 아무 의미가 없다. 종합해보면 미생물막 감지 센서를 만든다 한들 인공관절 교환 수술을 받은 환자의 감염을 예방하는 효과를 기대하기는 어렵다는 결론에 도달한다.

'8시간만 유용한 제품을 만든다는 것이 무슨 의미가 있겠는가?'

나 역시 곰곰이 생각해봤지만 미생물막 센싱 칩의 상용화가 이루어질 것 같지 않았다. 나의 딜레마는 '놀랍고 혁신적인 기술의 개발'이 '상용화될 수 없다.'라는 결론을 쉽사리 받아들이기 어려운 데 있었다. 아무도 내게 "쓸모없다."라고 이야기하지 않았으나 내 보기에 나의 발명은 '만들어놓고 보니 쓸모없는' 그런 것이었다. 의미 있는 기술이 발명됐건만 현실에서 소용이 없었다. 개발자인 나로서는 그야말로 미칠 노릇이었다.

자연스럽게 나는 박사학위 과제야말로 이러한 딜레마를 해결하는 것이어야 하지 않을까 하며 고민을 이어갔다. 그리고 며칠 만에 '반드시 해결책을 찾고야 말겠다.'라는 각오로 박사학위 과제에 임하게 됐다.

"왜 미생물막 센싱 칩이 필요한가?"

원론으로 다시 돌아가 보았다. 답은 간단했다. 예방과 치료를 위해서이다. 미생물막 센싱 칩이 예방과 치료에 도움을 주지 못한다면 기술 자체도 의미가 없다. 그런데 그렇게 답을 내고 보니 이야기가 돌고 돌아 제자리를 맴도는 기분이었다. 나는 아예 질문을 바꿔보았다.

"미생물막 감염을 예방하고 치료하기 위해서는 무엇을 해야 하는가?"

답은 간단했다. 미생물막을 없애거나 아예 생기지 않게 해야 한다. 여기서 나는 '유레카'를 외쳤다. 사실 그건 내가 처음 생각해낸 아이디어가 아니다. 이미 다들 알고 있었다. 다만 방법을 몰랐을 뿐이다. 내가 유레카를 외친 이유는 두 가지였다. 첫째 아직 아무도 방법을 모른다. 그러므로 알아내기만 한다면 내가 최초가 될 수 있다. 둘째 나는 이미 미생물막 센싱 연구에서 성과를 냈다. 그렇다면 나보다 이 분야에 더 많은 정보와 지식을 가진 사람이 아직은 없다고 봐야 한다. 따라서 내가 최초가 될 가능성이 월등히 크다!

그때부터 나는 치료기술에 대해 고민하기 시작했다. 우선 미생물막에 대한 더 깊은 이해도가 필요했다. 나는 재료공학, 기계공학, 화학공학, 전자공학 등 기준과 프레임을 달리해서 미생물막의 특성을 분석해보았다. 재료공학적으로 미생물막은 유기물의 구성이다. 따라서 미생물막을 제거하기 위해서는 유기물을 제거하는 방식인 '세제'를 활용한다. 기계공학적으로 미생물막은 박테리아의 누적이면서 구조를 지탱하는 능력이 있다. 그 내부에서는 새로운 분화가 이루어진다. 화학공학적으로 미생물막은 다양한 아미노산과 탄수화물의 소체들이 얽혀 있는 것으로 복합유기물로 분류된다. 여기까지는 누구나 이해하는 수준이다. 내게 새로운 아이디어를 제공한 분야는 나의 전공 분야인 전기 전자공학이었다.

전자공학적으로 보면 미생물막은 수많은 플러스와 마이너스 극성을 가진 작은 소단위체의 집합물이었다. 박테리아의 집합물인 미생물막은 아미노산이라고 불리는 단백질 소체로 볼 수 있다. 이것이 플러스와 마이너스 성분을 가지기 때문이다. 전자공학을 전공한 내게 미생물막은 유기물이나 박테리아 기둥이 아니라 '전기적으로 극성을 띠는 물질들의 집합체'로 정의됐다. 여기서부터 새로운 아이디어가 나오기 시작했다. 학부 시절 배웠던 전자장 이론만 놓고 보아도 전기적 극성을 띠는 물질이라면 전자기파를 활용해 그 구조를 충분히 흐트러트릴 수 있다. 나는 이 부분에서 미생물막에 전기장의 힘을 가한다면 구조를 변형 혹은 와해시킬 수 있다는 가설을 어렵지 않게 세울 수 있었다.

이어서 나의 이론과 가설을 검증하기 위해 기존 연구를 살펴보았다. 역시 세상은 넓고 천재들은 많았다. 이미 전기장으로 미생물막을 제거할 수 있다는 다양한 논문이 출간돼 있었고 1990년대에는 적극적인 연구도 개시됐다. 그런데 신기하게도 그 이후로는 논문이 많이 나오지 않고 대부분 의사 그룹의 임상연구에 머물러 있었다. 기존 연구에서 검증한 전기장은 그 종류도 다양하지 않았다. 전자공학도의 눈으로 볼 때 기존 연구들은 많은 허점을 내포하고 있었다.

나는 그 원인으로 대부분의 연구가 생명공학Bioengineering 또는 미생물학Microbiology에 한정돼 진행된 것을 꼽았다. 나는 의대 시절 미생물학과 생명공학 교수들을 많이 접했다. 따라서 그분들의 사고방식과 연구 패턴을 잘 알고 있었다. 미생물학은 병의 발생 기전과 치료를 위한 항생제 연구 분야에 집중돼 있다. 치료 역시 약물학적 접근이 대부분이다. 생명공학도 대부분의 연구가 생화학적 방식에 집중돼 있다. 그래서 그때까지 전기장을 이용한 미생물막 실험은 대부분 높은 전기장을 가해서 충분한 에너지를 공급하는 방식이었고 인체에 적용하기에는 불가능한 수준에 머물러 있었다. 실제 나는 논문의 전기장 세기를 그대로 적용한 실험을 진행했는데 5초도 안 돼 체액 성분이 분해돼 수소와 산소 가스가 발생했다. 인체에 적용하면 조직을 파괴할 만큼 강력한 전기장이었다. 결과적으로 기존 연구는 실제 의료 현장에 적용하기에는 무리가 있었다. 진척 없이 시간만 보낸 것이었다.

나는 관련 자료를 모두 뒤지고 난 후 지금까지 누구도 시도하지 않은 '직류와 교류의 혼합'으로 새로운 결과를 만들 수 있겠다는 확신이 들었다. 사실 직류와 교류의 혼합은 전자공학자들에게는 매우 유용하고 흔한 방식이다. 가장 흔한 예로 컴퓨터의 자판이 한글, 영문,

특수기호 등 다양한 기능을 구현할 수 있는 것은 직류와 교류를 혼합해 사용하기 때문이다. 적당한 직류 신호는 그대로 두지만 다양한 교류의 혼합으로 하나의 버튼에 다양한 기능을 구현할 수 있다. 세상의 수많은 '스위치'들이 이러한 원리로 작동되고 있다.

그럼에도 기존의 생명공학과 미생물학 전문가들이 직류와 교류를 혼합하는 방법을 시도하지 않았다. 그건 그네들의 전기장에 대한 이해가 상대적으로 낮았기 때문이다. 전자공학자들에게는 일반적인 이론일지라도 비전공자에게는 낯선 것이니 당연한 결과였다. 이전에도 나는 내가 의학과 공학의 기본 베이스를 모두 갖춘 것이 큰 장점으로 발휘되는 경험을 더러 했다. 그러나 이때만큼 '의대를 다닌 경험'이 소중하게 느껴진 적도 드물었다.

또한 의학과 공학을 융합할 때 높은 시너지가 난다는 것도 체감했다. 나만 해도 두 분야에 대한 기본 소양이 있었기 때문에 미생물학이나 생명공학 분야에서는 상상하지 못했던 직류와 교류의 혼합 방식으로 실험 계획을 짜는 것이 가능했으니 말이다. 나는 실험을 통해 전기장이 미생물막에 어떤 영향을 미치는지 직접 알아보기로 했다. 사실 전기장을 유도하는 것은 그렇게 복잡하고 어려운 방식이 아니다. 이미 우리는 일상생활에서 전자기파를 이용해 무선 통신을 하고 있지 않은가!

그런데 실험을 시작하려고 하니 실험 세트업이 문제였다. 기존의 실험은 200밀리리터 우유통 같은 곳에서 1주일 정도 미생물막을 키워서 했다. 그렇게 한 번에 2~3개 정도 실험을 할 수 있었다. 미생물막 제거에 가장 효과적인 직류와 교류의 비율을 찾고 인체에 무해하면서도 미생물막 제거에 효과적인 전기장을 확인하기 위해서는 수많은 실험이 필요했다. 그러나 기존의 실험 방식이라면 실험에만 2년이 꼬박 걸릴 것 같았다.

'왜 이 방식대로 해야 하지?'

나는 또 한 번 의문을 가졌다. 기존의 모든 미생물막 실험 논문이 동일한 방식으로 실험을 진행했기에 관행적으로 그렇게 하는 부분이 많았다. 과학적 합리성과 논리와는 거리가 멀었다. 나는 한 번에 많은 실험을 하면서도 신속하게 결과를 확인할 방법이 필요했다. 그래서 그에 맞는 실험 과정을 세트업했다.

새로운 기술을 개발하고 싶었기 때문에 실험 검증을 철저하게 해야 했다. 한 번에 가능한 실험 횟수를 50회 정도로 늘렸다. 다양한 전기장을 한꺼번에 실험할 수 있도록 했다. 다음은 전기장을 균일하게 적용하는 실험 도구가 필요했다. 완성도를 높이기 위해 기성품을 찾아보았다. 확인해보니 전기장을 가할 도구가 있긴 있었다. 다만 50개를 한 번에 테스트하는 것은 불가능했다. 나는 '병렬연결을 진행하면 된다!'라는 아이디어를 내고 실제 병렬연결 기판을 만들어서 한 번에 50개 이상을 동시에 테스트할 수 있는 실험 환경을 만들었다.

실험 세트업 후 바로 실험에 들어갔다. 일반적으로 미생물막 실험은 3일이 꼬박 걸리는 실험이다. 주 5일로 치면 월요일은 준비하고 3일은 실험하고 금요일에는 정리해서 일주일을 소비한다. 그러나 나는 속도전을 좋아했고 이러한 스케줄에 만족할 수 없었다. 월화수, 목금토 이렇게 일주일에 2번의 실험이 가능하도록 스케줄을 짜고 학교에 부탁해 주말에도 건물 출입이 가능하도록 허가를 받았다. 그 후 부지런히 실험을 진행했다. 회마다 50개의 실험이 진행되고 매주 2회 실험이 진행되므로 2개월 만에 800개의 실험 데이터를 확보할 수 있었다. 총 테스트한 조건 32가지를 충분히 초과하는 결과였다.

다음은 수학을 이용한 통계분석이다. 통계 프로그램을 활용해 진행하니 결과는 예상대로 직류와 교류를 혼합하는 조건에서 미생물막이 눈에 띄게 줄어든 것이 보였다. 나는 흥분 속에서 결과를 정리하고 공동연구단 소속의 교수들 앞에서 발표했다. 모두 놀랍다는 표정이었고 실험결과에 상당히 흥분된 반응을 보였고 새로운 미생물막 제거 기술에 '킴스효과Kim's Effect'라는 이름을 붙이자는 의견도 나왔다. 세계 최초로 미생물막을 제거하는 탁월한 전기장 기술을 개발한 것을 기념하자는 것이었다. 나는 머쓱했지만 연구 성과를 공유하고 있다는 데 매우 흡족했다.

그 후 2개월간은 전기장을 활용한 미생물막 제거 기술을 다시 검증하는 실험을 계속했다. 그 결과 다양한 조건하에서도 전기장을 활용한 미생물막 제거 효과가 동일하게 나타난다는 것을 확인했다. 어느새 달력은 2011년 9월을 가리키고 있었다. 유학 온 지 3년 만에 세계 최초 기술을 개발했다는 데 스스로 대단히 고무된 날들이었다.

그러나 끝날 때까지 끝난 게 아니다

타임라인을 정리하자면 그 후로도 내가 박사학위 논문심사를 받기까지는 햇수로는 3년이고 만으로는 2년 8개월의 시간이 더 걸렸다. 더욱이 나의 논문이 학술지에 게재된 것은 졸업하고도 1년 뒤의 일이었다. 그 지난한 과정을 버티게 해준 것은 '살아남는 것'만이 최선이라는 믿음이었다. 마지막까지 나는 살아남기 위해 최선을 다했다.

박사과정 실험 결과를 요약하면 '기존에는 화학적이나 물리적인 방법으로 제거했던 미생물막(바이오 필름, 물때, 이끼류)을 생체 적용이 가능한 특수한 전자기파를 이용해 제거할 수 있다.'라는 것이었다. 나는 이를 증명하기 위해 수많은 실험 결과를 내놓았다. 하지만 그것만으로 모두가 나의 기술을 인정하지는 않았다.

공동연구는 메인 연구자의 부족한 부분이나 허점을 보완하기 위해 흔히 취하는 연구 방식이다. 나는 지도교수와 메릴랜드대학교의 타과 교수를 포함해 다양한 전공 분야의 연구자들을 공동연구자로 포함시켰다. 공동연구에 참여한 모든 연구자가 내가 고안해낸 전자기파 방식이 미생물막 제거에 혁신적이라는 데 입을 모았다. 실제로 공동연구단 이름으로 여러 번의 재현 실험이 진행되면서 그 효과가 모두 입증됐다.

그 후 나는 수많은 학술대회에 참가했고 발표와 동시에 수많은 질의응답에 응했다. 나의 발표를 들은 연구자들은 나의 연구가 미생물막 제거 연구의 새로운 포문을 열었다고 칭송했고 그대로 나는 박사

과정을 마치는 것은 물론 그 후 연구자로서도 성공 가도를 달릴 것으로 기대했다. 그때만큼은 나의 인생이 온통 장밋빛으로 비쳤다.

나는 학술대회에 참가하면서 논문 출간을 준비했고 유수의 학회지(저널)에 논문을 투고했다. 『사이언스』 『미국 국립과학원 회보 PNAS』 『네이처』 등 톱 저널에 논문을 투고하고 결과를 기다렸다. 그러나 이상하게도 번번이 '게재 거절' 통보를 받았다. 나는 그때까지는 연구 과정에서 논문의 게재 거절은 일상적인 일이라 여기고 투고를 멈추지 않았다. 그런데 시간이 지날수록 뭔가 이상하다는 느낌을 받았다.

2011년 9월에 실험을 마무리하고 통계분석을 통한 재현성 검증과 유의차 분석을 마쳤지만 2012년만 4곳의 학회지로부터 거절통지를 받았고 다섯 번째의 논문 투고를 준비하고 있었다. 그런데 당시 학회지의 논문 게재를 결정하는 검토자에게서 황당한 리뷰가 도착했다. '실험 세팅이 제대로 됐는가? 제대로 됐다고 어떻게 확신하는가?' 연구자에게 실험 세팅은 기본 중의 기본이다. 나는 모든 실험에서 해당 분야의 표준방식을 따랐고 공저자는 그와 관련된 전공의 연구자들이다. 그런데도 기본적인 실험 과정에 대한 문의가 끊이지 않았다.

구체적으로는 미생물막이 줄어든 것을 수치로 보여주어야 한다. 미생물막은 눈에 보이지 않으므로 잔존량을 확인하기 위해 염색하는 과정이 필요하다. 이는 미생물막 실험에서 아주 기초적인 내용이다. 그런데 검토자들은 염색 진행 과정에 대해 상세한 설명을 첨부해

달라고 요구해왔다. 그 후로도 많은 곳에서 기본 실험의 세트업이 제대로 됐는지를 트집 잡았다. 아무래도 그들이 나를 실험과 연구 실력을 갖춘 독립된 한 명의 연구자로 보지 않는 것 같았다. 짜증을 넘어 불쾌감이 밀려왔다.

'이유가 무엇일까?'

미생물막 성장 조건은 여러 논문에 나와 있는 방식을 그대로 활용했다. 그럼에도 유독 나에게만 상세한 내용을 확인하려는 의도가 무엇인가? 그때 나는 내가 전기 컴퓨터공학부Electrical and Computer Engineering 박사과정의 연구원이라는 사실이 떠올랐다. 전통적으로 생명공학부Bioengineering에서 주관하는 분야에 전기 컴퓨터공학 박사가 새로운 기술을 개발했다고 하고 논문까지 게재하겠다고 한 것이다. 그러니 생명공학부의 검토자들로서는 논문을 순순히 믿어줄 수 없었던 것이다. 나는 '전기 컴퓨터공학 연구자가 생명공학에 대해 잘 알 리가 없다.'라는 편견이 강하게 작용했으리라는 추측을 지울 수 없었다.

바꾸어 생각해보면 이해는 된다. 만약 생명공학자가 새로운 전기회로를 고안하고 제안했는데 내가 논문을 검토한다고 해보자. 아마 나 역시도 그들의 전기회로에 대한 기본 소양을 확인하고 싶을 것이다. 하지만 나로서는 상아탑의 높은 벽에 갇힌 그 상황이 몹시 억울했다. 아무리 생각해도 기본 부분 검증을 하기 어렵다는 이유로 논문 게재를 거절한다는 것은 이해하기 어려웠다. 나는 논문 투고에서 지속적인 거절을 겪으며 학계의 폐쇄적인 분위기에 진절머리가 났다.

그럼에도 검토자들의 요청사항을 보완해 가면서 논문 투고를 멈추지 않았다.

2014년 4월 무사히 박사학위를 받았다. 당시 나는 제1저자 논문을 2개 출간했고 학술대회에서 18건의 실적이 있었으며 4건의 논문이 더 준비된 상태였다. 그러나 첫 번째 논문이 3년째 거절을 당하면서 나머지 논문은 투고조차 하지 못했다. 약 3년이라는 시간 동안 학술대회 발표를 18건이나 했음에도 논문 게재가 계속해서 거절됐다. 그러한 상황을 누가 이해할 수 있겠는가! 나는 어려운 현실 속에서 졸업하고 한국으로 귀국했다.

그리고 해가 바뀐 2015년 1월이 돼서야 논문이 학술지에 게재된다는 연락을 받았다. 세계적 지명도가 있는 『네이처』의 자매지였다. 약 4년간의 수없는 검토와 수정으로 나의 논문은 너덜너덜해졌고 나 또한 상세한 검증 요청에 지칠 대로 지친 상태였다. 나의 감격은 이루 말할 수 없었다.

2015년 9월 23일에 『네이처』 바이오 필름 자매지에 논문이 출간됐다. 나는 '고진감래'의 참뜻을 알게 됐다. 나에게 미생물막 연구는 가장 자랑스러운 결과물이지만 그 과정에서는 엄청난 고통을 겪어야만 했다. 설명할 수 없는 복잡미묘한 심정으로 논문을 출력해서 다시 한번 살펴보았다. 기쁨의 눈물이 흘러내렸다. '어쨌든 살아남아야 한다.'라는 일념으로 성실하고 또 성실하게 논문을 수정하고 투고를 멈추지 않은 덕분에 그 순간을 만끽할 수 있었다.

2부
공짜는 없다

Persistent
Life

1장

아무것도 하지 않으면
실패조차 할 수 없다

1
후회합니까? 후회합니다!

기대고 살아도 된다는 것을 깨닫다

'돈이냐, 자존심이냐?'

나는 둘 중 하나를 고민해야 하는 상황이면 자존심을 지키는 쪽을 택했다. 의대 시절 평점 3.5를 넘기면 장학금을 받을 수 있었다. 입학 성적 기준에 의한 혜택이었다. 그런데 내 점수는 소수점 두 자리에서 약간 모자랐다. 친구들이 지도 교수님을 찾아가 사정을 이야기하면 점수를 조정해줄 거라고 조언했다. 나는 그러고 싶지 않았다. '그깟 장학금이 대수랴.' 정도는 아니더라도 그렇게까지 해서 장학금을 받고 싶지 않았다. 어린 시절에 나는 가난하지 않았다. 내게 가난은 익숙하지 않은 단어였다. 서울대학교 재학 중에는 각종 장학금 제도와

과외 등의 알바로 풍족한 시기를 보냈다. 자연스럽게 돈에 관한 관심도 떨어졌다. 유학 생활을 고민하기 전까지 나는 눈물 젖은 빵의 정체를 몰랐다.

오로지 유학을 위해 학원 강사가 됐고 합격 통보를 받을 때까지 나는 4,000만 원 정도의 현금을 모았다. 그중 3,000만 원을 유학 자금으로 쓰기로 했다. 부모님 용돈도 드리고 서울로 올라온 여동생의 자취방을 구하는 데도 보탰다. 유학 가게 된다는 설렘과 계획대로 돈을 모을 수 있었다는 뿌듯함에 잔뜩 취해 있었다.

미국 유학 가서는 비싼 물가에 놀랐다. 메릴랜드주는 워싱턴DC와 볼티모어로 연결되는 광역도시권의 중간 지역에 있었다. 우리나라로 치면 일종의 수도권이라고 할 수 있다. 대학교 주변에는 많은 정부 기관이 있다. 나사NASA 연구소, 해군연구소NRL, 국방과학연구소ARL, 국립보건원NIH, 식품의약안전국FDA, 표준과학연구소NIST까지 모두 자동차로 30분 이내 거리에 있다. 핵심 기관이 많이 몰려 있다 보니 대학으로서는 다양한 곳과 협업을 이룰 수 있어 장점이 많았다. 하지만 유학생으로서는 유동 인구가 많은 탓에 물가가 비쌌다. 집값도 마찬가지였다.

비싼 물가에 놀란 나는 유학 초기 주변의 권고를 무시한 채 차 없이 반년 가까이 버텼다. 친구들은 "차가 없으면 위험해."라고 여러 번 경고했다. 나는 괜찮다고 했다. 자전거로 숲을 통과하며 30분 넘는 거리를 와야 했지만 버텼다. 캄캄한 밤중에 넘어진 나무를 들이받고 공중부양을 당한 후에야 한화로 200만 원 정도 하는 중고차를 장만

했다. 중고차지만 나는 금세 안락함에 빠져들었다. 추위를 느끼지 않아도 되고 나무와 부딪치는 위험에 노출되지 않아도 됐다. 낡디낡은 차였지만 너무나 따뜻하고 편안했다.

이미 유학 초기 나는 가져간 돈의 3분의 2를 썼다. 셰어하우스의 보증금을 내고 생활용품을 구매하고 각종 공과금을 처리하는 데 썼다. 장학금 지원이 돼도 첫 학기는 등록금을 내야 했으므로 거기에도 상당한 돈이 들어갔다. 남은 돈을 비상금으로 쓰려고 했으나 금세 바닥이 났다.

생활비까지 지원받는 연구조교로서 내가 받는 금액은 월 1,200달러 정도였다. 거실을 공유하는 방 1개의 월세가 600달러, 공과금에 핸드폰 요금까지 하면 200달러, 자동차 보험료와 유지비용으로 200달러 정도가 지출됐다. 순수하게 내가 쓸 수 있는 돈은 매달 200달러 정도였다. 인근 한인마트에 가서 장 한 번 보면 80달러 정도가 나갔다. 그야말로 아무것도 안 하고 집에서 밥만 해서 먹어도 생활이 어려웠다.

아르바이트라도 하고 싶었다. 그러나 학생 비자[F-1]라서 일자리를 알아볼 수 없었다. 대신 학생 신분으로 돈을 벌 수 있는 것은 뭐든 했다. 한번은 우리나라 대통령의 워싱턴DC 방문 행사가 있었다. 당시 청와대 의전실에서 현지 아르바이트 학생을 모집했다. 3일 정도 전화를 받아주고 호텔에서 안내를 하고 400달러 정도를 받았다. 학교 게시판에서 중동에서 온 유학생들이 개인 과외선생을 찾는다는 공고를 보고 수학과 물리를 가르쳐주기도 했다. 흥미로운 일거리는 심리학이나 보건과학원에서 진행하는 심리검사나 운동 테스트에 참가하고 체험비를 받는 것이었다. 가장 실용적이었던 건 한국 기업의 채용 면담에 참석하는 것이었다. 한국 기업은 행사 참여를 독려하기 위해 참여 학생들에게 스타벅스 쿠폰을 주었다. 채용 시즌에 네다섯 기업을 돌면 100달러 이상의 쿠폰이 생겼다. 그걸로 가난한 유학생에게는 귀한 '스타벅스 커피'를 마실 수 있었다.

마지막에는 의지할 곳이 카드밖에 없었다. 한국에서 가져온 돈도 바닥이 나고 생활비 지원도 부족하니 카드사의 리볼빙 서비스를 적극적으로 활용했다. 전체 사용액의 10분의 1만 내면 연체 없이 계속 카드를 사용할 수 있다. 그 대신 카드빚은 눈덩이처럼 불어났다. 카드빚은 마음의 돌덩이가 되곤 했다. 2~3월 세금 환급이 들어오기 전까지 겨울에는 항상 보릿고개를 넘어가는 심정으로 가난을 견뎌야 했다.

생활이 몹시 군색해졌다. 나는 2012년 10월 중대한 결심을 했다. '차라리 집을 없애고 살아보자.'라고 결심한 것이다. 생각해보니 나는 거의 모든 시간을 실험실에서 보내니 굳이 집이 필요치 않았다. 학교에서 생활해도 될 것만 같았다. 집값만 내지 않아도 가난에서 탈출할 수 있으니 가장 확실한 해결책이었다. 두어 달 고민 끝에 과감히 결단하고 셰어하우스의 짐들을 빼다가 연구실 한편에 쌓았다. 생필품을 담은 상자가 한쪽 벽을 다 채웠다.

물론 연구실은 메릴랜드대학교 안에 있었다. 지도교수의 신임 속에 내가 연구실 매니저로 오랫동안 활동했기 때문에 단독 오피스를 갖고 있었다. 컴퓨터를 세팅하고 짐을 조금 치우고 접이식 매트를 깔면 잠을 잘 수 있었다. 샤워는 학교 체육관에 가면 공짜로 할 수 있으니 '집'에서 해야 할 일은 거의 해결이 됐다. 물론 주변에서는 우려가 터져 나왔다. 한인 유학생회에서 친구들은 "성공하면 더 걱정이야."라고 말했다. 내가 홈리스 생활을 잘해 내면 한국 유학생들이 너도나도 학교로 짐을 가져올 거라는 농담 반 진담 반의 이야기였다. 나는 아랑곳없이 홈리스 연구실 생활을 시작했다.

전자공학계열, 특히 반도체를 다루는 연구실은 창문이 없는 것이 특징이다. 창문은 압력에 약해 파손의 위험이 있다. 또한 전자공학에 필요한 기기들은 민감도가 매우 높아서 일정한 온도와 습도를 유지해야 한다. 연구실은 반도체 기계에 최적화된 공간이다 보니 햇빛이 필요하지 않았다. 그러다 보니 형광등을 끄면 밤이고 형광등을 켜면 낮이었다. 그곳에서 나는 24시간을 보내게 됐다. 일과 생활이 분리되지 않은 상황은 몹시 색다르게 와 닿았다. 잠을 잘 때가 되면 홈리스가 됐다는 것이 실감 났다. 비닐에 싼 이불을 깔고 누우니 몇 년간 보이지 않던 먼지가 보이기 시작했다. 먼지를 마시지 않기 위해 눈을 감고 숨을 참아야 했다. 잠이 잘 오지 않을 때는 불을 켜서 실험이 진행되는 테이블을 물끄러미 바라보다가 다시 불을 끄고 누웠다.

보통 미국은 12월 15일 즈음이 되면 크리스마스 연휴가 시작된다. 교직원도 학생도 떠난 교내는 텅텅 빈다. 나는 고즈넉한 학교 연구실에서 홀로 24시간을 보내게 됐다. 열흘이 지나자 그야말로 생활에 지쳐가는 느낌이 들었다. 뭔가 모르게 가슴이 답답하고 울적해졌다. 빛이 없는 공간이다 보니 시계를 봐야 시간을 확인할 수 있었다. 잠이 들었다가 몇 시인지 모르는 때 눈을 떴다. 오전 7시가 된 것을 확인하면 이불을 개고 옷을 입고 실험실 밖으로 나갔다. 메릴랜드의 겨울은 춥기도 춥거니와 비도 자주 내렸다. 슬슬 건강이 걱정되기 시작했다.

더욱이 나는 크리스마스가 다가올 무렵 학교로부터 연휴 알림 이메일을 받고는 망연자실해졌다. 크리스마스부터 시작되는 연말연시 연휴 기간에 학교 체육관을 폐쇄한다는 내용이 담겨 있었다. '샤워할 곳이 사라졌으니 앞으로 어쩐단 말인가…….' 나는 모두가 들뜬 크리스마스이브인 12월 24일 밤에 걱정만 한가득 안고 잠을 청했다. 연구실에서 자는 동안은 한밤중에 깨는 일이 잦았다. 난방을 히터로 하다 보니 공기가 너무 건조했다. 목이 칼칼해 깨어보면 보통 2~3시였다. 때때로 혹시나 하는 마음에 나는 이메일을 열어보았다. 크리스마스 날 새벽에 '김영욱 박사님께'라는 제목의 새로운 메일이 와 있었다. 삼성전기에서 보낸 최종 입사 합격 통보 메일이었다.

나는 눈을 크게 뜨고 메일을 찬찬히 읽어보았다. 입사 조건에 대한 상세한 설명이 담겨 있었다. 나를 가장 설레게 했던 것은 '사이닝 보너스signing bonus'였다. 보통 외국 기업은 자신들이 원하는 인재가 입사를 확정할 때 사이닝 보너스를 지급한다. 삼성전기도 그러한 관례에 따라 최종 합격자에게 상당한 금액의 사이닝 보너스를 지급하고 있었다. 내가 오퍼 서류에 사인해서 보내면 2주 안에 현금을 보내준다는 것이다. 나는 국내 대기업에 연구직으로 합격한 것보다 상당한 금액의 '사이닝 보너스'를 받을 수 있다는 것이 더 기뻤다. 열흘이 넘게

0이었던 통장 잔액이 곧 채워질 것으로 생각하니 꿈만 같았다. 연구실에서 나는 홀로 기쁨을 만끽했다.

나는 삼성전기에 사인 서류를 보내고 바로 홈리스 생활을 청산했다. 우선 후배에게 연락해서 잠자리를 부탁했다. 나는 삼성전기로부터 입사 통보를 받기 전까지 들어올 수입이 전혀 없는 상황이었다. 그래서 지인들에게 손을 벌리는 것을 더더욱 꺼려 했다. 가난한 자의 마지막 자존심이었다. 그런데 곧 거액이 들어온다고 하니 마음의 여유가 생겼다. 그야말로 숨통이 트이는 기분으로 갈 만한 곳을 찾아보았다. 마침 아파트에서 살고 있던 후배에게서 "연말 휴가를 맞아 아내가 한국에 갔다."라는 이야기를 들었다. 나는 어렵지 않게 후배 아파트의 거실 소파를 차지할 수 있었다. 그날 나는 모처럼 독립된 공간에서 샤워하고 해가 들어오는 집에서 잠을 잤다. 고마운 마음으로 오랜만에 깊은 잠에 빠져들 수 있었다. 후배 집에서 새해를 맞은 나는 근 열흘을 더 후배 집에서 머물고 연구실의 짐들을 새집으로 옮겼다.

후배 집에서 복닥거리는 동안 나는 참 여러 가지 생각을 했다. '꼭 그렇게 해야만 한다.'라는 단단한 끈 하나를 내려놓으니 안락하고 편안했다. 자존심 혹은 고집이라고 해도 좋을 것이다. 나는 늘 새로운 길을 개척하고 홀로 나아가야 한다고 생각했다. 일종의 강박 혹은 집착 같은 것이었다. 그러다 보니 스스로를 벼랑 끝으로 몰아세웠고 거기서 몹시 힘든 경험을 했다. 무엇이 나를 그렇게까지 밀어붙이고 있는지도 모른 채 홀로 힘들었다. '기대고 살아도 괜찮다.'라는 것을 자인하며 힘들 때일수록 숨을 골라야 한다고 생각했다.

그 후에도 부모님의 도움 혹은 주변의 보살핌을 부탁할 일은 많지 않았지만 고집만큼은 확실히 내려놓았다. 우리의 삶은 홀로 해결할 수 있다고 버티는 것만이 능사는 아니다. 나도 도전을 좋아하지만 홀로 하는 것에 익숙해지다 보면 외통수로 살아가게 될 수 있다. 나는 짧은 기간의 홈리스 생활 동안 몸은 피곤하고 정신은 피폐해진다는 것이 어떤 것인지 절감했다. 힘든 시기에 기댈 곳이 있다는 것이 얼마나 감사한 일인지도 절절히 느꼈다.

2012년 일생에서 가장 가난했던 크리스마스에 나는 새로운 시작을 알리는 통보를 받았다. 덕분에 스스로를 벼랑 끝에서 내려오게 하고 주변에 기대며 감사할 수 있게 됐다.

지금은 후회할 때가 아니다

나는 박사과정 마지막 연차에 다음 단계를 준비하게 됐다. 몇 번의 논문 게재 거절을 감내하며 연구자로서 삶에 깊은 회의를 느꼈다. '과연 내가 이렇게 꽉 막힌 곳을 견딜 수 있을까?' 여러 고민과 사건 사고 끝에 나는 삼성전기에 입사 원서를 넣었다. 메릴랜드에서 자동차로 4시간 거리인 뉴저지에서 마지막 임원 면접이 예정돼 있었다. 하루 전날 숙소에 도착했다. 다음 날 오전 10시에 면접이 시작됐다. 상무급 임원 3명과 인사부장이 면접관으로 앉아 있었고 곧 1시간으로 예정된 심층 면접이 시작됐다.

나는 전날 밤에 4시간 동안 운전을 하고 오면서 '어떤 질문을 받을까?'를 고민했다. 애초에 전자공학을 전공하게 된 계기, 미국 학교에 남지 않고 한국으로 돌아가겠다는 이유, 박사 논문에 대한 깊이 있는 이야기……. 사실 하자고 하면 할 이야기가 많았다. 그러나 일생을 따라다녔던 '왜 의대를 그만두었는가?'에 대한 답변을 가장 먼저 준비해야 할 것만 같았다. 누구라도 궁금할 테니 말이다.

아니나 다를까 나의 심층 면접은 의대를 그만둔 부분에서부터 이야기가 시작됐다. 그리고 약 40분이 지나서야 다른 쪽 질문을 받을 정도로 의대 이야기는 주요한 화두였다. 면접관들이 궁금했던 것은 나의 직무 능력보다 인성이었다. 왜 의대를 그만두었는지의 이야기를 통해 나의 인성을 확인하고 싶어하는 것 같았다. 내게 질문은 다소 공격적으로 느껴지기도 했다.

"의대를 그만둔 걸 보면 본인의 뜻과 안 맞으면 포기하는 스타일인 것 같은데요. 나중에 회사 와서 마음에 안 들면 바로 퇴사하는 것 아닌가요?"

나는 뜸을 들이지 않고 대답을 했다.

"저는 의대를 그만둔 부분에 대해 자랑스럽게 생각하지 않습니다. 제 마음대로 되는 것은 없고 저는 이곳에서 살아남고자 합니다."

딱 두 문장이었지만 실제 나의 마음이자 각오였다. 사실 이 두 문장을 만들기까지 나는 많이 고민했다. 면접장에서가 아니라 삶의 전반에 걸쳐 끊임없이 그 질문에 대한 답을 찾아야 했다. 20대 때는 의대를 다니다 그만둔 것에 대해 색안경을 끼고 보는 사람들이 많았다. 3년이나 다니던 의대를 그만뒀다는 사실 하나만으로 나를 매도하고 공격했다. 나는 그때마다 과하게 흥분했다. 내 머릿속에 입력된 질문의 형태는 이런 것들이었다.

"엄청나게 골치 아픈 사람 아닐까? 고집불통일 것 같은데……."

"의대 다니다가 사고 친 것 아닐까?"

"부모님이 의대 학비를 감당할 능력이 없으셨나?"

"의대 공부를 따라가지 못했구먼. 그래서 잘렸나 보네."

실제 몇몇 사람들은 나와 친해지고 나서 처음 만났을 때 나에 대해 이러한 생각을 했노라고 이야기했다. 그러다 보니 나는 더욱더 자기 방어적인 답변에 매달렸다. 대부분 이런 것들이었다.

"저 의대 다닐 때 학점 좋았어요. 4.5점 만점에 3.42로 공부는 할 만큼 했습니다." "공학은 문제를 풀어나가며 진정한 과학을 공부하는 분야로 저에게는 딱 맞습니다." "저는 원래 공대를 가고 싶었고 지금은 그것을 할 수 있어서 너무 행복합니다."

그러나 내가 생각했던 모범 답안들은 사실 변명에 가까웠다. 학교를 재미나게 다녔던 것, 과대표도 하고 동아리 회장도 한 것, 장학금도 받았다는 것은 사족에 불과했다. 그들은 내가 왜 의대를 그만두었는지가 궁금했다. 그리고 의대를 그만둔 것을 후회하는지 알고 싶어 했다.

사실 나는 의대를 그만두고 서울대학교에서 공대생 생활을 시작한 시점부터 후회란 것을 하고 있었다. 그 깊이가 어떠했든 '의대에 남아 있었다면 어땠을까?'를 고민하는 자체가 일종의 후회를 포함하고 있었다. 그러나 나는 그것을 후회라고 인정하고 싶지 않았다. 그래서 나는 의대 시절과 현재를 비교하는 이야기를 하고 나면 기분이 좋지 않았다. 어떤 날은 대화를 마친 뒤 고개를 숙이고 어금니를 꽉 깨물기도 했다. 뭔지 모를 쓰림이 마음 깊은 곳에서 올라왔다.

그러나 30대가 되고 미국 유학을 시작하면서 내 생각은 바뀌었고 답도 달라졌다. 실상 연구나 생활에서 부딪히고 깨지던 시절이다. 안주란 있을 수 없고 생존에 모든 것을 걸어야 했다. 인정하지 않으려야 않을 수 없었다.

"네. 맞아요. 후회합니다. 의대 그만두고 공대로 간 것을 잘했다고 생각하는지 묻고 싶으신 거겠죠? 솔직히 후회합니다. 아마도 제가 의대를 계속 다녔다면 지금은 대학병원의 전문의로서 주치의 역할을 하고 있었을 거예요. 돈도 많이 벌고 지금의 저보다는 훨씬 나았을 겁니다. 그런데 어쩌겠습니까. 저는 이미 의대를 그만두었고 여기에 와 있습니다. 여기까지 왔으니 여기서 열심히 해내는 것밖에 저한테는 달리 길이 없습니다."

이미 나는 "의대를 그만둔 부분에 대해 후회하니 안 하니?"라는 질문에 조리 있게 답을 할 수 있냐 없냐는 무의미하다고 생각했다. 그보다 현실의 과제를 해결해야 한다는 압박감이 더 컸다. 뛰어난 인재들 속에서 나의 영역을 확보해야 한다는 마음이 절실했다. 다행히 미국에 오면서 한국인들을 만날 기회는 상대적으로 적어졌고 여러 과정에서 의대 동료들과 나를 비교하는 일을 그만두게 됐다. 따라서 의대를 그만둔 일을 이야기하며 고개를 숙이고 어금니를 깨물 필요는 없었다.

다만 약간의 허전함과 슬픔은 남아 있었다. 천재들 틈바구니에서 생존의 답을 찾던 시절이라 삶 자체에 대한 피로도가 상당했다. 그러는 사이 '스스로 고생길에 들어섰으니 누굴 탓하랴.'라는 심정으로 진심을 털어놓게 됐다. 이미 나는 의미 없는 과거 이야기에 에너지를 쏟을 이유가 없다는 것은 확실히 깨닫고 있었다. 마음속 불편한 감정은 현실을 인정하면서 나오는 허심탄회한 결과물일 뿐이었다.

또한 내게 후회란 되돌릴 수 없는 부분에 대한 감정이다. 나는 연구가 막다른 골목에 머물고 있다고 생각될 때 은행 잔액이 바닥나서 연구실 바닥에서 잠을 청할 때 한국 생활이 사무치게 그리울 때 후회했다. 그러나 실상 아무런 도움이 되지 않았다. 그래서 후회하는 것을 그만두었다. 후회를 멈추었을 때 '지금 살아가는 것'이 가장 중요하다는 것을 다시금 깨달았다. 누구도 과거를 다시 살 순 없다. 현재를 살고 앞으로 나가야 한다. 유학 시절에는 '생존'이 가장 큰 과제였고 그 후에도 앞으로 나가는 것밖에 방법이 없었다.

이러한 고민 끝에 나는 면접자들에게 솔직한 나의 마음을 이야기할 수 있었다. 그렇지만 심층 면접 내내 나는 나의 이력들이 회사에서 원하는 스펙과 맞지 않다는 느낌을 강하게 받았다. 솔직히 몇몇 질문에서는 나의 커리어가 입사 평가에서 상당히 불리하다는 생각도 들었다. 합격이 어렵겠다는 생각이 들었고 약간 실망을 했다. 면접관은 마무리되는 시점에서 하고 싶은 이야기를 하라고 1분 정도를 주었다. 나는 나를 표현할 마지막 기회라고 생각했다.

"저의 이력서를 보면 독불장군으로 살아온 것으로 보일 것입니다. 사실 저는 그렇게 살아왔습니다. 20대에는 불의를 보면 참지 못했습니다.

생각하시는 대로 제 삶이 너무 힘들 때는 의대를 그만둔 게 후회가 많이 됩니다. 그러나 저는 지금 공학 분야에서 살아남고 싶은 사람입니다. 정말로 이 분야에서 노력해서 제 능력을 보일 기회를 간절히 원하고 있습니다. 그 기회를 삼성전기에 찾을 수 있으면 좋겠습니다.

끝으로 만약 의대를 다니는 스물세 살 후배가 찾아와 학교를 그만두고 공학 공부를 하겠다고 하면 그만두지 않도록 설득할 것입니다. 저는 그 당시 공학 공부에 대한 열정으로 과감하게 결정했습니다. 하지만 그것을 증명하고 경쟁에서 이겨내기 위해 처절하게 노력을 해야 했기 때문입니다. 그 과정이 절대 순탄하지는 않았습니다. 그러나 저는 지금 선택지가 없습니다. 저는 20대 중반부터 공학 분야에서 살아남는 것을 목표로 살아왔고 앞으로도 그러할 것입니다. 그것도 매우 간절히 말입니다."

다소 두서없는 이야기로 면접을 마무리했다. 나는 미련 없이 면접장을 빠져나왔다. 그리고 약 한 달 후에 최종 합격 통보를 받았다.

그래서 현실에서 다시 시작하다!

2014년 4월 16일 박사학위를 받았다. 다섯 명의 심사위원 앞에서 박사학위 논문심사를 성공적으로 마치고 지도교수와 기쁨의 포옹을 나누었다. 영어 때문에 고생했던 때, 실험실에서 홈리스로 지냈던 때, 연구 성과가 잘 나와서 동료들과 하이파이브하던 때가 주마등처럼 지나갔다. 첫 프로젝트를 같이했던 친구들까지도 현장에 와서 축하해주었다. 그로부터 일주일도 안 돼 나는 한국으로 돌아오는 비행기에 올랐다. 설레는 마음으로 미국으로 날아갔던 그때로부터 약 6년이 지나 있었다.

귀국 후 열흘간 주민등록증과 운전면허증을 재발급받고 여권을 갱신하고 거래 은행 계좌도 다시 정리하며 한국 생활을 위한 기본적인 요건들을 갖추어갔다. 삼선전기 입사일은 5월 2일이었다. 2006년 하이닉스 반도체에 잠깐 근무했던 것을 시작으로 친다면 8년 만에 또다시 기업체의 일원이 되는 것이었다. 그 자체로 꽤 설렜다. 드디어 공부를 마치고 학위과정에서 배운 것을 기반으로 산업현장을 누빌 때가 됐다는 것도 신이 났다. 연구와 데이터가 아니라 직접적인 생산과 매출을 다루게 되는 것이 기대됐다. 나는 가벼운 발걸음으로 회사로 향했다.

삼성전기의 LCR사업부 소속의 글로벌 사업 '미래제품팀'의 제품개발 연구원으로 배속됐다. 직책은 책임연구원이었고 제품개발과 양산업무를 맡게 됐다. 처음에는 미래제품팀이라는 이름이 너무 멋지게 느껴졌다. 뭔가 모를 미래기술을 습득할 것 같았고 미래의 먹을거리를 만드는 핵심 업무를 배당받을 것 같았다. 그러나 시간이 지나면서 미래제품이라는 것이 '현재에는 잘 안 되지만 미래를 위해 노력해야 하는 제품'이라는 것을 알게 됐다. 관련 제품들의 현재 사업은 상당히 어려운 구조로 돼 있었다. 그만큼 부서의 전체 분위기도 좋지 않았다.

LCR사업부는 스마트폰에 들어가는 각종 수동소자(저항, 인덕터, 축전기)를 양산하는 핵심 사업부였다. 당시 삼성전기 총 매출의 50퍼센트 정도를 책임지고 있었다. 세계 1, 2위의 제품도 다수 보유한 핵심 중의 핵심이었다. 다만 내가 속한 미래제품팀이 담당하는 크리스털 제품이 약간 천덕꾸러기 같은 취급을 받고 있었다는 것이 문제였다. 크리스털 제품은 스마트폰의 핵심 프로세서를 구동시켜주는 핵심 소자였다. 당시 제조 과정을 살펴보면 자체적 기술력보다는 외부 자재를 구매해 조립하는 부분에 치중된 사업구조였다. 따라서 크리스털 제품을 관장하는 미래제품팀은 타제품 대비 매출 부분에서 두각을 내지 못하고 있었다. 그중에서도 크리스털 부서는 명맥을 힘들게 유지하면서 훗날을 기약하는 상황이었다.

그나마 다행인 것은 나를 뽑은 부장의 의지가 불타고 있었다는 것이다. 부서장이기도 했던 부장은 "부서를 책임지는 총괄 리더로서 크리스털을 핵심 사업으로 끌어올리겠습니다."라며 그만큼 내게 거는 기대가 상당하다고 말했다. '전자공학 박사가 영입된 만큼 원천기술도 개발하고 제품의 경쟁력도 올려서 사업의 부흥을 이룰 것입니다.'라고 말하는 듯했다. 나는 그런 부장을 보며 뭔가를 해내야겠다는 의지가 타올랐다. 부장의 열정이 멋져 보였고 꼭 뭔가를 보여드리고 싶었다.

그러나 부장을 제외하고 다른 조직원들의 분위기는 내가 기대하던 것이 아니었다. 5년 연속 적자 부서의 분위기는 아주 가라앉아 있었다. 경영지원부서에서도 집중 관리 대상 부서로 지목하고 있었다. 팀 내부에서는 어떻게든 책임질 일을 만들지 말아야 한다는 생각에 팀원 모두 각자도생하는 방식으로 흩어져 있었다. 내가 일을 시작하는 데도 다소 어려움이 있었다.

가장 큰 문제점은 먼저 문제를 해결하려고 나서는 팀원이 없다는 것이었다. 거기다 누군가 안을 내오면 대부분 부정적 피드백을 주었다. 새로운 도전이 마뜩잖은 느낌이었다. '이러다 일만 더 추가되는 거 아냐?' 하는 회의적인 분위기가 팽배했다. 막 박사학위를 마치고 산업현장에서 열혈 일꾼으로 거듭나고자 했던 나에게는 매우 힘든 환경이었다. 자칫 기운이 빠지고 심드렁한 상태가 될까 봐 스스로도 염려스러웠다.

'또다시 현실의 시작이구나!'

확실히 이상과 현실은 달랐다. 나는 스스로를 다잡았다. 나의 기대에는 '냉소적이고 폐쇄적인 조직 분위기'는 들어 있지 않았으나 감당해야 할 현실이었다. 내가 굳이 '삼성전자'가 아닌 '삼성전기'에 입사를 결심했던 것은 '뭔가를 할 수 있는 곳에서 마음껏 날개를 펴고 싶다.'라는 욕망이 있었기 때문이다. 잘 알려져 있듯 삼성전자는 삼성그룹 내에서 독보적 1위 기업이다. 그런 면에서 내게 삼성전자는 천재들의 전쟁터로 비쳤다. 또 하나의 S급 인재로 취급받으며 숟가락을 얹고 싶지는 않았다. 내게는 새로운 밥상을 차릴 곳이 필요했다. 삼성전기라면 '내가 가서 할 일이 많을 것'이라고 생각했다. 그러나 기대와 달리 현실에서 암초에 부딪혔다. 나는 걸림돌을 치우는 일부터 해야 했다.

나는 다시 생존 현장에 온 것을 절감했고 이전의 전투력을 회복하며 적극적으로 밀고 나갔다. 다행인 것은 내가 가난한 유학 시절을 보내며 지난한 논문 게재 시도와 다양한 공동연구를 하면서 '혼자보다 모두가 합심해서 나아갈 때 일이 더 잘 풀린다.'라는 것을 깨달았다는 것이다. 나는 기운이 빠지고 심드렁한 느낌의 팀원들 한 명 한 명에게 다가가 나의 생각을 펼치고 함께 문제를 풀어나가자고 설득했다. 처음에는 "미국 박사 한 명이 뭘 하겠어? 저러다가 힘 빠져서 결국 퇴사하거나 다른 부서로 옮겨갈 거야."라는 말이 나의 귀에도 들릴 정도였다. 그러나 그런 말이 나를 의기소침하게 하지는 못했다.

"아무것도 하지 않으면 실패조차 할 수 없습니다."

나는 팀원들을 찍어 누르는 열패감이 무엇인지 누구보다 잘 알았다. 그리고 '뚫고 나가는 것밖에 방법이 없다.'라는 것도 잘 알았다. 나는 당당하게 이야기했다.

영어 한마디를 제대로 못 해서 교수에게 혼이 났지만 결국 실력으로 모든 상황을 이겨낸 나였다. 수많은 실패를 몸으로 극복해내며 모두가 놀랄 만한 연구 성과를 만들어낸 것도 나였다. 후회와 실패라는 말에 익숙해졌지만 절대 멈추지 않았던 나였다. 나는 먼저 나부터 도전하고 성취하는 모습을 보여주자고 다짐했다. 그리고 새로운 시작을 맞았다.

2

문제를 제대로 정의하라

"원래 그래."는 없다

나는 '시작'에 있어서만큼은 대단히 숙련도가 높았다. 그전에도 수없이 시작했고 성공도 했다. 중요한 것은 가능성을 믿고 실현하는 것이다. 그리고 팀원을 이끌기 위해서는 내가 먼저 보여주어야 한다. 그럼으로써 팀원의 마음에 '가능할지도 모른다.'라는 생각을 심어주는 것이 중요하다. 가능성을 믿는 팀원만큼 든든한 조력자는 없다.

2014년 나는 유럽의 경매에서 운동화 한 켤레가 26만 6,500파운드 우리나라 돈으로 약 5억 원에 팔렸다는 소식을 들은 적이 있다. 무슨 특별한 운동화인가 알아보니 영국의 전설적인 육상선수 로저 배니스터Roger Bannister의 운동화였다고 한다. 배니스터라는 선수는

1954년 5월 4일 옥스퍼드 이플리 로드 트랙에서 열린 옥스퍼드대학교 육상부와 아마추어 체육인협회 간 대결에서 1마일(1.6킬로미터)을 3분 59초 4에 주파했다. 당시 인간이 달성한 가장 빠른 기록이었다.

그런데 그 뒤 흥미로운 일이 벌어졌다. 배니스터가 4분 벽을 깨고 1년이 지나자 많은 육상선수가 4분 내로 1마일을 달리기 시작했다. 2년이 지나자 수백 명의 선수가 4분 내로 달리게 됐다고 한다. 나는 고가의 운동화 경매 사건을 통해 사람들의 심리를 이해하게 됐다. '마음의 벽'이 가장 큰 문제이다. 누군가 해냈다고 들으면 자신도 할 수 있다고 생각된다. 가능하다는 믿음이 자신감을 회복시키면 이후에는 반드시 더 나은 결과가 도출된다.

한 달간 삼성그룹의 집체 교육을 마친 후 6월에 다시 팀으로 복귀했고 본격적인 업무를 시작했다. 2주 차에는 제품 생산기지가 있는 필리핀 법인으로 첫 출장을 다녀왔다. 주재원들과 개발 담당 부장님과 인사하고 현지의 필리핀 엔지니어들과도 안면을 텄다. 이렇게 일을 할 수 있는 상황을 만들고 실질적인 고민에 들어갔다.

당시 나는 어떤 특정 문제를 해결하라는 지시를 받지 않았다. 팀 내에서는 뭔가의 대안을 찾아내라고 할 만큼 구체적인 문제의식이 있지 않았다. 덕분에 나는 연구 주제를 발굴하듯이 팀의 개발 업무를 검토하는 일에 손을 댈 수 있었다. 이것이 나의 첫 번째 프로젝트였다. 사실 내게 딱 맞는 일이기도 했다. 나는 문제를 발견하고 해결해 나가는 과정을 좋아했고 사실 지금까지 내가 가장 잘해온 부분이기도 했다.

"왜 팀에 자꾸 적자가 쌓이는가?"

일단 원인 분석에 들어갔다. 누군가의 평가보다는 직접 적자의 원인을 파악해보고자 했다. 팀의 업무, 상품 생산, 그리고 전체 수익은 매우 심플한 구조였다. 앞서 설명한 대로 기본적인 원재료는 대부분 외국에서 구매했다. 우리의 업무는 조립이었다. 공급가보다 재료비의 비중이 꽤 높았다. 원가의 50퍼센트 이상이 외부 부품비로 지출됐다. 공정 기술 또한 자체 기술보다는 다른 기업의 방식을 그대로 도입해 적용했다. 그로 인해 불량도 많았고 품질도 낮았으나 아무도 문제 제기하지 않았다.

다음으로 원인이 되는 문제해결 방법을 고민해보았다. 우선 재료비를 낮추는 방법을 검토했다. 제품을 분해해서 여러 면으로 관찰하니 크리스털 오실레이터oscillator, 교류 전기를 발생하는 발진기의 금속 부분이 금으로 돼 있었다. 금은 귀금속이지만 전자공학에서도 자주 사용되는 소재이다. 학교에서도 초기 기술 평가가 필요할 때 금 박막을 통해 성능을 평가하는 것이 일반적이다. 하지만 단가 싸움이 심한 산업 현장에서 금을 사용한다는 것이 나로서는 이해가 가지 않았다. 나는 고참 팀원을 찾아가 물어보았다. "왜 우리는 금을 사용하죠?" 그는 약간 어이가 없다는 표정으로 답했다. "이 부품을 가장 잘 만드는 일본 기업도 금을 사용하고 있습니다. 원래 크리스털 오실레이터에는 금을 쓰는 거예요! 우리같이 후발주자가 금을 안 쓰면 품질이 더 안 좋아집니다. 원래 그래요."

나는 개인적 성향으로도 연구자로서도 "원래 그렇다."라는 말을 몹시 싫어한다. 인과관계가 발견되지 않았는데도 원래 그렇다며 수궁을 강요하는 것은 말이 안 된다. 나는 문제를 논리적으로 풀어가는 것에 익숙하다 보니 알 때까지 따지는 습관을 갖고 있었다. 이번에도 가만히 물러서지 않고 집요하게 문제를 파고들었다.

우선 박사과정에서 코팅 기술을 개발한 경험을 바탕으로 금을 값싼 금속으로 변경하는 연구를 시작했다. 손이 하나라도 더 있으면 좋으련만 처음에는 각자 업무가 있다 보니 선뜻 나서서 도와주려 하지 않았다. 그들의 눈에 나는 그저 현장 경험이 없는 신입 박사였다. 그때까지 세계 1위 일본 기업들이 모두 금을 사용하고 있어서 사용한다는 것은 모범 답안 같은 것이었다. 그런데 갓 들어온 신입연구원이, 그것도 삼성전기 내에서도 최약체 부서에서 새로운 시도를 한다고 하니 이해가 안 됐던 것이다.

나는 2개월간 수학 모델을 이용해 금을 대체할 물질이 있는지 살펴보았다. 최종적으로 텅스텐과 티타늄을 찾아내 대체 물질 후보군으로 두고 연구결과를 팀원 전체와 공유했다. 부장은 뭔가 될 듯한 느낌을 받았는지 후보물질로 제품을 만들어볼 수 있도록 적극적으로 지원해주었다. 다른 팀원들의 관망 속에서 금을 대체할 후보물질 채택 연구에 들어갔다. 그리고 2개월의 직접 실험을 통해서 텅스텐이 금을 대체할 수 있다는 것을 밝혀냈다. 나는 2014년 9월 초 입사한 지 정확히 4개월 만에 텅스텐을 사용하고도 금을 사용한 제품에 버금가는 성능이 발현되는 크리스텔 오실레이터 제품을 만들어냈다.

그 후부터 팀원들의 태도가 바뀌었다. 모두 내가 단기간에 놀라운

성과를 만들어내는 것에 놀라는 눈치였다. 덕분에 이전의 냉소적인 반응들은 일순간 사라졌다. 도움을 주겠다는 팀원들이 나타났고 관망은 격려로 바뀌었다. 나의 금속재료 변경 프로젝트도 탄력을 받게 됐고 10월에는 직접 설비에 적용해 제품을 양산해보는 '테스트 과정'까지 거치게 됐다. 나는 필리핀으로 날아갔다. 거의 2개월간의 테스트 끝에 금을 대체해도 동등한 성능을 확보하는 '신뢰성 테스트'를 통과했다. 최종 신뢰도 테스트 이후 현장 비용 검증 과정을 거쳤다. 금을 텅스텐으로 대체하면 비용이 약 1억 원가량에서 300만 원으로 줄어들게 된다는 결과가 나왔다.

팀 분위기가 관망에서 적극적인 참여로 변해갔다. 팀원들의 마음에는 세계 최초로 비귀금속 재료를 이용해 크리스털 오실레이터를 제품화하는 데 성공했다는 자부심이 생겨났다. 그리고 우리도 할 수 있다는 믿음이 뿌리를 내리기 시작했다. 우리 팀은 여전히 LCR사업부 내에서 최약체로 꼽히고 있었다. 하지만 우리 팀이 평가하는 우리 팀은 그렇지 않았다. 반전의 시작이었다.

결론을 바꾸고 싶다면 처음부터 다시 하면 된다

2015년 새해가 밝았다. 나는 사업부 내에서도 조금씩 이름을 알리기 시작했다. 입사 첫해 주요 제품의 재료비를 대폭 낮추는 기술을 그것도 세계 최초로 개발했다는 사실이 알려지면서 나를 알아보는 사람들이 많아졌다.

그리고 새해 벽두에 나는 유명세 때문이었는지 알 수 없으나 정말 어려운 프로젝트를 부여받았다. 바로 진공 실링 기술의 개발이었다. 진공 실링 기술이란 그야말로 진공 상태로 실링sealing을 하는 기술이다. 세부적으로 설명하기는 어렵지만 매우 고난도의 기술이다. 우리 부서가 해결해야 하는 고질적인 문제로 지목됐던 것이다. 지난 5년간 내로라하는 엔지니어들이 모여 고군분투를 했으나 매번 '신뢰성 테스트'에서 문제가 생겨 실패를 거듭했던 과제다. 신뢰성 테스트란 대량생산 가능 여부를 확인하는 일종의 점검 과정이다. 신뢰성 테스트를 통과하지 못하면 더 진척되지 못하고 사장되고 만다. 내 손에 도착한 진공 실링 기술은 일종의 반영구 미제 사건 같은 모양을 하고 있었다.

나는 진공 실링 기술을 구체적으로 들여다보지 않은 상태에서도 이 프로젝트를 꼭 해결해야 한다는 책임감을 느꼈다. 모두가 어렵다고 하는 과제인 만큼 해결해낸다면 그 파장이 상당할 것이었다. 나는 부서의 위신을 다시 세우고 앞으로 독립적인 업무를 하기 위해서라도 꼭 그 프로젝트를 성공시켜야만 했다. 다행인 것은 해가 바뀌며 부서 내에도 '한번 해보자!'라는 온풍이 불기 시작했다. 팀원들은 하나 같이 "이 과제는 정말 어려운 것입니다."라고 말했다. 그러면서도 내가 요청하는 것에 대해서는 적극적으로 도와주었다. 분위기가 달라지면서 출발선 역시 이전 프로젝트와는 달라졌다는 느낌을 받았다.

1월 내내 나는 지난 과제의 실패 원인을 분석했다. 모든 실험 데이터를 모아서 분석해보고 실험을 담당했던 엔지니어도 직접 만나 이야기를 들었다. 연구자들은 실험 결과가 좋지 않았던 이유를 논리적으로 설명했다. 대부분 수긍할 만했다. 나라도 같은 결론에 도달했으리라 생각했다. 기존의 기술 개발 실험은 다양했고 분석 결과는 훌륭했다. 설계도 잘됐고 결과도 명확했다. 한 달 후에 내가 얻은 결론도 이전 연구자들과 다르지 않았다. 진공 실링 기술은 '안 될 기술'이었다. 나는 고민에 빠졌다. '이미 안 된다는 결론이 명확히 나 있다. 그런데 우리는 이것을 반드시 해내야 한다.' 다시 데이터를 점검해보았으나 결론은 바뀌지 않았다. 결국 나의 생각만 바뀌었다.

'이전의 결론은 없다고 생각하고 다시 해보자!'

그 후로 나는 전부 다 다시 해본다는 생각으로 실험을 계획했다. 앞선 모든 실험 결과를 무시하고 내가 직접 실험한 것만을 결과로 채택하는 것은 무모했다. 그러나 나는 원래 그런 것은 없다고 생각했고 스스로 확인하는 것을 좋아했다. 나는 문제를 다시 정의하고 분석했다. 그러자 할 일이 많아졌고 새로운 아이디어가 조금씩 나왔다. 원래 계획이란 실천을 위한 밑그림이다. 계획이 마무리됐을 때 나는 실험 팀과 함께 필리핀으로 날아갔다. 실험에 필요한 원자재는 미리 발주해놓았다. 실험 팀원은 나를 포함해 세 명이었다. 한 명은 설비 전문가로 지난번에 기술 개발에 참여했던 인력이고 다른 한 명은 데이터 정리와 생산 현장 관리를 담당했다.

출국 전날 그룹장과의 면담이 있었다. 나는 직접 필리핀으로의 출장 품의를 올린 뒤 다소 비장한 각오로 면담에 임했다. 계획된 출장 일정 내 기술 개발이 제대로 이루어지지 않으면 귀국일을 미루겠다는 이야기를 드렸다. '되도록 해야 한다.'라는 각오의 표현이었다. 그룹장은 알겠다고 짧게 답했다.

이전부터 나는 실험에 강했다. 아무리 힘들어도 실험실에서만큼은 새로운 땅을 개척하는 사람처럼 몹시 행복했다. 긴장감 넘치는 한 판 대결은 언제나 심장을 다시 뛰게 했고 미지의 결과를 확인할 때는 흥분에 젖었다. 진공 실링 기술 개발을 위한 필리핀 출장도 그런 마음을 안고 출발했다.

필리핀 생산법인에 도착해서는 가장 먼저 필리핀 엔지니어와 생산 작업자들을 모아놓고 우리의 목표를 발표했다. 사실 이전의 연구자들은 필리핀 직원들에게 목표와 과정을 공유하는 일을 잘 하지 않았다. 딱딱하게 업무를 지시하는 것이 대부분이었다. 하지만 나는 이런 관행을 좋아하지 않았다. 엔지니어는 물론 생산직 작업자까지도 업무 내용을 적극적으로 이해하고 공유해야 원하는 성과를 얻을 수 있다고 생각했다. 어디서든 존중받는 만큼 내주고 싶은 것이 사람 마음이기 때문이다.

나는 군대 가기 전에 잠깐 주유소에서 아르바이트를 한 적이 있었다. 주유구에 주유기를 걸고 바쁘게 뛰어다니는 중에 "너 공부 안 하면 나중에 커서 저 형처럼 된다."라는 이야기를 자주 들었다. 그때 사람들은 그 사람이 하는 일이 하찮다고 생각하면 대놓고 무시한다는 것을 알았다. 나는 그때 "저 무시하지 마세요. 저 서울대학교 다녀요."라는 말로 그들의 코를 납작하게 해주고 싶었다. 그러나 나이가 들면서는 그렇게 남을 무시하는 사람이 되지 말자는 다짐을 하게 됐다. 다짐의 밑바닥에는 그들과 나는 같은 사람이라는 동질감도 자리 잡고 있었다. 나는 잠깐의 아르바이트였으나 같이 일하는 형들과 아주머니들과 제법 친하게 지냈다. 그들은 내가 억울한 일을 당할 때 "학생이 험한 일을 안 해봐서 그래. 여기서 일하면 이런 일은 비일비재해. 자기가 참아야지……. 성질 다 부리고 어떻게 살아."라며 다독여주었다. 그 말들이 참 고마웠다.

나는 이전부터 필리핀 현지 엔지니어들 그리고 생산 작업자들과 격이 없이 지냈다. 보통 박사급 인력은 현장의 단순 노동에 잘 참여하지 않는다. 하지만 나는 현장의 일을 즐겼다. 연구실에서 칩을 만드는 모든 공정을 직접 했던 습관이 있어서 그런지 실제로 칩을 만들어 옮겨서 측정하는 과정이 몸에 쉽게 익었다. 그리고 그 과정에서 내가 온전한 엔지니어로 역할을 하고 있다는 느낌을 받았다. 동생이나 조카뻘 작업자들과 대화하며 작업을 하는 것은 신나고 즐거운 일이기도 했다.

일을 마치고 나면 한국 음식점에 가서 회식하며 이런저런 대화를 나누었다. 나는 그때 그들에게 '왜 이 일을 해야 하는지'를 알려주는 것이 큰 도움이 된다는 것을 알았다. 이 일이 어떤 결과를 내고 어떤 효과가 있는지 알고 일할 때 훨씬 더 수월하다고 했다. 나 역시 대학원에서 교수들의 지도를 받을 때 왜 이 일을 해야 하는지 정확하게 설명을 듣는 것과 그렇지 않은 것의 차이를 경험할 수 있었다. 우리 연구실의 지도교수는 연구 결과가 미치는 영향을 구체적으로 설명함으로써 나와 친구들의 학구열을 북돋웠다. 그 경험에 비추어 나 역시 업무의 이유와 방식을 정확하게 이해시킬 때 좋은 성과가 나올 것으로 기대했고 실제도 그러했다.

이번 프로젝트에서도 필리핀 생산법인 직원들과 우리 팀의 좋은 팀워크는 진공 실링 공법 개발에 중요한 에너지원이 됐다. 나는 직원들에게 기존 실패에 대한 원인 분석과 지금 실험하고자 하는 방향 그리고 도움을 바라는 부분을 구체적으로 설명했다. 30여 분간의 첫 회의를 마쳤을 때 필리핀 현지 직원들의 눈빛이 반짝거렸다. 나에게는 희망의 빛으로 보였다. 좋은 신호였다. 곧바로 클린복으로 갈아입고 현장으로 들어가 일을 시작했다.

내가 진공 실링 공법 개발을 위해 세운 전략은 다음과 같았다. 첫째, 선배들이 했던 실험을 그대로 반복하며 실제 신뢰성 불량이 대거 쏟아져 나오는 현상을 그대로 확인한다. 둘째, 제조공정의 주요 파트를 삭제하면서 나오는 결과를 분석해 공정의 중요도를 확인한다. 셋째, 기존 공정을 부정하는 새로운 공정을 적용하며 제품을 제작해서 신뢰성 검증을 한다. 세부적으로 들어가면 할 일이 아주 많았다. 시간을 아껴가며 순차적으로 일을 진행했다.

첫째 과정에서 선배들의 실험을 그대로 재현해보니 역시나 모두 불량품이 됐다. 둘째와 셋째 공정은 수학과 물리를 통한 분석을 선행하고 가장 영향력이 있어 보이는 부분을 변경해서 진행했다. 그렇게 변경과 재도전의 과정이 계속됐고 매일 출근길은 '어제 걸어놓은 실험 제품이 제대로 나왔는가'를 확인하는 것으로 시작됐다.

당시 엔지니어로서 나는 불량을 막으려 애쓰기보다 불량을 낮추는 방법을 찾는 것을 중요하게 생각했다. 실제 제조업 현장에서 불량은 어디서든 날 수 있다. "불량률 0퍼센트"라는 것은 거짓말이다. 100퍼센트 완벽을 외치는 사람은 수학을 모르는 것이고 자연현상을 이해하지 못하는 것이다. 모든 자연계의 현상은 정규분포를 따르며 언제나 평균 밖의 문제가 존재한다. 확률상 100퍼센트가 존재할 수 없든 0퍼센트도 존재할 수 없다. 이것이 자연계의 법칙이고 우리가 처한 환경이다. 이런 원리하에서 불량은 막을 수 없는 것이므로 총 수량(확률)을 낮추는 것에 더 중요하게 생각됐다.

일례로 설비의 연속성을 유지하고 작업자의 컨디션을 좋게 하는 것은 불량률을 낮추는 가장 확실한 방법이다. 실험 과정에서도 마찬가지지만 제조 과정의 불량은 설비의 연속성이 깨질 때와 작업자의 컨디션이 안 좋을 때 많이 나타난다. 보통 경영자들은 불량이 안 나도록 하는 것이 더 중요하다고 생각한다. 하지만 엔지니어들은 불량에 어떻게 대응하느냐를 더 중요하게 생각한다. 따라서 앞서 열거한 조건을 맞추는 데 중점을 두어야 한다.

실제 한 번은 기존의 실험 데이터를 앞에 두고 불량 발생 상황을 직접 관찰한 적이 있다. 수학적 계산보다 불량이 많이 나온 상황이라 직접 관찰하는 것만이 해결책으로 보였다. 4시간 정도 제조 공정을 살펴본 결과 바늘이 아주 긴 간격을 두고 불규칙적으로 튀어올랐다. 설비의 연속성에서 문제가 생긴 것이다.

나는 집중해서 오랫동안 관찰해보면서 설비의 약점과 이 현상이 후속 작업에 어떤 영향을 미칠지 예측하는 연구를 해보았다. 그것을 바탕으로 전문 엔지니어와 설비 구조를 개선하는 방향을 논의하면 오작동에 의한 불량률은 확실히 낮출 수 있었다. 이런 기초 지식과 경험들은 새로운 진공 실링의 개발에도 좋은 아이디어를 제공했다.

진공을 안정적으로 유지하기 위해서는 열처리 단계가 대단히 중요하다. 내부가 진공일 경우라도 열에 의한 팽창으로 변형이 생길 수 있다. 실제로 열처리 단계 이후 신뢰성 불량이 자주 발생했다. 왜 그럴까? 그 원인을 생각해보면 진공 실링은 초고온 열처리 과정을 거칠 때 균일하게 높은 온도를 오랜 시간 유지하기가 쉽지 않았기 때문으로 보였다. 나는 시간이 흐름에 따라 온도가 변화하는 것을 감지하고 그 해결책으로 노출 시간을 줄이는 방법을 생각했다. 그리고 실제 열처리 공정을 조금 더 빠르게 하는 방식으로 제조 과정을 변형했더니 유효한 결과가 나타났다. 신뢰성 문제를 해결할 수 있을 것 같았다.

정확히 날짜를 기억한다. 3월 27일 8시 출근과 동시에 현장 엔지니어를 불러서 어제 진행한 신뢰성 데이터를 확인했다. 전체 제품의 97퍼센트가 양품의 형태로 나왔다. 3퍼센트의 불량은 그야말로 적은 수치였다. 나는 결과를 믿을 수 없었다. 다시 제품 제작을 지시했다. 심장이 쿵쾅거리기 시작했다. 두 번째 실험 결과 역시 96퍼센트 양품이 나왔다. 순간 환호성을 질렀다. 필리핀 현지 엔지니어 모두 기뻐하며 하이파이브를 했다. 나는 곧장 현장 클린룸으로 뛰어갔다. 인터폰으로 작업자들에게 실험 결과를 전달하자 너무나 기뻐했다. 그날은 종일 반복 실험을 하고 저녁에는 필리핀 직원들과 회사 앞 한인 식당에 갔다. 부대찌개와 파전은 우리 회식의 단골 메뉴였다.

다음날 수원 본사와 화상 회의로 결과 보고를 했다. 본사에서도 진공 실링 기술 확보 소식에 환호하며 반복 실험을 통해 확실한 검증을 마치라는 지시를 내렸다. 나는 2주 동안 더 머물면서 공정을 안정화했고 충분한 재현을 통해 기술 개발의 중요한 변환점을 확보했다. 나는 이번 성공을 통해 '처음부터 다시 해야 하는 것의 중요성'을 확인했다. 선행 연구는 중요하다. 모두 거인의 어깨에 올라가 세상을 내려다보고 싶어한다. 그러나 100퍼센트 신뢰할 수 있는 연구란 없다. 거인의 어깨라고 생각하고 올라간 곳이 난쟁이의 어깨도 되지 못할 때도 있다. 나는 공정을 스스로 재현하며 이전 연구 결과서가 제대로 된 값을 제시했는가 검토했다. 그리고 어려운 상황에 직면했을 때는 기존의 방식을 벗어나 보자는 생각으로 접근했다. 덕분에 나만의 방식으로 새로운 진공 실링 기술을 개발할 수 있었다.

필리핀에서 복귀하고 2개월 후 사내에 공식적으로 최적화된 진공 실링 기술 개발이 공표됐다. 2015년 7월의 일이었다. 우리 팀은 우리 앞에 어떤 일이 닥칠 줄도 모르고 그렇게 어렵다는 진공 실링 기술을 드디어 개발했다는 기쁨에 최후의 만찬을 즐기고 있었다.

3
퇴보한다고 느낄 때 가장 고통스럽다

해보지 않고도 알아야 한다

결론부터 이야기하겠다. 나는 2017년 2월 삼성전기를 퇴사했다. 몇 개월 동안 고민해서 내린 결정이었다. 삼성전기에 입사하고 2년 동안 불꽃을 태우며 일했다. 그러나 나의 열정은 구조조정이라는 찬물에 그대로 사그라지고 말았다.

나는 입사 후 몇 건의 프로젝트 성공으로 크리스털 사업의 스타 인재로 떠올랐다. 꽤 능력 있는 엔지니어로 인정받게 되면서 '내가 조직을 변화시킬 수 있다.'라는 착각에 빠지고 말았다. 나는 정말 팀을 재건하고 새로운 사업을 시작할 준비가 돼 있었다. 부서 해체는 청천벽력 같은 소식이었다.

우리 팀은 2016년이 시작되면서 그간의 개발 제품을 대량 양산하기에 앞서 미국의 퀄컴사에 납품 인증을 취득했다. 퀄컴사는 미국 캘리포니아주 샌디에이고에 본사를 둔 무선 전화통신 전문 기업으로 2015년 매출이 251억 달러(28조 4,600억 원)에 이를 정도의 공룡 기업이다. 퀄컴사 납품은 본격적인 사업 성장의 분기점이 될 것이 분명했다.

그러나 바로 그때 삼성그룹 내부에서 구조조정이 시작됐다. 앞날이 창창하다는 것은 우리만의 생각이었다. 우리 부서의 수년간 연평균 매출은 50억 원으로 생존의 최저값을 만족하지 못했다. 나는 부서장과 여러 임원을 만나 부서를 유지시켜 주면 수년 내 확실한 매출과 수익을 달성해 보이겠다고 애원했다. 하지만 윗분들은 아랑곳하지 않았다. 불과 몇 달 뒤 우리 팀은 공식적으로 해체됐다.

2016년 5월 필리핀에서 함께 일하던 작업자들도 모두 보직이 변경됐다. 더불어 나도 삼성전기 타제품의 개발 엔지니어로 보직이 변경됐다. 내가 이동하게 된 곳은 사실 삼성전기 내에서 '꽃길'로 통하는 부서였다. 이미 조 단위의 독보적인 매출을 내고 있었다. 나는 그곳에서 주어진 일을 하며 그대로 꽃길을 걸을 수도 있었다. 동료들과 상사들은 나에게 인정받는 팀으로 가게 된 것이 좋은 기회라고까지 말했다. 그러나 안타깝게도 주어진 일만 묵묵히 하는 것은 나의 체질에 맞지 않았다.

엔지니어의 업무는 크게 귀납적 방법과 연역적 방법이 있다. 나는 연역적 방법에 특화된 엔지니어였다. 그전에 크리스털 부서에서 했던 방법은 연역적 방법이었다. 이론적인 계산을 통해 설계하고 실제 제품이 설계와 얼마나 비슷하냐를 예측했다. 예측 가능한 결과를 도출하는 것이 중요했다. 대전제, 소전제, 결론에 이르는 과정은 매우 논리적이다. 그런데 내가 새롭게 맡은 제품은 귀납적 방법의 연구를 필요로 했다. 계산이나 시뮬레이션 혹은 예측 프로그램보다 경험이 중요하다. 이론적 배경은 약해도 무방하고 가끔은 없어도 된다. 무조건 해보고 결괏값을 확인하며 원하는 방향으로 수정해나가는 것이 중요하다. 재료공학에 바탕을 둔 제품들이 대부분 그렇다. 그런데 사실 이런 방식은 나와 잘 맞지 않았다.

"해봐야 안다는 말은 엄청 바보 같은 말이다."

나는 공학도로서 그렇게 생각했다. 안 해봐도 아는 것이 톱 공학도가 할 일이라고 강조했다. 생각을 많이 해서 솔루션 찾아내고 해보지 않고도 예측 가능한 것이 공학도의 일이라는 게 평소 지론이었다. 그런데 바뀐 부서에서는 이런 지론이 통하지 않았다. 일례로 1,100도의 불에 찰흙을 구워야 한다고 치자. 공학적으로 제대로 된 결과를 얻기 위해서는 일관된 온도를 유지하는 게 중요하다. 그러나 현장에서는 쉽지 않다. 큰 가마에 찰흙을 구울 때 불과 거리, 바깥과의 경계유무, 가마 입구의 밀봉 정도에 따라서 구석구석의 온도가 다를 수 있다. 계절, 습도, 작업자의 숙련도에 따라서도 달라진다. 그러나 불 온도가 10도만 높거나 낮아도 원하는 찰흙의 특성을 만들 수 없다.

오차를 예측하고 시스템적으로 잡는다는 것은 몹시 어렵다. 일단 시도해보고 결과를 확인해야 한다. 경험 베이스로 일을 해야 한다.

그러나 그러한 일은 나 같은 연역론자에게는 커다란 흥미를 일으키지 못한다. 이론은 없고 몸은 고된 일로 보인다. 따라서 나는 모두가 꽃길이라고 부른 그 길에서 아무런 재미를 느끼지 못했다.

발전한다고 느낄 때 가장 좋다

심지어 나는 새로운 부서에서 '이 일이 나를 퇴보시킨다.'라는 느낌까지 받았다. 뭔가를 하면서 가장 서글픈 때이다. 앞서 나는 성장 욕구가 강한 사람이라고 선언한 바 있다. 마찬가지로 나는 무엇을 하든 발전한다고 느끼는 걸 좋아한다. 일하면서 퇴보한다고 느낄 정도라면 그 공간에 있는 것 자체가 힘든 일이 된다.

처음에 나는 '일단은 열심히 해보자.'라는 심정으로 몇 가지 프로젝트를 맡아서 꾸려나갔다. 하지만 이전 부서 때만큼의 열정이 타오르지 않았다. 나는 무기력해졌다. 이전에는 '주요 제품은 아니었지만 열심히 노력해서 정상 궤도로 올려보고 싶다.'라는 욕망이 나를 끌어주었다. 이전 부서에서는 성장할 수 있었다. 그러나 새로운 부서에는 그런 것이 없었다. 새로운 부서에는 이미 세계 1~2등을 하는 제품이 있었고 훌륭한 엔지니어들도 많이 자리잡고 있었다. 상대적으로 내가 성장할 틈새는 많지 않았다. 의대 시절 휴학을 고민하던 나의 모습이 떠올랐다. 남들은 잘나가는 주요 제품도 있고 훨씬 좋은 여건에서 일할 수 있게 됐다고 부러워했다. 하지만 내 생각에 나의 성장을 끌어주기에는 분명한 한계가 있는 조직으로 보였다.

현실적으로 몇 번이나 벽에 부딪힌 적도 있었다. 새 부서에는 '원래 그런 것'이 너무 많았고 새로운 시도를 해보려고 하면 "김영욱 책임이 이 제품을 잘 몰라서 그래요."라는 충고가 뒤를 이었다. 출근길이 더는 즐겁지 않았다. 나는 새 부서에 필요한 인재가 어떤 사람인가를 고민해보았다. 빨리빨리 작은 결론을 내려가면서 무지막지 성실한 스타일의 인재가 필요한 자리라는 결론을 내렸다. 나는 그런 인재가 아니었다. 퇴사에 대해 심각하게 고민했다. 결국 내 꿈을 찾아 떠나야겠다고 결심했다.

2장

스스로 결정할 수 있어야 한다

1

할 수 있는 곳으로 가라

다시 출발점에 서서 고민하다

'나는 어디로 가야 하는가?'

가장 먼저 든 생각은 '내가 의사결정을 할 수 있는 곳'이었다. 미개척지라면 더욱 좋다. 나는 첫 번째 부서에서 열심히 일했고 성과도 좋았지만 상부의 의사결정에 따라 모든 것이 사라지는 허망함을 경험했다. 내가 처한 환경을 스스로 결정할 수 없다는 것은 심한 좌절감과 실망감을 느끼게 했다. 나는 두 번째 부서에 갔을 때 이전처럼 성과로 스스로를 증명해야만 했다. '망한 팀의 개발자'라는 꼬리표를 하루빨리 떼어 내야 했다. 그러나 원래 잘나가는 부서이다 보니 조직은 견고했고 파고들 공간은 남아 있지 않았다. 새로운 영역을 개척해야 했으나 마음 한편에서는 그마저도 회의적이라는 생각이 들었다. '나의 의지와 상관없이 또다시 팀이 해체되는 상황이 벌어지지 않는다는 보장이 있는가?' 나의 열정은 살아나지 않았다.

나는 퇴사를 결심했고 다시 시작하기로 했다. 할 수 있는 일을 다시 선별해보았다. 대학교수, 중소기업의 핵심부서, 스타트업 초기 멤버, 그리고 직접 창업의 선택권이 있었다. 그러나 마지막 '직접 창업'은 선택지에서 지웠다. 사실 창업은 박사과정 때부터 염두에 둔 일이었다. 그러나 당시 나는 창업은 아무나 하는 것이 아니라고 생각했다. 그건 사실이기도 했다. 아이템만으로는 확실히 부족했다. 아버지의 사업 스토리를 지켜보니 창업자에게는 경험과 인맥이 큰 자산이었다. 그런데 나에겐 그런 자산이 부족했다. 더욱이 내게는 회사 경영에 필요한 모든 분야를 아우를 능력이 없었다.

나는 항상 나름 엘리트 집단에서 소통하고 팀을 꾸렸다. 그런 나로서는 세상을 잘 모르는 상태에서 창업한다는 것이 두려운 일이었다. 실제 나처럼 큰 조직에 있다가 홀로 세상에 나가면 거센 폭풍을 맞게 돼 있었다. 그보다는 교수나 중소기업에서의 성과를 바탕으로 창업하는 것이 안정적이라고 생각했다. 나는 이번 선택지에서 직접 창업을 지우고 다른 가능성을 확인해보고자 했다. 도전은 어렵지 않았다. 차례차례 지원할 곳을 찾고 충실한 이력서와 자기소개서를 보냈다.

첫 번째 직업은 대학교수였다. 사실 나는 미국에 있을 때는 논문 게재가 번번이 거절되면서 학계의 답답한 분위기에 넌덜머리가 났다. 그러나 『네이처』 자매지에 논문이 실리면서 그런 이미지도 많이 휘발됐다. 대학에 가면 개별 연구를 하면서 학생들도 가르칠 수 있겠다는 생각에 마음이 부풀었다. 대학에서 경험을 쌓고 인맥을 다지면 창업하는 데도 유리한 포지션을 만들 수 있을 것 같았다. 마침 2017년 3월 부임을 목표로 한 교원 채용 기간이라 시기도 딱 맞았다. 모집 공고를 보고 원서를 쓰기 시작했다. 미국의 지도교수에게 추천서를 요청하고 서류도 준비해 보냈다.

두 번째 일은 박사급 인력을 채용하는 중소기업에 가는 것이었다. 당시는 정부에서 창업 지원책을 많이 내놓았고 구직난의 돌파구로 기술 창업 붐이 일기 시작했을 때다. 원서를 쓸 만한 곳이 상당히 있었다. 나는 성심성의껏 이력서를 쓰고 중소기업과 스타트업 등에 보냈다. 기업들의 면면을 살피며 충분한 자료조사도 했다. 모든 경험이 창업의 밑거름이 되리라 생각했다.

2개월이 흐르자 진로에 대한 윤곽이 드러나기 시작했다. 가장 먼저 연락받은 곳은 대학이었다. 대학 한 곳에서 최종합격 통보를 받았다. 의공학 분야의 교수직이라 전공을 살릴 수 있어서 기대감이 컸다. 나는 최종 발령을 앞두고 선배 교수와 면담했다.

"김 선생, 앞으로 내가 잘 이끌어줄 테니 잘해봅시다."

선배 교수 입장에서는 덕담이었다. 그러나 나로서는 어떠한 이유에서인지 마음이 편치 않았다. 문득 의대 시절 선배들과 함께했던 '군기 있는' 생활이 떠올랐다. 막상 합격하고 나니 내가 교수라는 직업에 관해 진지하게 고민을 많이 하지 않았다는 느낌이 들었다.

나는 면담을 마치고 돌아오며 곰곰이 생각해보았다. 내가 교수라는 직업을 하고 싶어했던 것인가? 아니었다. '창업하기 위한 디딤돌' 정도로 생각하고 있었다. 그런 기준에서 이번 자리는 맞지 않았다. 나는 교수가 돼 명예를 높이겠다는 생각이 없었다. 교수 사회의 시스템에 나의 창업 주제를 끼워 넣을 생각도 없었다. 나의 의지와는 상관없는 방향으로 흘러가는 환경에 들어가고 싶지 않았다. 나는 결국 개인 사정상 교수 임용에 응할 수 없겠다는 메일을 보냈다.

다음으로 스타트업 한 곳에서 연구소장직을 제안받았다. 대표님과 3일에 걸쳐서 식사도 하고 팀원들과 발표도 하면서 서로를 탐색하는 시간도 가졌다. 회사 대표님은 나를 꼭 채용하고 싶다고 말했다. 지금은 20명 정도의 연구 인력이 대부분이지만 곧 성과를 만들어낼 것이라 자신했다. 스톡옵션을 포함한 파격적인 다양한 입사 조건을 서면으로 보내왔다.

마지막으로 면접을 본 곳이 씨젠이었다. 현재 씨젠은 대한민국을 대표하는 진단키트 제조 기업으로 높은 기술력을 자랑한다. 2021년 기준으로 한 분기 매출액이 3,000억을 넘겼다. 그러나 내가 입사를 고민하던 때는 매출이 750억 원에 미래가 유망한 중소기업이었다. 2016년 11월의 일이다. 이력서를 넣은 지 한참 만에 씨젠 인사팀에서 연락이 왔다. 서류 전형을 통과했으니 면접 일정을 알려주겠다는 것이었다.

평일 오후 씨젠 본사를 찾았다. 30분 정도의 임원 면접이 진행됐다. 임원 면접에서는 주로 바이오산업과 공학 분야의 융합이 어떻게 이루어질지에 관한 이야기가 오갔다. 그리고 나의 인성에 대한 기본적인 질문으로 이어졌다. 1차 면접을 마치고 나는 해야 할 일이 많을 것으로 생각했고 긍정적으로 마무리했다고 생각했다. 자리를 뜨려는 찰나에 연이어 대표님 면접이 진행된다는 알림을 받았다. 씨젠 대표는 잘 알려진 대로 미국 테네시대학교에서 분자생물학 박사학위를 받은 연구자 출신 경영자이다. 대기업 연구원을 거쳐 이화여대 생물학과 교수로 근무하다 2000년 씨젠을 창업했다. 이전부터 대표에 대해 관심이 있었던 것은 아니었다. 그러나 면접 자리를 통해 상당한 호감을 느끼게 됐다.

씨젠으로의 출근에 결정적 이벤트가 됐던 것은 대표와의 개별 만남이었다. 면접 후 대표로부터 '차나 한잔하시죠.'라는 연락이 왔다. 토요일 대표와 만난 자리에서 연구 스토리, 창업 과정, 그 후의 발전 로드맵 등 개인사를 포함해 깊이 있는 이야기를 들었다. 나는 대표의 마인드에 깊은 감명을 받았다. 대표는 내가 씨젠에 입사하게 된다면 스스로 뭔가를 해내는 과정을 지원해주겠다고 했다. 당신이 창업하고 우여곡절 끝에 지금에 이른 것처럼 나에게도 열린 기회를 주겠다는 것이었다. 그런 이야기를 들으니 기운이 솟았다. 나는 대표의 인품과 바이오산업의 발전 가능성을 믿고 씨젠에 출근하겠다고 답했다.

사표를 문서 분쇄기에 밀어 넣다

당시 씨젠에는 300여 명의 임직원이 있었다. 대부분 생명공학 전공자들이었다. 나는 회사 내 유일한 '전자공학' 박사 인력이었다. 입사하고 보니 회사 내부에는 "대표님의 총애를 받는 공학박사가 출근한다."라는 소문이 퍼져 있었다. 2017년 2월 20일 씨젠으로 첫 출근을 했다. 설렘과 열정이 가득했어야 할 그날 나는 왠지 모를 서운함을 느꼈다.

'대한민국 대표 기업을 나와 중소기업으로 이직하는 것이 과연 잘한 것인가?'

남들이 물어볼 법한 질문을 스스로 하게 됐다. 그도 그럴 것이 비록 '창업에 주춧돌이 될 경험을 하게 되리라.' 생각했지만 현실은 '나아진 것 없는 이직'이었다. 통근 버스 없이 지하철과 버스를 이용해 출퇴근하는 것부터가 살짝 낯설고 힘들게 느껴졌다. 점심시간에 편하게 구내식당을 이용하다가 외부 식당에 나가 줄을 서야 밥을 먹을 수 있게 되니 혜택 하나를 잃어버린 것만 같았다. 예전에는 사내 카페에서 값싸게 즐기던 커피 한 잔도 비싼 프랜차이즈 카페를 이용해야 먹을 수 있었다. 급여도 당연히 줄었다. 어른들이 "대기업을 가야 한다."라고 노래를 부른 이유가 있었다.

'그러나 어쩌랴, 내가 개척할 수 있는 곳을 선택한 만큼 황무지에서 시작하는 것은 당연하다.'

나는 마음을 고쳐먹었다. '가능성'이라는 장점에 초점을 둬야 할 때였다. '이곳은 내가 성과를 내고 열심히 해서 개척할 수 있는 곳이다.' 어느새 서운함이 메워지고 다시 설렘이 시작됐다. 그러나 그 기분도 오래 가지는 못했다. 입사하고 사나흘이 지났을 때 전체 워크숍을 갔다. 나는 가벼운 마음으로 임하기로 했다. 신사업 발굴과 확장을 위한 전체 팀원들의 아이디어를 모으는 자리였고 장소는 가평이었다. 입사한 지 며칠 되지 않은 상황에서 나는 주로 이야기를 듣고 정리하는 일을 했다. 제3자 혹은 관찰자 입장의 포지션을 취했다.

회의 분위기는 예상보다 치열한 분위기로 흘러갔다. 여러 팀이 함께 모여서 회의를 했다. 그런데 상대 팀에 대한 비판이 매우 치열하게 진행됐다. 이전에는 경험해보지 못했던 부분이다. 내가 당사자라면 어쩌면 기분이 좀 나쁘다고 느낄 수도 있을 정도였다. 나는 회의 분위기만으로 '여기서는 회의 준비도 장난이 아니겠구나!' 하는 생각을 했다. 그러면서 나는 '이곳에서는 거친 야생마로 살아가야겠다.'라는 다짐을 했다.

그런데 이런 생각은 2개월 만에 또 다른 분위기에 부딪혀 깨지게 됐다. 워크숍의 회의 분위기에서 공격적이고 치열한 문화에 충격을 받았다면 실무에서는 새로운 일을 하기 위해 넘어야 할 많은 산이 보였다. 사실 돌아보면 삼성과 같은 글로벌 대기업과 중소기업의 시스템의 차이였다. 하지만 나로서는 뭔가 작은 조직에서 열정적으로 추진하는 부분에 들떠 있었다가 현실의 감각을 찾게 됐던 순간이다.

그렇게 초기 2개월간 나는 다시 조직에서 나름 '상당한 좌절'을 경험해야 했다. 내가 의사결정하고 진취적으로 일할 환경을 만들기 위해 이직을 결심했던 것이다. 그런데 현실은 호락호락하지 않았다. 조직 내 갑갑함이 조금 느껴질 무렵 나는 한 템포 쉬자는 생각에 휴가를 내고 고향 집으로 갔다. 그러나 그때 휴가는 휴가가 아니었다. 내

안에서 '좀 더 신중하게 고민해야 한다.'라는 온건파와 '길이 아니면 이쯤에서 그만두어야 한다.'라는 강경파가 싸움을 했다. 하루하루 매시간 결론이 달라졌다.

나는 휴가를 마치고 출근한 뒤 결국 사표를 들고 대표실로 향했다. 예나 지금이나 나는 일찍 출근해서 하루를 길게 쓰는 걸 좋아한다. 그때는 몸도 건강했던 때라 7시에는 출근을 했다. 대표도 중요한 일정이 없는 한 일찍 출근했다. 나는 대표와의 독대를 계획하고 사표와 기획안 하나를 준비했다. 기획안에는 '영업 현장으로 보내달라.'는 내용이 담겨 있었다. 조직에서 시행착오를 겪기보다는 필드에 나가 경험을 쌓고 싶었다. 회사 생활을 길게 내다볼 때도 초기에 바이오 기업들의 상황을 익히는 것이 좋은 경험이라고 생각했다.

마침 복도에서 대표를 만났고 자연스럽게 차나 한잔하자는 분위기로 대표실에 들어가게 됐다. 그런데 대표가 먼저 할 말이 있다고 이야기를 꺼냈다.

"이번에 물리학 박사와 수학 박사를 뽑을 건데요. 김 박사가 새로운 팀을 꾸려서 한번 운영해보는 게 어떻겠습니까?"

나는 예상치 못한 제안에 당황하면서도 새로운 희망이 찾아온 것을 직감했다. 새로 입사하게 된 박사 인력은 모두 갓 대학을 졸업한 신입사원들이었다. 회사 경력이 없는 상태인데다 바이오 전공도 아니므로 특정한 팀에 배치한다는 것이 쉽지 않은 일 같았다. 실제 그 후 내부에서는 생명공학 분야가 아닌 박사급 인력을 두 명이나 충원하는 것에 부담을 느끼고 있었다. 대표는 '새로운 일거리'를 좋아하는 나의 기질을 일찌감치 간파하고 선뜻 새로운 팀을 제안한 것이었다. 나는 새로운 팀을 맡아 일거리를 잘 만들어보겠다는 답을 드렸다. 그리고 가벼운 마음으로 대표실을 나왔다.

나는 가지고 갔던 사직서와 기획서를 문서 분쇄기에 밀어 넣었다. 갑자기 새로운 보직을 시작하게 된다는 부담감은 전혀 없었다. 어떻게든 일이 되는 프로젝트를 준비하고 팀을 잘 운영해보겠다는 생각에 마음이 들뜨기 시작했다.

며칠 뒤 나는 새로 입사한 두 명의 박사와 함께 기술혁신팀으로 발령이 났다. 나의 공식 명칭도 책임연구원이나 엔지니어가 아닌 팀장이 됐다. 팀명을 정하는 데도 나의 의견이 상당 부분 반영됐다. 나는 정말 뭔가를 '혁신'하고 싶었다. 혁신은 지금까지 내가 제일 잘하는 업무였다. 나는 좋아하는 일을 마음껏 해보리라 다짐하며 다시 열정으로 온몸을 무장했다.

2
다시 0부터 시작해도 된다

차근차근 전진이다

'기술혁신팀은 무엇을 가장 잘할 수 있는가?'

2019년 6월 1일 씨젠 내 기술혁신팀이 공식 출범했다. 그러나 팀이 꾸려지고 이름만 정해졌을 뿐 특정 업무가 할당되지는 않았다. 나는 이전처럼 프로젝트 기획에 들어갔다. 우리 팀은 수학, 물리, 공학 분야의 박사학위 소지자들이 모였다. 각 부분에서 전문성을 발휘할 수 있는 일이 필요했다. 우리가 가장 잘할 수 있는 부분은 이론적 분석이었다. 이를 잘 활용하면 실제 상황에서 일어나는 유무형의 비용을 줄여서 시행착오 없이 변화와 혁신을 가져올 수 있었다.

내가 가장 먼저 한 일은 경쟁사의 주요 이슈를 확인하는 것이었다.

문제를 진단하고 해결하는 것은 나의 전공 분야였다. 우리 팀이 할 수 있는 일을 기준으로 해결할 수 있는 문제점을 찾아 나섰다. 그리고 글로벌 제약사의 현황을 분석하던 중 '데이터 판독' 부분에서 개선할 여지가 많다는 것을 확인했다.

대부분의 바이오 의료기기의 판독 기준(양성·음성)은 절댓값을 기준으로 한다. 수치로 된 검사 결과가 절댓값을 넘느냐 넘지 않느냐가 양성과 음성을 가른다. 대표적으로 혈당 검사는 공복 기준으로 100~110밀리그램/데시리터가 넘으면 당뇨를 의심하고 혈압도 수축기 140수은주 밀리미터를 넘으면 고혈압을 의심하고 정밀검사에 들어간다. 일반적으로 이러한 방법은 정량분석을 기반으로 하기 때문에 상당히 정확한 특징이 있다.

하지만 모든 질병의 판독 기준이 절댓값을 기준으로 하지는 않는다. 정밀 진단 영역에서는 절댓값도 중요하지만 '값의 변화를 나타내는' 패턴 분석도 중요한 판독 기준으로 채택된다. 특히 증상이 나타나지 않는 조기 진단은 극미량의 바이러스를 가지고 진단한다. 따라서 검사 결과가 절댓값을 넘기지 못하는 때가 종종 있다. 이때는 절댓값보다는 패턴 분석이 좋은 대안이 될 수 있다.

일례로 최근 가장 흔한 질환인 코로나바이러스 검사를 들어보자. 코로나바이러스 진단 검사는 절댓값과 패턴 분석 모두 유효한 대표적인 질환이라 할 수 있다. 기존에는 절댓값을 기준으로 많이 했으나 우리 팀의 연구를 포함한 다양한 연구를 통해 패턴 분석도 주요한 진단 기준으로 채택됐다.

구체적인 진단 방식에 대해 살펴보자. 코로나바이러스는 정상 DNA를 파고든다. 거기서 단백질을 만들어낸다. 이는 독소여서 면역력이 떨어진 인체에 감기부터 폐렴까지 다양한 증상을 일으킨다.

기존의 글로벌 제약사의 코로나 진단 판독 원리는 DNA에 코로나바이러스가 만든 단백질 흔적이 있느냐 없느냐로 확인한다. 그러나 초기에는 이 흔적이 미비해서 잘 보이지 않는다. 그래서 50번 정도 증폭 배양해서 현미경으로 찍을 수 있는 수준으로 키운다. 이때 배양 회차가 많아질수록 흔적 값도 올라가는 것이 일반적이다. 좀 더 상세히 살펴보면 흔적 값은 S 커브의 형태를 이룬다. 이는 배양 초기에는 가파르게 상승하다가 일정 수준에서 정체가 오고 50회차에 근접해서는 인식 수준의 최대치에 접근해 더 이상 상승하지 않기 때문이다.

당시 진단 회사는 대부분 절댓값을 기준으로 했으며 정밀도를 올려야 할 필요성이 높았다. 오진에 대한 고객 클레임의 수를 조절하는 것보다 상황 발생 자체를 막는 것이 중요했다. 나는 일반적으로 진단 결과 양성인데 음성으로 판정되는 원인을 살펴보았다. 그랬더니 경증 상태에서 채취한 바이러스 양이 적다 보니 50번 배양을 해도 절댓값 기준으로 올라오지 못하는 때가 많았다. 또한 기기 이상 또는 외부 요인에 의해 배양값이 피크치까지 올라갔다가 내려오는 경우도 문제가 됐다. 배양 값이 절댓값을 넘어섰으나 일정 기간 유지되지 않았고 일반적인 배양 패턴도 거리가 멀었다.

그럼에도 절댓값 기준이라면 '양성' 판정을 내렸다. 이렇게 음성인데 양성 판정을 받는 환자들도 있었다. 실제 현장에서는 '오진'에 대한 고객 클레임이 상당했다. 대부분의 글로벌 리딩 진단 업체뿐만 아니라 환자들과 의료진은 물론 사회 전체가 이를 심각한 문제로 인식했다. 검사 시약과 장비를 판매하는 업체들에는 정확도 개선이 제품의 신뢰도 확보에 가장 중요한 사항이 됐다.

나는 기존의 데이터를 바탕으로 '패턴 인식' 진단 방법을 고민했다. 배양해서 그 양이 다소 적더라도 S자 커브로 늘어나는 경우를 양성으로 인식하자는 것이었다. 그러나 이러한 진단 방식의 변화는 손바닥을 뒤집는 것처럼 간단한 일이 아니었다. 절댓값 기준보다 패턴 인식이 유효하다는 것을 논리적으로 설명해내야 했고 그 후 진단 방법의 변화에 따른 실무적인 업무(검사 방법 교체, 컴퓨터 세팅 조정, 프로그램 개발, 연구자들에 대한 교육, 검사 결과 자료에 대한 분석표 수정 등)까지 해야 할 일이 많았다. 그중에서 가장 시급한 것은 기존의 절댓값 기준 진단 방법의 오류를 명확하게 지적하고 관련자들의 동의를 구해야 했다.

나는 먼저 절댓값 기준 판독에서 패턴 인식 방법 판독으로 변경을 시도한 적이 있는지 알아보았다. 관련 자료는 없었다. 다음으로 왜 절댓값 기준을 채택했는가를 알아보았다. 연구자들 사이에서 '원래 그래'가 크게 작용한 것으로 보였다. 실제 국제적인 바이오 회사들의 상당수가 판정 기준을 절댓값으로 두고 있었다. 그러나 다른 회사들은 단일 시약으로 단일 질환을 검사하므로 그 값이 매우 정확하게 절댓값을 상향하는 경우가 많았다. 당뇨나 혈압처럼 절댓값 기준이 유효한 것이 당연하다. 그러나 나는 정밀하게 극소량의 바이러스 유무를 진단하기 위해서는 단순한 절대값 판독만으로는 한계가 있을 수밖에 없다고 생각했다. 나의 눈에는 이 부분에 대한 근본적인 문제 제기와 해결책에 대한 고민 없이 '원래 그래.'라는 터널에 갇힌 것 같은 느낌이 들었다.

결과적으로 우리 팀은 당시의 '절댓값 기준'의 판독을 '패턴 인식'의 판독으로 대체하는 안을 실무적으로 검토하기 시작했다. 우리 팀은 패턴 분석 방식이 유효한지 빠르게 가능성을 검증해보았다. 부서를 돌며 관련 데이터를 취합했고 실제 수만 건의 데이터를 인공지능을 활용해 분석해보았다. 그 결과 우리가 예측했던 패턴 인식 방식이 절댓값 기준보다 정확했고 오류도 없었다. 또한 검사 과정도 수학적으로 표준화하는 것이 가능하겠다는 생각이 들었다. 우리는 이를 바탕으로 패턴 인식 방식을 적극적으로 제안했다. 그리고 회사에서도 수용하게 됐다.

그렇게 우리 팀은 생긴 지 1개월 만에 이전에 없던 것을 개발해 발표했고 7월 한 달 동안 새로운 판독방식의 신뢰성을 검증했다. 그 결과는 기존 절댓값 측정 방식보다 판독 오류가 유의미하게 줄었고 우리가 개발한 수학적 표준화가 적용 가능하다는 것이었다. 그해 여름 우리 팀은 새로운 판독방식에 대한 개발 성과를 공유했고 드디어 실제 제품 판독에 적용하는 것으로 합의를 끌어내는 것에 성공했다. 팀이 생긴 지 정확히 3개월 만에 이루어낸 일이다. 더욱이 우리가 직접 도전해 일구어낸 것이었다.

실제 제품 적용 단계에서도 다른 부서에서는 과연 새로운 판독법을 적용하는 것이 가능할까 하는 의구심이 있었다. 대부분의 제품개발 담당자들은 '신생인 기술혁신팀이 과연 3개월 만에 개발한 모든 내용을 현장에 적용하는 인허가까지 받을 수 있겠냐?'는 의구심을 보였다. 특히 프로그램 개발 부서에서는 모든 기기의 판독방식을 변경해야 한다는 데 큰 부담을 느꼈다. 그나마 다행히도 내가 이러한 분위기에 익숙해져 있었다는 점이다. 이전 삼성에서도 신기술을 개발할 때마다 똑같은 반응과 우려가 뒤따랐다. 나는 슬기롭게 조직원들을 설득하며 하나하나의 단계를 밟아나갔다. 팀 차원에서도 맹렬히 업무를 추진했다.

팀이 성과를 내고 인정받으면서 팀원 보강도 수시로 일어났다. 늘어난 팀원들이 열심히 이론을 검증하며 프로그램을 만들어갔다. 나는 연구소와 데이터 공유를 위한 일정 관리를 맡았다. 의미 있는 성과를 내면서 차근차근 전진하는 사이 12월 말이 됐고 패턴 인식 방식을 전 제품에 적용하는 데 성공했다는 보고를 받았다. 2017년 기술혁신팀은 생긴 지 불과 6개월 만에 씨젠의 공적상 수상자가 돼 자리에 올랐다. 부상으로 현금 보너스까지 받았다. 팀원들과 나는 몹시 뿌듯한 감회에 젖었다.

회사의 인정은 나와 팀원들에게 또 다른 에너지원이 됐고 또 다른 프로젝트도 가능하다는 자신감을 채웠다. 개인적으로는 삼성이라는 큰 조직에서 벗어나는 일탈을 감행했다. 하지만 내가 있어야 할 곳에서 의미 있는 성과를 만들어냈다는 만족감이 큰 시기였다.

가장 빛날 때 절망이 찾아오다

그 후로 2년 넘도록 나는 집에서는 잠만 자는 생활을 계속했다. 나는 6~7시면 출근했고 11~12시에 퇴근했다. 특히 2018년 9월 우리 팀이 개발한 동시다중진단 신기술(MuCT 기술)은 국내외 시장에 적극적으로 공유됐고 씨젠이 기술 기반의 회사로 성장하는 데 큰 힘이 됐다. 나는 특진을 통해 부장 진급을 했고 팀원들을 챙기면서 프로젝트를 밀어붙이느라 정신이 없었다.

대표는 2019년 1월 시무식 때 "앞으로 토털 진단 솔루션 공급 회사로 거듭날 것입니다."라며 새로운 사업의 시작을 알렸다. 기존에는 진단키트 중심의 회사였으나 이제는 분자진단 토털 서비스를 공급하는 회사가 되겠다는 포부였다. 그 핵심에 기술혁신팀이 있었다.

나를 포함해 3명이 시작한 기술혁신팀은 2019년 3월 23명으로 늘어났다. 회사에서 새로운 기술개발을 하는 선두주자로 꼽혔으며 내부적으로도 자부심이 상당했다. 그리고 우리 팀의 위력은 그야말로 파죽지세였다. 연구와 실무 모두에서 나타나는 성과가 상당했다. 당시는 나 역시 모든 것이 뜻한 대로 잘 이루어지는 것만 같았다. 장래가 밝았고 창업에 버금가는 일을 하고 있다는 만족감도 컸다.

그러나 지금 와서 돌아보면 성취감 못지않게 스트레스도 상당했던 시절이다. 2018년까지 우리 팀은 사내 보안 과제로 신기술 개발에 매달렸다. 일하면서도 주요 성과는 핵심 임원들에게만 공유했다. 차곡차곡 성공 스토리가 쌓여가는 것이 눈에 보였다. 그러나

2019년 모든 것이 회사 차원으로 공개되면서 기술이 필드로 나가는 단계로 돌입했다. 그때부터는 회사 차원에서 협업이 중요했다. 영업, 마케팅, 신약 개발자, 소프트웨어 개발자, 구매, 외주 관리, 생산 등 전사 관계자들과 이야기해야 했고 당연히 마찰도 자주 일어났다. 늘어난 팀원들 챙기느라 회식은 잦아졌고 협업 과정에서 마찰이 늘어나자 술 마시는 횟수도 늘어났다. 우리 팀은 새로운 장비의 기본 형상을 마무리하고 제품화 전 단계까지 마무리했다.

"팀장님, 이러다 몸 상하겠어요."

주변의 걱정도 흘러넘겼다. 나는 일의 성과에 도취돼 언제나 할 일은 많고 시간은 없었다. 그러나 일이 확장되면 될수록 몸이 안 좋아지는 것이 느껴졌다. 문득 스스로 번아웃 상태에 빠지는 것은 아닌가 겁도 났다. 미루고 미루던 건강검진을 해야겠다는 결심까지 하게 됐다. 이전 몇 년간 나는 혈변을 보았다. 매번은 아니었으나 시간이 지나면서 혈변을 보는 횟수가 늘어났다. 붉은 피의 정도가 선명해질수록 의심 질환도 많아졌다. 그러나 나는 안일했다. 약간이나마 의학적 지식이 있었음에도 '치질이겠지.' 하고 가볍게 여겼다.

2019년 6월 중순 나는 처음으로 대장 내시경이란 것을 받았다. 건강검진에 포함된 옵션이었다. 이번 기회에 치질을 치료해야겠다는 생각뿐이었다. 수면 내시경을 마치고 진료실로 안내됐다. 비몽사몽 상태에서 담당 의사의 어두운 낯빛을 보았다. 담당 의사는 진료실 문을 닫고 검사 결과를 설명했다. 모니터를 돌리자 내 눈에도 커다란 종양이 보였다. 종양 덩어리는 직장 대부분을 틀어막고 있었다.

"빨리 상급병원에 가봐 할 것 같습니다. 직장 부분에 아주 큰 종양이 보이는데 이 정도 사이즈면 심각한 수준입니다."

영화에서처럼 잠깐 시간이 멈춘 것 같았다. 곧 공포가 쓰나미처럼 덮쳐왔다. 암이 거의 확실해 보였고 크기로 봐서 상당히 진행된 것 같았다. 한숨을 크게 쉬고 나서야 입을 열 수 있었다.

"저는 잠깐 의대를 다녔습니다. 그냥 가감 없이 이야기해주셔도 됩니다. 제 상태가 지금 암인 것 같은데 장을 90퍼센트 이상 막고 있어 상당히 진전된 것으로 보입니다. 그냥 선생님의 의견을 가감 없이 말씀해주시면 좋겠습니다."

의사는 최대한 말을 아끼며 대답을 해주었다.

"네, 암일 확률이 매우 높습니다. 조직검사를 해봐야겠지만 지금 검사 사진만으로는 암일 확률이 매우 높습니다. 빨리 상급병원으로 가셔서 치료를 받으셔야 합니다."

눈앞이 캄캄해지면서 온몸이 굳는 것만 같았다. 다른 검사들이 남아 있어서 대기실로 이동해 다음 검사를 기다려야 했다. 그러나 북받치는 감정에 뭘 더 하기가 힘들었다.

'이제 뭔가를 좀 해보려고 하는데 암에 걸려서 아무것도 못 하고 마는 건가.'

나는 생명이 오락가락하는 위험한 상황에서도 가지 못한 길이 아까워 미칠 것만 같았다. 아직 젊고 여기에 오기까지도 수많은 과정을 거쳐야 했는데 모든 것이 무의미해진다는 것이 허망하고 억울했다. 그런 생각이 한참 흐른 후에야 '죽을 수도 있겠다.'라는 생각이 찾아왔다. 죽을 수 있다는 것은 또 다른 커다란 충격이었다. 그 후로 '내가 죽을 수 있는 건가?'라는 생각만 했다.

그 와중에서도 1시간여의 건강검진을 모두 마쳤다. 나는 출근을 위해 지하철을 타러 갔다. 그때는 세상이 온통 검은 흙빛으로 보였다.

3

절망 앞에서 삶의 불꽃이 활활 타오르다

이렇게 생을 마감할 수는 없다

'나의 인생을 이렇게 마감할 수 없다.'

다급하게 의대 친구에게 전화를 걸었다. 회사에 거의 다 와서야 삶에 대한 강한 의지가 살아났다. 나는 정확한 정보를 알고 싶었고 당장 도움을 구할 곳을 찾아야 했다. 다행히 내게는 의대 시절 함께했던 친구들이 있었다.

"어. 영욱아, 오랜만이다."

나는 안부 인사를 하고 병원에 다녀온 이야기를 꺼냈다. 친구는 나의 동기이자 영상의학과 전문의였다. 내가 본 것을 그대로 이야기했다. 친구는 몇 초간 말이 없었다.

"말하기 조심스럽지만 그리고 정확한 검사를 해봐야겠지만 암은 맞는 거 같다. 얼른 병원 예약부터 해라." 나는 대형 병원의 내과 외래 진료 예약을 했다. 다행히 바로 월요일 오후 시간에 진료 예약을 할 수 있었다. 그리고 두려운 마음으로 건강검진 때 했던 대장내시경 결과를 CD로 받았다. 내가 중병에 걸렸다는 마음에 두렵고 힘든 시간이 시작됐다.

공포는 홀로 있을 때 더 크게 다가왔다. 나는 금요일 퇴근해 집에 가서 월요일 오후 병원에 가기까지 주말을 홀로 보냈고 월요일 오전에는 회사를 들러 업무도 보았다. 주말 이틀은 그야말로 숨이 막히는 시간이었다. 죽음의 공포와 삶에의 의지가 모두 엄청난 크기로 덮쳐왔다. 부모님께도 소식을 전하지 못하고 끙끙거리며 시간을 보냈다.

월요일 아침 나는 출근하자마자 급하게 업무 처리를 한 후 병원으로 향했다. 팀원들에게는 몸이 좋지 않아 당분간 회사를 못 나올 것 같다고 이야기했다. 지금까지 하던 대로만 하면 일에 큰 지장은 없을 거라고 당부했다. 그때까지만 해도 막연하게나마 병이 나으면 회사로 돌아올 것으로 생각했다. 그러나 그 후 나는 회사로 돌아가지 않았다. 그날이 몇몇 팀원들과는 마지막 인사가 됐다.

오후 2시가 다 돼서 내과 외래 진료를 받았다. 의사는 검진센터의 내시경 사진을 이리저리 살펴보더니 상태가 심각하다고 보고 바로 입원해서 정밀검사를 해보자고 했다. 사실 종양의 크기와 검진센터 의사의 소견상 입원 치료는 예상했던 것이다. 회사에 전화를 걸어 사나흘 못 갈 것 같으니 업무에 차질이 없도록 해달라고 부탁했다.

병실로 안내를 받고 환자복까지 갈아입으니 영락없는 환자 같았다. 혼자 병실에 앉아 있으니 또다시 공포와 두려움이 밀려와 나를 삼킬 것만 같았다. 다행히도 저녁부터 각종 검사가 시작돼 몸이 분주해졌다. CT, MRI, 대장내시경, 항문검사 등등 대장암 관련 검사들이 빠르게 진행됐다. 금식한 상태로 병원 이곳저곳을 다녔더니 금세 기력이 빠졌다. 암이어도 잠은 쏟아졌다.

화요일 아침 회진 때 의사는 검사 내용에 대해 자세히 설명해주었다. 그리고 다음 날인 수요일 오전에 나의 상태, 치료 방법, 고려 사항, 우려할 점 등등 긴 설명을 들을 수 있었다.

"환자분의 나이가 젊어서 고민이 많습니다. 직장에 큰 암세포가 있는데 항문과 너무 가깝습니다. 3센티미터도 안 되는 거리에 있어서 문제입니다. 수술하면서 상황을 봐야겠지만 영구적으로 인공항문을 써야 할 수도 있습니다. 그리고 종양이 생각보다 커서 혹시나 전립선 쪽으로 전이가 되지 않았는지 확인하는 중입니다. 치료 상황에 따라 성적으로 기능 불구 가능성도 없지 않습니다."

나도 항문을 잘라내면 장루(똥주머니)를 달고 다녀야 한다는 것은 잘 알고 있었다. 인공항문에 일종의 호수를 연결해 장루를 다는 것이다. 이걸 평생 하고 살아야 한다니 눈앞이 캄캄했다. 암만 치료하면 되겠거니 했는데 큰 걱정 하나가 더 얹혔다.

의사는 정밀검사 중이므로 상황을 조금 더 지켜보자고 했다. 모든 상황을 종합해볼 때 악조건이었다. 일단 나로서는 대변 주머니를 달고 다니며 사회생활을 한다는 것이 불가능해 보였다. 내게 사회생활이 없는 삶은 의미가 없었다. 게다가 겪을 수 있는 문제 그리고 부작용이 몇 가지 더 있었다. '내 삶이 어쩌다 이렇게 됐나…….' 한숨만 나왔다.

며칠 후 의사는 "7월 초에 수술합시다."라고 했다. 수술 결과가 어떻게 나올지는 사실 누구도 장담할 수 없다. '만일 모든 나쁜 결과가 현실화된다면 나는 과연 살아갈 수 있을까?' 약한 마음이 들었고 순간 온몸의 기운이 빠져나가는 것 같았다. 어찌어찌 하루가 가고 병실 불이 꺼졌을 때 나는 참았던 눈물을 흘렸다. 도전, 삶에 대한 애착, 성취, 가능성, 미래……. 이런 단어는 떠오르지 않았다. 그저 지금의 상황이 너무나 한탄스러웠다. 잠도 오지 않아 원 없이 눈물을 흘렸다.

간병인 침대에는 어머니가 누워계셨다. 평소와 다른 아들의 목소리를 듣고 바로 병원으로 달려왔다. 어머니는 암이라는 병명을 듣고 놀랐겠지만 크게 내색하지는 않았다. 내가 기운이 빠질까 염려를 했던 것인지, 아니면 말이 씨가 돼 자칫 안 좋은 일이 벌어질까 걱정을 했던 것인지 모르겠다. 어머니는 전과 같이 밝고 쾌활했다. 문제는 갑자기 절망에 빠진 나였다.

그때까지 나는 주변에 중병 걸린 사람이 없었다. 나는 항상 바쁘게 움직이는 사람들 속에 있었다. 사람들은 바쁘게 자신의 삶을 살아갔다. 도전하고 실패하고 다시 도전하는 것이 일상이었다. 나는 오로지 병마와 싸우느라 시간을 보내는 사람들을 보지 못했다. 아픈 사람을 어떻게 위로해야 하는지 몰랐다. 마찬가지로 아픈 상황에서는 어떻게 마음을 다잡아야 하는지 알지 못했다.

수술 날짜가 다가올수록 나의 마음에는 기대보다는 절망이 더 커졌다. 그리고 수술 전날에는 완연한 암 환자의 상태가 돼 버렸다. 멘탈이 무너지면서 나의 눈물은 통곡에 가깝게 변했다. 아버지와 통화하면서 치료가 잘돼서 건강해지고 싶다고 그동안 효도하지 못해서 너무 죄송하다고 말하다가 펑펑 울고 말았다. 복도에 나가 우는 나를 어머니가 보지는 않았을까 지금도 걱정이 된다. 언제나 든든한 후원자였던 부모님께 그때만큼 큰 불효를 한 적은 없었던 것 같다.

7월의 첫 주에 나는 수술을 받기로 했다. 내시경 수술로는 도저히 안 되겠다는 이야기를 의료진에게서 듣고 어머니도 나도 마음을 다 잡았다. 당시 나의 바람은 인공항문 없이 수술을 마치는 것이었다. 만일 죽음이 목전에 있다면 평생 장루(똥주머니)를 보면서 사는 것도 마다하지 않겠다. 그렇지만 그럼에도 아직 젊은 나로서는 장루만큼은 피하고 싶었다.

아침 8시쯤 수술실에서 연락이 왔고 바퀴 달린 이동 침대에 누웠다. 나는 병동에서 엘리베이터를 타고 수술 구역으로 이동해야 했다. 마지막에 어머니와 인사를 했다. 침대에 누워서 꽤 먼 거리를 이동했다. 그렇게 수많은 수술실을 지나쳐 수술방으로 갔다. 그때 낯선 어딘가로 끌려가는 듯한 공포감이 밀려왔다.

수술대에서는 개인정보를 확인하고 신체를 고정하는 작업이 이루어졌다. 의사들의 얼굴이 보였고 그 과정 또한 너무나 무서웠다. 생애 처음으로 받는 수술이었다. 나의 병은 누구나 인정하는 중병이었다. 불안과 공포 속에서 나는 마취과 선생님과의 대화를 끝으로 정신을 잃었다.

수술실에서 창업을 준비하다

회복실은 상상외로 엄청 추웠다. 5시간이나 수술실에 머물다 나와서인 것 같았다. 정신을 차렸을 때는 추위와 함께 온몸에서 통증이 느껴졌다. 하지만 어쩐 일인지 몸을 제대로 움직일 수가 없었다. 내가 가장 먼저 궁금했던 것은 장루가 달려 있느냐는 것이었다. 직접 손으로 몸을 더듬을 수가 없어서 간호사를 불러 작은 목소리로 물어보았다.

"네. 장루 있습니다."

나는 절망 속에서 눈을 찔끔 감았다. '또 다른 시련이 시작됐구나.' 마음이 무거워지자 몸은 더 천근만근이 됐다. 회복실에서 1시간 정도 있다가 입원실로 이동됐다. 그 사이에도 추위가 가시지 않았다. 온몸을 덜덜 떨었고 약간의 발작까지 동반됐다. 어머니는 나의 상태를 보고 혈액순환이 잘되도록 온몸을 주물렀다. 시간이 지나면서 추위가 가시고 통증도 가셨다. 하지만 마음에 얹어진 돌은 가시지 않았다. 정신이 또렷해질수록 평생 장루를 달고 살아야 한다는 절망감이 더 커졌다.

'이제 정상적인 사회생활은 힘들겠구나. 무엇을 하고 살아야 하나?'

삼성과 씨젠에서 어려운 문제들을 해결하며 실력을 발휘하던 날들이 떠올랐다. 반전에 반전을 거듭하며 성공 가도를 달리고 있다는 흥분에 휩싸였던 것이 불과 몇 주 전이었다. 그런데 갑자기 평생 인공항문을 달고 살아야 하는 처지가 되니 슬프고 고통스러웠다. 그런데 마음 상태와 달리 몸 상태는 하루가 다르게 좋아졌다. 젊은 나이라서 그런지 아주 빠르게 호전됐고 의사와 간호사 모두 놀랄 정도였다. 나를 수술한 의사는 매일 회진을 돌며 나를 살폈고 수술 후 3일이 됐을 때 예상치 못한 이야기를 꺼냈다.

"회복 속도가 너무 빨라서 인공항문 복원 수술을 다음 주에 해도 되겠습니다."

나는 새로운 삶이 시작되는 것 같은 기쁨을 느꼈다. 고작 3일 사이에 지옥과 천당을 오가는 희귀한 경험을 한 셈이다. 이야기를 들으니 조직검사 결과도 대장암 1기로 나왔다고 했다. 보통 전이가 없는 상태의 암 환자는 암을 떼어 내는 수술을 받게 된다. 그다음 암 조직을 정밀검사해서 암에 대한 정확한 진단을 내리게 된다. 보통 수술 후 정밀검사 결과가 나오기까지 짧게는 사나흘에서 길게는 일주일이 걸린다. 나의 경우 예상보다 빨리 검사 결과가 나왔는데 암세포가 점막을 파고드는 수준의 1기였다고 한다. 암 덩어리가 그렇게 컸음에도 점막을 뚫지 않은 것은 정말 기적 같은 일이었다. 한편으로는 몇 개월 혹은 몇 주만 늦었어도 치료가 간단하지는 않았으리라는 것을 알 수 있었다.

당시 정상적인 사회생활이 가능하다는 것은 너무나 기쁜 소식이었다. 덕분에 짧은 절망의 시간을 마감하고 다시 희망의 시간으로 돌아올 수 있었다. 나는 담당의사의 항문 복원 수술이 가능하다는 이야기를 듣고 바로 노트북을 켰다. 그때 떠오른 것은 딱 하나였다.

'이제 정말 내가 원하는 창업을 해야겠다.'

나는 사업계획서를 써나가기 시작했다. 창업은 내가 떠올린 '죽기 전에 꼭 해보고 싶은 일'이었다. 미국의 대학원 과정에서부터 기술 창업 생각을 하고 있었다. 당시는 세계 최초로 발명한 나의 미생물막 기술을 바탕으로 창업을 하면 좋겠다고 막연하게 생각했다. 그러나 '언젠가는'이라는 희망은 늘 품고 있었다. '아직 준비되지 않았다.'라는 자기 평가 때문에 여러 번 망설이고 있었지만 지금은 달랐다. 지금까지의 경험이면 충분하다고 생각했다. 나는 해볼 수 있는 만큼 열심히 했으므로 미련도 두려움도 없었다. 당당히 창업가의 길로 들어서기로 했다.

지금 간절히 하고 싶은 것을 하라

수술 3일 차에 나는 노트북을 켜고 창업기획서를 써 내려가기 시작했다. 하지만 온전히 사회로 복귀하기까지는 상당한 시간이 걸렸다. 내게는 크나큰 고통의 시간이었다. 사업계획서는 1주일 만에 마무리됐다. 나는 어느 때보다 기뻤고 활력이 넘쳤다. 박사과정 시절 수많은 논문 작성 이력, 발표 경험, 삼성과 씨젠에서 실무진들을 앞에 두고 했던 수많은 보고와 발표 경력들은 나의 사업계획서에 그대로 녹아 들어갔다. 어머니와 병문안을 온 지인들 모두 그런 나를 놀란 눈으로 바라보았다. 다 죽어갈 줄 알았던 사람이 쌩쌩하게 노트북을 두드리고 있으니 당연한 일이었다.

인공항문에 해당하는 장루를 떼어 내는 두 번째 수술은 첫 번째 수술을 하고 일주일 후에 이루어졌다. 일반 환자는 1~2주 가까이 회복기를 거쳐야 진행하는 수술이었다. 그만큼 나의 회복은 빨랐고 의료진과 나는 곧 모든 치료가 끝나리라는 기대에 차 있었다. 수술실로 들어가며 어머니에게 V자를 그리며 인사를 했다. 두 번째 수술이라 두렵지 않았다. 회복실에서 눈을 떴을 때는 통증도 추위도 예상했던 대로였다. 추위는 견딜 만했다. 그런데 통증은 이상하게도 첫 수술 때보다 더했다. 정신도 몽롱했다.

나는 그래도 왼쪽 아랫배에 있던 장루가 없어지고 봉합수술이 마무리됐다는 것은 너무나 좋았다. 그러나 불길한 기운은 이틀째에도 가시지 않았다. 전에 없이 침대에서 일어나기가 힘들었다. 어머니는 1주일 사이로 두 번이나 전신마취를 했으니 기운이 없는 건 당연하다고 했다. 나도 체력적으로 많이 소진된 기분이었다. 조금만 움직여도 쉽게 지쳤다. 다음날이 되자 조금의 기운을 차리기는 했지만 똑바로 서서 걷는 것은 무리였다. 그래도 회복하려면 더 움직여야 했으므로 구부정한 자세로 삐뚤삐뚤 걸었다.

사나흘이 지나도 통증이 사라지지 않아 병원에서 경과를 더 살필까 고민했다. 하지만 한 달 가까이 병원에 있는 것이 너무나 갑갑하게 느껴졌다. 나는 나대로 장루를 떼어 내고 일상으로 복귀할 생각에 들떠 있었고 어머니도 슬슬 병간호가 마무리돼 간다는 생각에 즐거워 보였다. 무엇보다 나는 마무리된 사업기획서를 들고 누구라도 만나보고 싶었다. 드디어 담당의사에게 퇴원해도 된다는 이야기를 들었다. 한 달 만에 병원 밖으로 나갔다.

퇴원 후 집에서 홀로 주기적으로 수술 상처 부위를 소독했다. 그런데 며칠이 지난 밤부터 상처에서 고름이 삐져나왔다. 누르면 누를수록 양이 많았다. 직감적으로 '뭔가 잘못됐다.'라는 느낌을 받았다. 내 박사학위 주제였던 미생물막이 내 몸 안에서 자라고 있었다. 미생물막은 상처를 곪게 하고 고름을 만들었다. 다음날 나는 상처 부위의 외래진료를 받았고 집중 치료를 위해 다시 입원 절차를 밟았다. 입원 후 장루를 소독하고 재봉합하는 과정을 거쳐야 했다.

살면서 육체적으로 가장 고통스러운 기억이 그때 만들어졌다. 현대 의학이 아무리 발달했다고 해도 곪은 상처를 낫게 하는 방법은 없다. 상처를 깨끗이 소독하고 새살이 돋기를 기다려야 한다. 나는 하루에도 몇 번씩 곪은 상처를 벌리고 물리적으로 상처를 닦아내는 고통의 시간을 견뎌야 했다. 진통제도 소용이 없는 그 시간은 하루에 4번씩 찾아왔고 2주나 계속됐다.

나는 극심한 고통 속에 있으면서도 신기하게 '열심히 살고 싶다.'라는 강한 열망을 느꼈다. 옛날에 한 교수에게 "사람은 마음이 힘들어지면 죽고 싶어지고 몸이 힘들어지면 살고 싶어진다."라는 말을 들었던 기억이 났다. 나는 정말 살고 싶었다. 내가 하고 싶은 일을 하면서 너무도 잘 살고 싶었다. 이미 암이라는 절망적인 상황과 대면하고 극심한 고통을 겪으며 '나의 꿈을 향해 나아가야 한다.'라는 강력한 사인을 받았다. 간절히 바랐으나 여러 가지 이유로 모른 척했던, 그래서 마지막 순간에 '했어야 했는데······.'라고 후회할 법한 그것을 마침내 하기로 했다. 이제 누구보다 열심히 앞으로 나가야 할 때였다. 비록 몸은 매일 매일의 고통 속에서 몸부림치지만 어느 때보다 정신은 또렷해졌다.

'내게 기회가 왔다.'

죽지 않은 사람은 살게 된다. 나는 봉합 부위가 아물어갈 때쯤 담당의사와 상의 후 잠깐 외출 허가를 받고 회사로 갔다. 사표를 제출하기 위해서였다. 병원에서 사업계획서를 쓸 때부터 예견된 순서였고 구두상으로 이미 마무리가 된 상황이었다. 그러나 회사로 향하는 마음이 착잡했다. 정든 팀원들과 헤어지는 것은 너무 아쉬운 일이었다. 병실로 돌아온 나는 '2019년 7월' 달력을 뗐다. 7월은 암 수술과 퇴사 후 실직. 그렇게 7월 한 달이 갔다. 대장암 제거 수술을 받고 2년 반 동안 몸담았던 회사도 그만둔 것이 불과 한 달 사이의 일이라는 게 믿기지 않았다. 백수가 됐지만 두렵지는 않았다.

8월 더위가 한창일 때 마지막 퇴원을 했다. 횟수로 세 번째 퇴원이었다. 아문 상처를 확인하는 것만큼 새로운 시작을 위한 준비를 마쳤다는 사실이 기뻤다. 몸도 마음도 홀가분했다. 몸무게도 입원 전보다 10킬로그램이나 빠져 있었다. 전에 없이 가벼웠다.

부모님은 당분간은 요양이 필요하다며 포항으로 내려오라 했다.

사실 누가 봐도 병색이 완연한 상태였다. 부모님 집에서 길게 요양할 생각이었다. 처음 며칠은 집 밖으로 나오지도 못했다. 일주일쯤 지나자 아버지와 함께 바닷가를 걸을 수 있을 정도로 나아졌다.

아버지는 "너무 짧은 시간에 너무 많은 일이 일어났어."라고 말했다. 병과 싸우고 갑작스레 회사를 그만둔 내가 잘못된 길로 빠지게 될까 염려했다. 나는 괜찮다고 짧게 말했다. 실제 나는 밝은 미래가 기다리고 있다고 믿었고 잘해낼 수 있으리라 자신했다. 열흘을 기점으로 일하지 않고 보내는 시간을 견디기가 어려워졌다. 나는 요양보다 창업이 필요한 시점이라고 부모님을 설득하고 다시 서울로 올라왔다.

2019년 9월 2일 드디어 내 사업을 시작했다. 회사명은 '프록시헬스케어'로 정했다. 프록시$_{proxi}$란 '접근이 용이하다$_{proximity}$'의 의미를 담고 있다. 고객들이 건강관리를 쉽게 할 수 있는 제품을 만들겠다는 포부를 담았다. 손수 받아온 사업자등록증이 박사학위증만큼 값있어 보였다.

앞서 이야기한 대로 나는 두렵지 않았다. 사실 창업에 대한 두려움은 전 직장에서 이미 사라져 버렸다. 삼성전기를 나왔을 때는 대기업에서 일한 경력으로 무슨 창업을 하겠나 생각했다. 하지만 중소기업에서 2년 반 맨땅에 헤딩하기로 일을 진행해보니 '해보니 별거 아니네.' 하는 자신감이 붙었다. 무엇보다 나는 '죽음도 빗겨 간' 행운의 사나이였다. '더는 잃을 것도 없다.'라고 할 정도의 절망과 대면하고 나니 현재를 생명력 있게 살아야 한다는 의지가 솟아올랐다. 가야 할 길이 또렷하게 보였다. 당당하게 가야 한다는 확신도 들었다. 남은 것은 생각대로 행동하는 것뿐이었다.

3부
비밀은 없다

Persistent Life

1장
무모하고 미련해도 괜찮다

1
0과 1의 차이!

마중물이 없으면 샘물도 없다

"창업 자금은 얼마였습니까?"

스타트업 창업 만 2년이 넘어가면서 다양한 주제의 여러 질문을 받았다. 그중 '창업 자금'은 실제 창업을 하려는 사람들이 가장 궁금해하는 것 중 하나다. 공식적으로 내가 준비한 자본금(주식 발행 비용)은 7,500만 원이었다. 법인 자금으로 들어갔고 실제 사무실 운용비로 쓰였다. 그러나 엄밀하게 내가 카운트하는 '최초의 창업 자금'은 따로 있다.

창업 시점으로부터 약 2년 전인 2016년에 창업을 위한 최초의 지출을 했다. 변리사에게 '특허 출원'을 위해 지급한 180만 원이었다.

작다면 작고 크다면 큰돈이다. 나는 그 돈으로 미생물막을 제거하는 '트로마츠'라는 기술의 원천 특허를 소유하게 됐다. 특허 출원 비용은 일종의 마중물이었다. 덕분에 나는 지금 프록시헬스케어라는 샘물을 원 없이 끌어올릴 수 있게 됐다.

2015년 9월 『네이처』의 자매지에 첫 번째 논문이 게재되고 후속 논문 3편이 연이어 게재됐다. 불과 5개월 사이인 2016년 2월까지 모든 논문이 출간됐다. 우연인지 필연인지 당시 나는 삼성전기에서 나름의 '격동기'를 보내고 있었다. 첫 논문이 게재될 때만 해도 나는 새로운 크리스털 칩 개발자로 우리 팀의 도약기를 이끌 것으로 확신했다. 하지만 마지막 논문이 게재될 시점에는 팀이 구조조정으로 해체됐고 새로운 길을 모색해야 했다. 조직에 대한 깊은 회의가 찾아왔고 언제가 됐든 '의사결정하는 사람이 되자.'라는 포부까지 품게 됐다. 언제가 될지 모를 그날을 위해 뭐라도 준비해야 한다는 다짐으로 특허 출원까지 진행하게 됐다.

미국에서 연구하던 시절부터 나는 '미생물막 제거 기술'이 완성만 된다면 그 실용성은 상상을 초월할 것으로 기대했다. 막연하게 언젠가는 이 기술로 고객에게 사랑받는 제품을 만들어 직접 사업을 해보겠다는 생각도 했다. 그러나 논문 게재가 수년간 좌절되면서 기술 창업에 대해서 이렇다 할 아이디어를 진척시키지 못했다. '게재 가능 논문을 쓰는 일'은 당장 내 발등에 떨어진 불이었다. 그러다 4년 만에 불쑥 논문 게재가 이루어졌다. 그 후 나는 다음 스텝을 고민하게 됐다. 그러나 근 1년 가까이 아무런 일도 벌이지 못했다. 해를 넘기고 나서야 변리사 친구들에게 전화를 걸었다. 다행히 서울대학교 전기공학부 동문 중에 특허 출원 쪽으로 유명한 변리사들이 많았다. 동문 할인까지 받아서 특허 출원을 위해 지출한 비용이 180만 원이었다.

앞서 나는 특허 출현이 '우연인 듯 필연인 듯'이라고 표현했다. 하지만 사실 우연보다는 필연에 가깝다고 생각한다. 이유는 두 가지이다. 첫째는 앞서 이야기한 대로 특허 출원을 결정하게 된 시점이다. 기술 논문은 학술지 게재 후 1년 안에 특허 신청을 하면 특허권을 보장해준다. 2015년 9월 23일 논문이 나갔다면 2016년 9월 22일까지는 특허 신청을 해야 한다. 처음 논문이 게재됐을 때 나는 그 자체로 너무 감격에 찼다. 전자공학 분야뿐만 아니라 바이오 분야에서도 나의 연구 내용을 인정해준다는 것이 기뻤다.

삼성전기 내에서도 축하 인사를 많이 받았다. 하지만 당시 나는 바로 특허 출원을 하지 못했다. 팀 내 해야 할 연구가 산더미 같았던 시절이고 눈만 떴다 감은 것 같은데 몇 주가 휙휙 지나갔다. 상황이 그러다 보니 논문 게재는 큰 사건이었으나 일상에서는 큰 영향력을 미치지 못했다. 얼마 지나니 하나의 이벤트쯤으로 느껴지기도 했다. 그러다 시간이 흘러 팀은 해체되고 의지와 무관하게 전배 인사가 떨어지면서 나는 새로운 길을 모색해야 한다는 생각을 강하게 갖게 됐다.

결과적으로 내가 트로마츠 기술 특허 출원을 한 시기는 '삼성전기를 퇴사해야겠다.'라는 결심을 굳힌 때였고 논문 게재 시점을 놓고 보자면 거의 1년이 다 돼 가던 때였다. 간발의 차이로 나는 기간 내 특허 출원을 마칠 수 있었다. 보통 기술 특허는 출원 이후 약 1년 반

뒤에 등록이 된다. 프록시헬스케어의 '미생물막 제거 기술'인 트로마츠 원천기술은 2018년 2월 말이 돼서 특허로 등록됐다.

둘째는 첫 번째 논문의 게재 시점이다. 몇 번 강조한 대로 나의 논문 게재는 시간과의 싸움이었다. 수정과 기다림의 시간이 4년이나 됐다. 그사이 나는 박사학위를 받았고 한국으로 들어와 직장생활을 시작했다. 그런데 여기서 '필연'의 기운이 다시 한번 느껴진다. 보통 박사학위 과정 연구자들은 자신이 제1 저자로 논문을 게재하더라도 관련 기술에 대한 특허 신청을 할 수 없다. 학위과정 중의 연구 성과는 대학에 귀속되기 때문이다. 따라서 만일 내가 어떤 허들도 없이 첫 번째 논문을 완성 시점에서 게재했다면 트로마츠 원천기술은 김영욱 개인의 것이 아니라 메릴랜드대학교에 귀속됐을 것이다. 그런데 거절의 거절을 당하며 논문을 쓰고 고치며 4년이 흘러가 버린 덕에 나는 대학 소속 연구자가 아닌 사회인이 돼 있었다. 당시 논문 게재 허가가 그렇게 늦어졌던 것은 달리 보면 트로마츠 기술의 원천 특허소유권을 나에게 주기 위해서였다. 결과적으로 그래서 나는 개인 명의의 기술 특허를 가진 창업자가 될 수 있었기 때문이다.

많은 창업자가 '기술 창업'을 매우 부러워한다. 차별적 경쟁 우위가 있다는 것은 큰 장점이 아닐 수 없다. 특히 이공계 연구자들은 기술의 중요성을 아는 만큼 특허 사용의 중요성도 잘 안다. 그러나 나는 기술적 우위를 차지할 수 있는 특허가 있고 없고보다 '마중물'을 부을 줄 아는 자와 그렇지 못한 자의 차이가 더 크다고 생각한다. 남들보다 한발 앞서기 위해서는 그만큼 빨리 움직여야 한다. 움직이는 것은 실행이다. 우물쭈물 시간만 보내는 것은 창업자에게는 최악의 상황이다.

나는 마중물을 부을 줄 아는 자와 그렇지 못한 자의 차이를 0과 1의 차이에 비유한다. 숫자로 보자면 고작 1의 차이다. 하지만 아무것도 없는 것과 무언가라도 있는 것은 하늘과 땅만큼 큰 차이를 갖는다. 창업은 하는 것이다. 저질러야 한다. 뭔가를 저지르고 나면 의외로 다음으로 가는 길이 수월하게 열린다.

내가 생각하는 사업의 시작은 그 일을 위해 '돈을 쓰는 순간'이다. 따라서 내게 있어 최초의 창업 자금은 180만 원이다. 실제 창업보다 약 3년 앞선 그때 그 돈을 쓰지 않았다면 지금까지 아무것도 이루지 못했을 것이다. 사실 특허 출원할 당시 180만 원은 내게 절대 적은 돈이 아니었다. 미래를 위한 투자라는 생각과 언젠가는 꼭 쓸 날이 올 것이라 믿음 때문에 돈을 쓸 수 있었다. 그렇게 내 사업의 신호탄이 쏘아 올려졌다.

외롭고 처절하며 너절한 일의 끝에 성공이 있다

2019년의 대한민국은 스티브 잡스가 애플을 만들 때나 제임스 다이슨이 다이슨을 만들 때처럼 열악하지 않았다. 덕분에 나도 차고에서 창업하지는 않아도 됐다. 많은 창업 지원 프로그램이 있었고 스타트업들이 이를 활용해 날개를 펼치고 있었다. 나 역시 그 무리 중 하나로 들어가기로 했다.

　나는 여러 창업경진대회에 응모했고 수상도 했다. 대학원과 회사에서 익힌 프레젠테이션 스킬이 큰 도움이 됐다. 덕분에 초창기에는 사무실 유지에 비용이 거의 들지 않았고 막대한 연구비와 숨만 쉬어도 들어가는 고정비도 지원금(융자)으로 해결할 수 있었다.

　2019년 9월 프록시헬스케어의 첫 사무실은 마포구 공덕역 인근에 있는 서울창업허브였다. 10평 정도의 작은 공간이었지만 책상을 배치하고 노트북을 놓고 일하는 것이 꽤 즐거웠다. 사실 당시 나는 창업에 관해 충분한 자료조사를 하지 않았다. 스타트업을 꿈꾸는 많은 예비 창업자들이 자료조사에 상당한 공을 들이는 데 비해 나는 '일단 부딪치고 해보자.'라는 생각이 강했다. 실무에는 능했지만 '창업자 마인드'라는 것에는 특별한 관심이 없었다. 그런 것이 꼭 필요하다는 생각도 없었다. 덕분에 혹독한 시행착오를 겪어야 했다. 이 부분은 뒤에 덧붙이도록 하겠다.

　나는 사업자등록을 하기 전부터 '무엇'을 만들지 알고 있었다. '미생물막 제거 기술'을 발명한 순간부터 가장 현실적인 제품은 '칫솔'이라고 생각했다. 이제 만들기만 하면 됐다. 칫솔은 투자의 현실성, 실험 가능성, 기업의 성장성, 시장 크기 등을 고려할 때 가장 적합한 제품이었다.

　'시제품을 어떻게 만들 것인가?'를 고민할 때 연구 인력 채용과 회사 시스템 구축이라는 현실적인 문제를 해결해야 했다. 비로소 '나는 어떤 기업을 만들고 싶은가?'를 진지하게 고민해보게 됐다. 1을 해내지 않으면 2나 3은 크게 신경 쓰지 않는 성격 때문에 0의 단계에서 해야 할 고민을 놓치고 있는 것은 아닌가 반성도 해보았다.

'기업의 비전이란 무엇인가?'

나는 자본금, 인재 채용, 시스템 구축 등 구체적인 실무를 해나가면서 추상적이지만 중요한 문제도 함께 고민하기 시작했다. 그때 영국의 국민기업 다이슨을 다시 보게 됐다. 다이슨은 영국 기업으로 '일상의 문제를 해결하는 기술'을 경영 철학으로 삼고 있었다. 창립자인 제임스 다이슨은 엔지니어링 회사 출신으로 1979년 자신의 집에서 청소기 개발에 들어갔다. 무려 5년에 걸쳐 5,000여 개 시제품을 제작한 끝에 최초의 완성품이 나왔다. 세계적으로 다이슨의 청소기는 그 기능성과 심미성을 인정받고 있고 공기청정기와 헤어케어 등 위생 관련 제품 시장에서도 독보적 위치를 차지했다.

나는 다이슨의 성장 스토리를 접하며 프록시헬스케어도 다이슨 같은 기업이 돼야 한다고 생각했다. 이미 '칫솔'이라는 흔하디흔한 제품을 만들겠다고 결심한 순간부터 다이슨은 최적의 롤모델이었다. 그 후로 나는 언론사와의 인터뷰 기회가 생기면 "영국 다이슨이 '에어서큘레이션' 기술로 청소기와 선풍기 등 혁신적인 생활용품을 개발해 세계적인 기업으로 도약했듯이 프록시헬스케어도 끊임없는 생활용품 혁신으로 '한국판 다이슨'으로 발전하고 싶다는 이야기를 꺼내게 됐다.

다이슨 제품의 특징 중 하나는 상당히 비싼 프리미엄 제품인데도 고객 충성도가 매우 높다는 것이다. 청소기만 하더라도 LG와 삼성이 굳건히 자리를 지키고 있는 한국 시장에서도 10~20퍼센트의 시장 점유율을 나타내고 있다. 대부분이 100만 원 안팎의 고가 제품으로 프리미엄 시장에서 그 위용이 상당하다.

나는 프록시헬스케어도 고객에게 확실한 효용을 제공하는 원천 기술을 바탕으로 다양한 제품으로 확대해 고객의 높은 충성도를 끌어내는 기업으로 성장해야 한다는 로드맵을 그렸다. 덧붙여 '성공한 기업'뿐만 아니라 '문제를 멋지게 해결해 고객에게 사랑받는 기업'으로 성장해야 한다는 미래 비전도 세우게 됐다. 물론 거기까지 가는 길은 절대 순탄하지 않을 것이지만 말이다.

제임스 다이슨의 자서전 『계속해서 실패하라』의 번역자는 '옮긴이의 말'에서 '외롭고 처절하며 너절한 일'이라는 표현을 썼다. '누구나 남이 하지 못했던 일, 창의적인 일, 더 나아가 세상을 바꾸는 일을 하기를 원하지만 그 과정은 절망의 문턱까지 이어진 지루한 실패의 연속일 수 있다.'라는 설명을 붙여 있었다. 현재의 다이슨이 되기까지 창업자 제임스 다이슨을 포함해 얼마나 많은 사람의 피와 땀 그리고 눈물이 있었겠는가. 나아가 얼마나 많은 창업자가 그 힘든 길을 걸어가고 있는가를 잘 알려주는 대목이다.

당시 나는 옮긴이의 말에 깊이 공감하면서도 한편으로 '그럼에도 마다하지 않고 그 일을 하고 싶다.'라는 생각을 했다. 창업 당시 나는 회사를 차려서 하게 될 일이 '문제를 해결하는 일'이라고 생각했다. 그래서 자신이 있었다. 이미 나는 숱한 문제와 직면했고 대부분은 해결해냈다. 내가 맞닥뜨린 문제는 학위가 걸린 시험부터 가지 않는 차를 수리하는 일까지 다양했다.

미국에서 1,800달러짜리 중고차를 장만했을 때 일이다. 차는 크고 튼튼했지만 상태가 좋지 않았다. 잡음이 심했고 달릴 때는 브레이크 패드가 밀리면서 안정감이 떨어졌다. 불편함과 불안감이 모두 느껴졌다. 나는 즉시 자동차 매뉴얼을 사서 소음이 생길 만한 부분의 부품을 하나씩 교체해나갔다. 공업사에 맡길 수도 있었으나 주머니 사정이 열악한 상황이었으므로 셀프 수리가 최선이었다. 엔진 오일 교환만 해도 공업사에 맡기면 50달러이지만 셀프로 교체하면 절반가인 25달러 정도였다. 나는 주말마다 차를 수리했고 엔진오일도 합성유로 2개월마다 교체했다. 브레이크 패드도 모두 갈았다. 1년 정도 차를 몰았을 때는 소음이 거의 나지 않는 자동차가 됐다. 나는 자동차를 스스로 수리하는 데 재미가 들려버렸다. 유튜브까지 찾아보며 공부해 냉각수까지 교체할 수 있는 수준급 아마추어 정비사가 됐다.

누군가는 들어 올린 차 밑에서 검고 진득한 엔진 오일을 뒤집어쓴 나를 보고 "꼴사납게 무슨 짓이야?" 하고 면박을 주기도 했다. 하지만 사실 나는 당시 몹시 설렜다. 차를 고치는 것으로 스스로의 문제를 해결해가고 있으니 그 자체로 신이 났다. 내게 남의 훈수와 평가가 중요하지 않은 것은 물론이거니와 내가 뭔가를 해내고 있다는 데 깊은 보람과 환희를 느꼈다. 내게 창업 역시 그런 일이었다.

2021년 9월을 기점으로 프록시헬스케어는 창립 2주년을 맞았다. 물론 기업사에서 2년은 아주 짧은 기간이다. 그러나 그 짧은 기간 동안 여타 스타트업의 3~4배에 해당하는 강도 높은 성장통을 겪었고 성과를 만들어냈다. 보람과 환희는 말할 것도 없다. 그때나 지금이나 나는 '외롭고 처절하며 너절한' 이 일이 충분히 시도해볼 만한 값어치가 있는 일이라고 생각한다.

사업은 언제든 엎어질 수 있다

나는 어릴 때부터 금전출납부를 쓰면서 철저하게 돈 관리를 해왔으면서도 큰돈을 벌어 부자가 되겠다고 생각해보지는 못했다. 그 때문인지 돈은 '문제를 해결할 만큼'만 들어왔다. 신기하게도 법인을 세울 때 딱 필요한 만큼의 돈이 생겼다.

병원에서 창업계획서를 쓰면서 '자본금'에 대해 고민해보았다. 당장은 병원비가 나가는 상황이었으므로 어떻게 돈을 마련할 수 있을지 다소 암담했다. 그때 불현듯 귀국 후 우체국 보험을 2개나 들었던 것이 떠올랐다. 5년 동안 보험료를 냈으면서도 자동이체라 크게 신경 쓰지 않고 있었다. 병원에서 전화로 문의해보니 2개의 보험 모두 특약으로 암 진단비가 포함돼 있었다. 나는 안도의 한숨을 쉬었고 퇴원 후 서류를 접수했다.

며칠 후 은행 계좌로 무려 7,500만 원이라는 거금이 들어왔다. 그렇게 간단히 법인 설립 비용이 마련됐다. 어찌 보면 7,500만 원은 목숨과 맞바꾼 돈이었고 절대 허투루 쓸 수 없는 돈이었다. 그 후의 이야기이지만 당시 주치의는 내게 "4개월 정도만 늦었어도 치료가 굉장히 어려웠을 것입니다."라고 이야기했다. 젊을수록 암의 발전 속도가 빠른 만큼 치료 시기가 아주 중요했던 것이다. 그러한 암 투병 끝에 받은 보험금이 프록시헬스케어의 창업 자금으로 쓰였다. 당시 나는 그 돈을 가장 가치 있는 곳에 쓸 수 있게 된 것이 기뻤고 그래서 감사했다. 우연히 건강검진을 하게 된 것, 암 수술 후 창업 의지를 불태우게 된 것, 그리고 법인 설립에 필요한 자금을 마련한 것까지 뭔가가 예비된 듯 일이 진행됐다. 그 모든 과정에서 나는 운이 좋은 사람이라는 것을 또 한 번 느끼게 됐다.

사실 창업 자금 7,500만 원은 큰돈은 아니다. 요즘은 프랜차이즈 음식점 한 곳 차리는 데도 2~3억 원은 기본적으로 들어간다고 한다. 그러나 당시 나는 돈이 많지 않았고 그 이상의 큰돈이 필요하다고 생각하지도 않았다. 창업 당시 나의 계획은 '3개월만 버티자.'라는 것이었다. 그 후에는 투자금을 유치해서 사업을 진행하고자 했다. 뒷일이 어떻게 될지는 몰랐으나 병마와 힘겹게 싸운 후라 '돈 문제'가 크게 와 닿지 않았던 것도 같다.

어쨌든 나는 3개월 후를 준비해야 했다. 일단 법인 설립자금으로 연구개발비와 인건비 등을 충당하고 갖가지 정부 지원 프로그램에 응시하기로 했다. 손품과 발품은 단연 효과가 있었다. 나는 기회가 될 만한 곳은 문을 두드렸고 결과는 나쁘지 않았다. 2019년 9월 창업 후 3개월 동안 프록시헬스케어는 5개의 정부 지원 프로그램에서 좋은 결과를 얻었다. 이는 심리적으로 그리고 금전적으로 많은 도움이 됐다.

일례로 서울산업진흥원SBA에 기술상용화 지원 프로그램이 있다. 그 프로그램에 선정되면 5,000만 원을 지원받을 수 있다. 인건비와 개발비 등 사업 초기 전반에 필요한 곳에 지출이 가능한 돈이어서 스타트업에는 매우 유용한 기금이다. 나는 퇴원도 하기 전에 서류를 접수하고 9월에 대면 평가까지 마치며 최종 선정자가 됐다. 지원금은 칫솔에 들어가는 핵심 전자부품 모듈을 개발하는 데 요긴하게 쓰였다.

또한 창업경진대회는 상금은 크지 않지만 외부 검증을 거칠 좋은 기회가 된다. 부모님 집에서 요양 중일 때 지원서를 제출했고 서울에 돌아온 9월에 최종 데모데이에 참가하기도 했다. 당시 '혁신상'을 수상했는데 상금은 200만 원이었다. 금액 자체는 크지 않다고 해도 창업경진대회 결과는 마케팅에 큰 도움이 됐다. 경진대회 결과가 온오프라인 신문을 통해 기사화됐고 입소문이 나면서 프록시헬스케어를 알아보는 사람들이 늘어났다. 이렇다 할 제품도 매출도 없던 시절에 수상 이력은 팀 분위기를 돋우는 데도 도움이 됐다.

낮에는 시제품 연구를 하고 저녁이면 정부 지원 프로그램을 찾아보고 지원서를 쓰던 그 시절 하루는 뜻밖의 손님을 맞기도 했다. 전 직장에서 함께 일했던 K상무의 방문이었다. K상무는 나와 한 팀이 돼 해외 협력 업체 발굴에 함께 일하면서 출장을 다니며 친분을 쌓았고 인생 선배로서 사적으로도 많은 가르침을 주기도 했다.

창업 소식을 들은 K상무는 "김영욱이라는 사람이 하는 일이라면 무조건 함께하겠다."라며 투자 의사를 비쳤고 실제 며칠 내로 2,000만 원을 입금했다. 설립자금이 7,500만 원인 회사에 2,000만 원은 절대 적지 않은 돈이었다. 당시는 맨땅에 헤딩하기를 하던 시절이다. K상무의 믿음과 지지는 큰 도움이 됐다.

이렇게 K상무를 투자자로 모시게 된 나는 창업자 혹은 기업가로서 알아야 할 것들에 대해 많이 묻고 배웠다. 주식회사에 대한 개념, 투자를 받을 때 갖춰야 할 것들, 사업 초기 시스템 구축 등 적극적으로 아는 것들을 나눠 주었다.

어느 날은 투자 유치와 조직 구성 문제로 한참 머리가 아팠다. 코로나19로 세상이 어지러워지기 전이어서 K상무를 찾아가 속을 털어놓았다. 이야기를 듣던 K상무는 짤막한 당부의 말을 해주었다.

"김 대표, 사업은 언제든지 엎어질 수 있어. 사업은 그런 거야."

구구절절한 설명이 없어서 더 임팩트 있게 각인이 됐다. 그 후 나는 많은 현장에서 그 말의 진의를 파악하기 시작했다. 사업은 참으로 어려운 것이었다.

'어떤 일이든 시작을 하면 끝이 있다. 그리고 그사이에는 희로애락을 담은 위기와 시련이 있다. 어려움을 잘 헤쳐나가기 위해서는 준비해야 한다. 하지만 그럼에도 잘 안 되는 일이 생길 수 있다. 모든 일은 겪어야 하는 과정이다. 그러니 크게 기대하지 말고 크게 실망하지 마라!'

이 장문의 이치가 "사업은 언제든지 엎어질 수 있어." 짧은 한마디에 담겨 있었다.

사업 초기 K상무에게 들은 말들은 내게 일종의 예방접종 같은 것이었다. 미리 접종을 한다고 병을 온전히 피해가지는 못한다. 다만 경증으로 앓고 넘어가게 해줄 뿐이다. 나는 힘들고 어려운 시기에 K상무의 말을 떠올리며 넘겼다. 무모하고 미련했던 내게 꼭 필요한 말이었다고 생각한다.

2
혁신이란 이름으로 시작하다

변하지 않았던 것들을 바꾼다

"왜 흔하디흔한 칫솔입니까?"

지인이나 투자자 등을 만나 본격적으로 사업 이야기를 꺼낼 때 가장 먼저 듣게 되는 질문이다. 이때 나는 질문자에게 지금껏 한 번도 신경 쓰지 않았을 것을 묻는다.

"현대의 칫솔이 언제 처음 만들어졌을까요?"

우리는 삼시세끼가 당연하듯 칫솔질도 당연하게 생각한다. 그러나 인류의 역사를 놓고 보면 사실 칫솔 그리고 정기적인 양치질의 역사는 그리 길지 않다. 최초의 현대적인 칫솔은 1937년에 미국 섬유회사 듀폰에서 만들었다. 그전에도 칫솔이 없던 것은 아니었으나 수

십 세기 전 칫솔은 현대적 칫솔과 모양이 조금씩 달랐다. 1700년대 후반부터 현대와 비슷한 칫솔의 모양이 갖춰졌으나 높은 가격 때문에 귀족의 사치품 정도로 취급됐다. 현대에 들어와서도 코끼리뼈와 같은 단단한 손잡이에 돼지털이나 말털 등 천연소재를 한 올 한 올 박아서 칫솔의 형태를 만들어야 했다. 여전히 가격이 높아 대중적인 '생필품'으로 자리잡지 못했다.

그러다 1937년 듀폰이 '강철처럼 강하고 거미줄처럼 가는' 나일론을 개발하면서 현대와 같은 가늘고 풍성한 칫솔모가 장착된 칫솔을 대량생상할 수 있게 됐다. 양치질은 대중에게 '좋은 습관'으로 스며들었다. 듀폰은 칫솔을 팔아 막대한 돈을 벌어들였다. 칫솔의 효과는 대단했다. 각종 치과 질환을 예방할 수 있게 됐다. 칫솔은 미국 질병통제센터CDC가 뽑은 인간의 수명에 결정적 영향을 미친 '20세기 공중보건 분야 10대 업적' 중 하나(충치 예방)로 꼽히기도 했다. 실제 1900년 인류의 평균 수명이 47세에 그쳤으나 현재는 80세를 거뜬히 넘긴다. 30년 수명 연장의 원인 중에 각종 항생제 그리고 백신과 함께 칫솔도 당당히 이름을 올리고 있다.

"그렇다면 현대의 칫솔은 얼마나 효과적일까요?"

안타깝게도 한국의 1위 질병은 치은염과 치주질환(잇몸병)이다. 지금의 칫솔이 '여전히' 그리고 '충분히' 좋은 양치 도구인지 의문이 제기되는 부분이다. 약 100년간 우리의 생활방식과 식습관은 매우 많이 변화했다. 그러다 보니 입속 환경도 변화했다. 칫솔이 이러한 변화를 수용할 만큼 효과적으로 변화했는가 고민해볼 수밖에 없는 부분이다.

지금까지 나는 "칫솔질을 제대로 해서 충치가 생기지 않았고 잇몸병에 걸리지 않았다."라고 말하는 사람을 만나지 못했다. 요즘은 40대 이상에서는 임플란트 1~2개를 안 한 사람이 없고 1년에 몇 번씩 잇몸질환으로 치과를 방문하지 않은 사람이 없다. 나이가 어릴수록 치과 질환 발병률은 더 높다. 요즘 어린이들은 화려하고 자극적인 젤리와 사탕류에 쉽게 노출이 돼 '정기적인 치과 방문'이 필수다. 그러다 보니 부모들이 아이들의 치아 관리에 갖은 정성을 들인다. 그런데도 부모들은 충치와 잇몸병을 효과적으로 예방하지 못하고 있다. 그 이유는 무엇일까?

나는 당연하다고 생각하는 현대의 칫솔과 양치 습관을 돌아봐야 한다고 생각한다. 앞서 강조한 대로 현대의 칫솔 역사는 최소 90여 년이다. 그런데 그 긴 시간 동안 칫솔의 외관과 기능은 크게 달라진 것이 없다. 우리가 지난 90여 년간 한 일은 '올바른 양치질'을 교육하는 것뿐이었다. 요즘은 각 가정뿐만 아니라 어린이집, 유치원, 초등학교에서도 양치질 교육을 한다. 덕분에 치과를 찾는 환자들은 "양치질을 바르게 하지 않았네요."라는 핀잔을 듣기 일쑤고 환자 스스로도 이와 잇몸에 질병이 생기면 "칫솔질을 제대로 하지 않아서 그렇습니다."라고 스스로 진단한다. 최근에는 칫솔질을 위아래가 아니고 옆으로 하면서 치아와 잇몸이 마모돼 치아 시림증(지각 과민증)에 걸리는 환자도 늘고 있다.

세상은 빠르게 변하고 있다. 길에서 흔하게 보는 자동차만 해도 발명된 지 100년여 만에 휘발유에서 전기차 단계로 넘어가고 있고 에어컨, 청소기, 건조기 등 각종 생활 가전은 새로운 기능을 추가하거나 파격적인 디자인 변신을 꾀하고 있다. 그뿐만 아니라 인류를 구원할 수많은 발명품이 줄이어 나오고 있다. 그런데 유독 칫솔만 '변함없는 모습'을 유지했다. 사실은 나도 '칫솔'을 첫 번째 사업 아이템으로 정하고 나서야 '왜 그럴까?'라는 질문을 해보게 됐다. 내가 찾아낸 답이 '당연함의 늪'에 빠져 살고 있기 때문이다.

일상생활에서 루틴하게 하는 일의 경우 당연함의 정도는 매우 강하다. "왜 우리는 밤에 자는가?" "왜 하루에 식사를 3번 하는가?" "왜 이를 닦을 때 칫솔을 사용하는가?"라는 질문을 하면 대부분 "왜 당연한 것을 물어보냐?"는 반응을 보인다. 그것이 최선이라고 받아들이거나 이유를 고민하는 것이 귀찮기 때문이다.

일상생활의 루틴을 자세히 들여다보면 대부분 인체의 리듬과 관련이 있다는 것을 알 수 있다. 인간도 동물인지라 해가 뜨고 지는 것에 영향을 받아 잠을 자게 되고 장기의 활동 시간에 따라 식사 패턴이 잡힌다. 그러나 칫솔질은? 동물 중 칫솔질하는 것은 인간이 유일하다. 최근에는 반려동물의 칫솔질이 집사들의 중요한 일과가 됐다. 하지만 이건 매우 특이한 케이스이다.

왜 인간은 칫솔질을 해야 하는가? 의학 도서를 몇 권 뒤져보면 그 이유는 식습관과 매우 관련이 깊다. 연구 자료에서는 인간이 야생에서 채집 생활을 하던 시기에는 오히려 현대인만큼 이가 튼튼했다고 한다. 탄수화물, 특히 '당'이 풍부해진 식사를 하면서 입 안에 잔류물이 많이 남게 됐고 그게 충치를 일으키는 주범이 됐다. 이러한 식습관의 변화는 칫솔질을 통해 입 안의 잔류물을 제거해야 하는 과정을 필요로 하게 됐다. 그렇다면 다음 질문이다. 왜 우리는 현재 더 '완벽한' 칫솔을 사용하지 못하고 있는가? 혹은 입 안의 잔류물 혹은 충치를 일으키는 각종 물질을 제거하는 다른 방법을 찾아내지 못하고 있는가? 도돌이표 같은 이야기지만 현재의 칫솔질이 당연하다고 생각하고 더 나은 대안을 찾는 노력을 하지 않았기 때문이다.

나는 프록시헬스케어라는 회사에서 트로마츠라 기술을 통해 칫솔의 혁신을 이룰 수 있으리라 자신한다. 혁신이란 당연함 속에 자리 잡은 수많은 불합리함을 발견하고 제거하는 과정이다. 우리의 목표는 우리가 당연하다고 여기는 칫솔질의 문제점을 진단하고 근본적으로 해결하는 것이다.

"그런 것이 가능하겠는가?"

의문이 들 수 있을 것이다. 그러나 가능하다. 앞서 프록시헬스케어는 영국의 대표 기업 다이슨을 롤모델로 삼는다고 얘기했다. 다이슨의 여러 제품 중 '날개 없는 선풍기'는 대표적인 혁신 제품으로 꼽힌다. 날개 없는 선풍기는 2007년 시사주간지 『타임』이 선정한 올해의 발명품 중 하나이다. 기존 선풍기가 일으키는 안전 문제를 기술로 완전히 해소했다. 모두가 "그런 것이 가능하겠는가?"라고 물을 때 제임스 다이슨은 엔지니어뿐만 아니라 과학자와 물리학자를 동원해 4년여 만에 문제를 해결한 제품을 선보였다.

선풍기는 날개의 회전 방향에 따른 공기압의 차이를 발생시켜 원하는 방향으로 공기를 배출하는 전자기기이다. 자료를 찾아보면 1871년 재봉틀 회사에서 재봉틀의 모터에 팬을 장착해 천장에 단 것이 시초가 됐다. 이때부터 선풍기의 핵심 부품은 '모터'와 '날개'였다. 그러다 1904년에 스탠드형 선풍기가 만들어졌고 1910년대 가정용 선풍기가 선풍적인 인기를 끌기 시작했다. 이렇게 고착된 풍차 같은 모양의 선풍기가 대중화됐고 100년 이상 형태와 디자인을 고수해왔다. 칫솔만큼 오랜 기간 형태와 디자인 면에서 큰 변화가 없었다.

그런데 선풍기가 일반화될수록 날개에 손이 베이는 사고도 증가했다. 선풍기 회사들은 캡을 씌우고 망을 촘촘하게 하는 것으로 안전사고를 예방하려 했으나 항상 미흡한 수준이었다. 특히 어린아이는 요주의 고객이었다. 집집마다 여름이 되면 아이들과 선풍기를 떨어뜨려 놓으려 갖은 애를 써야 했다. 나 역시 어렸을 때 선풍기 꺼낼 때마다 어머니가 망을 씌우며 "절대 손가락을 넣어선 안 된다."라고 했던 것을 기억한다. 그런데 불과 10여 년 전 다이슨은 모두가 상식이라고 생각했던 것을 과감하게 깼다. 선풍기의 '날개'를 없앴고 여러 안전 문제를 해결했다. 2007년 상상할 수 없던 선풍기의 등장은 시장에 파란을 일으켰다.

각종 신문에서는 다이슨이 어떤 과학적 원리를 이용해 날개 없는 선풍기를 만들 수 있었는지 설명 기사가 실렸다. 바로 '베르누이의 원리'였다. 날개 없는 선풍기의 스탠드 안에는 팬과 모터가 숨어 있다. 이 팬과 모터가 주변의 공기를 빨아들여 스탠드에 있는 촘촘한 구멍으로 밀어 올려주는 것이 작동 원리이다. 그런데 작은 스탠드에서 강력한 바람을 일으키려면 다량의 공기를 흡입하는 과정이 필요하다. 이때 '유체의 속력이 증가하면 압력이 감소하고 속력이 감소하면 압력이 증가한다.'라는 베르누이의 원리가 적용된다. 모터를 통해 기압 차를 일으켜 짧은 시간에 많은 양의 공기의 흡입하고 이동시킬 수 있는 것이다. 제임스 다이슨은 약 4년의 시간을 들여 선풍기의 혁신을 이루었노라고 인터뷰했다. 나 역시 다이슨의 날개 없는 선풍기는 효율성과 심미성을 모두 갖춘 혁신 제품이라 생각한다.

이쯤 되면 내가 왜 다이슨 같은 기업을 만들고자 하는지 이해할 수 있을 것이다. 100년 넘게 변하지 않던 선풍기를 약 4년의 노력 끝에 혁신시킨 다이슨처럼 프록시헬스케어도 약 100년 동안 변하지 않던 칫솔을 혁신시키고자 한다. 그리고 엔지니어이자 경영자로서 나는 트로마츠 기술이야말로 현재의 칫솔이 가진 문제를 혁신적으로 바꿀 수 있는 기술이라고 자신한다.

이것이 내가 소위 말하는 '칫솔 장사'를 시작하게 된 이유이다.

"현재의 제품은 B급이다!"라는 말을 듣다

"가장 좋은 방법은 불편함을 관찰하는 것이다. 불편함이란 우리가 새로운 대안을 필요로 하는 순간을 뜻한다. 즉 문제를 해결할 색다른 방법을 원하는 것이다. 이것이 바로 세상에 없던 디자인을 창조해 낸다."

이노디자인의 김영세 대표가 한 말이다. 나는 새로운 기술 혹은 제품 역시 같은 지점에서 출발한다고 생각한다. 뭔가를 하고자 한다면 잘 볼 줄 알아야 한다. 문제를 발견할 수 있다면 해결 방법도 찾을 수 있다.

나는 '새로운 기술(트로마츠)'은 갖고 있었다. 그러나 그걸 어떤 제품으로 실현시킬 것인가는 다른 문제였다. 흔히 기술자는 기술도 개발하고 제품도 척척 만들어내는 '발명가'로 생각한다. 하지만 현실의 세계는 그렇지 않다. 하나의 기술을 새로운 제품으로 구현하는 일은 매우 전문적이고 어렵다. 기술 개발과 제품 생산은 일직선상으로 연결된 것처럼 보이지만 그 안을 들여다보면 업무도 완전히 다르다. 양쪽 모두 높은 전문성을 요구한다. 나는 프록스헬스케어를 세운 후 원천기술을 어떻게 제품화할 것인가를 고민하는 단계로 들어갔다. 소위 말하는 '제품 개발' 단계이다. 그리고 그 가장 첫 번째 업무로 칫솔질의 불편함을 관찰하는 일을 시작했다.

"기존 칫솔질은 무엇이 불편한가?"

우선 '힘'이 필요하다. 노약자가 할 수 없을 정도는 아니지만 어쨌든 물리적인 힘이 반드시 필요하다. 따라서 손을 사용하지 못할 수준의 장애가 있을 때 칫솔질은 매우 고난도의 작업이 된다. 다음으로 칫솔질의 형태가 효과에 아주 큰 영향을 미친다. 쉽게 말해 꼼꼼히 정교하게 충분히 닦아주어야 한다. 그렇지 않으면 '구석구석'에 끼어 있는 치태를 온전히 제거할 수 없다. 그런데 이게 여간 힘든 일이 아니다. 치과에서 가르쳐주는 '양치 교육'을 받는다고 해도 이를 실천하기가 매우 어렵다. 나 역시 치과에서 "힘을 살짝 주어 잇몸부터 이 끝까지 쓸어주듯이 위아래로" "한 치아당 10번 정도는 칫솔모가 닿을 수 있게" 칫솔질을 하라고 여러 번 들었다.

그러나 칫솔질은 늘 하던 대로 편한 대로 하고 말았다. 다음으로 '하루 3번, 식후 3분 이내, 3분 양치'와 같은 주기적이고 반복적인 노력이 필요하다. 이는 앞서 '올바른 양치법'을 익히는 것만큼이나 힘들고 어려운 일이다. 나 역시 '333 양치'를 실천하지 못했고 항상 치과 가기가 두려운 일반인이었다. 결과적으로 나는 칫솔질을 찬찬히 살펴보며 '그동안 이 귀찮고 힘든 걸 어떻게 하고 살았나?' 하는 생각이 들고 말았다. 그만큼 칫솔질은 우리에게 많은 인내와 성실을 요구했다.

게다가 입 안에 '질환'이라도 생기면 칫솔질은 불편을 넘어서 고통이 됐다. 이것은 내가 생각하는 칫솔질의 결정적 약점이기도 하다. 입병이 난 상태에서 칫솔질을 할 때는 눈물이 찔끔 날 만큼 통증이 왔다. 그나마 입병은 양호하다. 충치나 잇몸질환을 앓고 있는 경우 칫솔질은 또 다른 공포다. 사실 충치나 잇몸질환을 앓는 경우 치료도 중요하지만 음식물을 먹은 후 제대로 칫솔질을 하는 것도 매우 중요하다. 초기일 때는 칫솔질만 제대로 해도 '저절로' 낫는 경우가 많다. 그러나 피가 나거나 통증이 있을 때 칫솔질을 '제대로' 하기란 여간 힘든 일이 아니다. 아무리 부드러운 칫솔모라도 질환 부위에 닿고 거기에 물리적인 힘까지 가하게 되면 상상 이상의 고통이 찾아온다.

나는 이상의 관찰 결과를 두고 기존의 불편은 최소화하면서 트로마츠 기술의 효과는 극대화할 제품을 궁리했다. 앞서 설명했듯 박테리아는 일정 밀도의 군집을 이루면 자신을 보호하기 위한 세포외소체를 생산해서 표면에 미끈거리는 막을 형성한다. 이러한 보호막은 항생제 투과를 막고 미생물막을 기계적으로 지지하는 역할까지 한다. 따라서 미생물막을 제거하기 위해서는 500배 이상의 항생제를 사용하거나 화학적·물리적 처치가 반드시 필요했다. 트로마츠 기술은 라디오 주파수 대역의 전자기파 신호로 직류와 교류를 교차해서 쏘게 된다. 직류는 미세한 가수분해를 해서 미생물막의 표면을 분리하고 교류는 투과성을 높임으로써 미생물막을 제거하게 된다. 특히 트로마츠 기술의 장점은 전자기파 특성을 띠기 때문에 2센티미터까지 넓은 영역에서 그 효과가 퍼져나갈 수 있다는 것이다.

　트로마츠 기술을 칫솔에 적용하면 기존 칫솔과 확연한 차이가 나타나게 된다. 칫솔모가 지나가지 않은 영역도 세정력을 발휘할 수 있다. 다시 말해 칫솔모가 닿지 않는 곳까지 청결을 유지할 수 있는 것이다. 또한 전자기파가 일하므로 강하게 빡빡 닦을 필요도 없고 꼭 3분 양치를 지키지 않아도 된다. 사실 살살 닦아도 되는 것은 물론 칫솔모도 그리 중요하지 않게 된다.

　나는 처음에 '3분 양치를 안 해도 되는 칫솔, 구석구석 닦지 않아도 되는 칫솔'을 상상했고 제품화하기로 마음먹었다. 그러나 내 이야기를 들은 주변 반응은 "말도 안 되는 제품을 만들겠다는 것인가요?" 하는 것이었다. 그리고 또 하나 "차라리 전동 칫솔에 트로마츠 기술을 가미해서 특화하는 것이 어떨까요?" 하는 의견이 많았다. 하지만 나는 "안 된다."라고 즉각 답했다. 트로마츠 기술의 핵심은 인체에 안전한 전기를 활용하기 때문에 소음도 없고 자극적이지 않다는 것이다. 그런데 이를 전동 칫솔에 접목한다면 기존 강점은 살릴 수 없다.

또한 굳이 전동 칫솔에 트로마츠 기술을 삽입한다면 기존 전동 칫솔의 업그레이드 제품이지 혁신 제품이 아니다. 전동 칫솔은 물리적 강도가 세기 때문에 치과 질환이 있는 사람이 사용하기에 상당한 무리가 있다. 종합해보면 트로마츠 기술의 장점은 치태(미생물막)를 물리적으로 제거하기 어려운 사람들까지도 칫솔질의 충분히 효과를 느낄 수 있다는 것이다. 그런데 전동 칫솔은 이러한 장점을 모두 퇴색시키고 말 것이다.

주변의 만류에도 나는 즉각 설계도를 만들기에 들어갔다. '이제 칫솔 혁명의 시작이다.'라는 마음으로 서울창업허브에서 밤늦도록 연구하고 제품을 개발했다. 당시 나는 체력적으로 여전히 요양이 필요한 상태였으나 정신만큼은 또렷했고 혈기까지 왕성했다. 나는 트로마츠 기술을 접목한 제품이 나오는 데 1년이면 충분하다고 이야기했다. 통상의 신제품들이 수년간의 연구, 시제품 제작, 수정과 변경을 반복하는 것에 비하면 이것 역시 '말도 안 되는 계획'이었다. 그러나 나는 엄청난 스피드로 작업을 진행했고 문제해결이 코앞이라고 자신했다.

한밤중 마케팅 회의를 하다

"제품은 괜찮은 것 같다. 근데 이거 어떻게 팔래?"

사실은 시제품도 만들기 전의 일이다. 아버지와 함께 밤을 보낸 일이 있었다. 아버지는 사업하겠다고 서울로 올라간 아들을 보기 위해 근 2개월 만에 다시 포항에서 서울로 올라왔다. 아버지는 저녁나절 컴퓨터 앞에서 내게 '판로 개척'에 관해 물었다. 그러나 사실 그때까지 나는 영업이나 마케팅에 대해서는 아무 생각이 없었다.

"제품이 좋으면 팔리겠죠."

군색한 답을 할 수밖에 없었다. 아버지는 허술한 대답을 듣고 잠깐 눈을 붙여야겠다며 자리에 누웠다. 아버지는 건설 현장에서 잔뼈가 굵은 '영업맨'이다. IMF 전까지 삼익건설에서 현장 소장 일을 했고 그 후에는 건설 장비를 사서 직접 사업체를 운영했다. 주로 덤프카와 레미콘을 아파트나 도로 건설 현장에 넣을 수 있도록 영업하는 것이었다.

사실 아버지는 사람들과 친해져서 업무를 수월하게 하는 것을 잘했다. 아버지에게는 묘한 카리스마가 있었는데 절대적 을의 위치에서도 갑을 야무지게 휘어잡았다. 그리고 일도 빈틈없이 해냈다. 실제 2000년대 초반 원주 혁신도시 사업이 진행될 때 상당수의 아파트 공사와 고속도로 확장 공사로 아버지는 바쁜 시기를 보냈다. 현장에서 아버지는 유명인이었고 그만큼 사업도 잘됐다.

하지만 아무리 영업의 달인이라고 해도 아버지는 한 세대 전의 올드 보이였다. 아버지에게 사업은 토지, 노동, 자본의 집약체였고 영업이란 '관계'에서 시작되는 비즈니스였다. 처음 내가 기술을 가지고 사업을 하겠다고 했을 때 돈도 건물도 없이 사업을 시작할 수 있다는 것을 이해하기 어렵다고 했다. 아버지는 내가 사업자등록증을 내기 전부터 정부 지원 프로그램에 응시해 지원금을 따내는 것을 보고 '그 정도로 제 밥벌이는 하려는가 보다.'라고 생각했다고 한다. 몸이 온전치 않으니 하루에 몇 시간씩 컴퓨터로 작업하고 한 달에 200~300만 원 정도 벌이를 하면서 쉬엄쉬엄 살아갈 모양이라고 짐작했다는 것이다. 그런 아버지에게 나는 서울에 올라온 지 2개월 만에 A3 용지에 출력이 될 만한 엑셀 파일을 보여드리며 나의 사업 계획을 말씀드렸다.

"아버지, 이게 저의 사업계획서이자 예상 재무제표입니다."

첫 번째 표에는 수입과 지출 항목이 빼곡히 적혀 있었고 두 번째 표에는 구간별 예상 수익과 손익분기점 그리고 흑자 전환 시기가 적혀 있었다. 아버지는 경상 연구개발비, 원재료비, 인건비, 노무비 등 갖가지 항목에 적힌 숫자를 보며 "이런 걸 어디서 다 배웠나?"라고 물었다. 그렇게 구체적으로 사업 계획을 짜고 임팩트 있게 사업을 진행하리라고는 예상하지 못했노라 했다.

사실 재무제표를 짜는 것은 쉬운 일이었다. 삼성에서 제품개발 연구원은 값싸게 성능이 나는 부품을 만들어야 했다. 당연히 제조 원가를 계산할 줄 알아야 했다. 씨젠에서 역시 나는 장비개발을 주도했다. 장비의 출고 가격을 책정하는 것도 그중 하나였다. 장비 출고 가격을 책정하기 위해서는 영업이익을 얼마로 책정할지 정해야 하고 영업이익을 책정하려면 고정비가 얼마나 들어가는지도 알아야 했다. 인건비, 원재료, 외주개발, 소모품, 인허가, 임상연구, 제조비⋯⋯. 모든 계산을 할 줄 알아야 했으므로 내 사업의 재무제표도 손수 짤 수 있는 수준까지 됐다.

아버지는 재무제표를 보고 나의 '사업 계획'을 듣고는 눈빛이 달라졌다. '이놈 제대로 할 모양이다.'라고 말하는 것 같았다. 그리고 이런저런 것을 묻기 시작했는데 마지막이 '판로 개척'이었다. 하지만 "괜찮은 제품을 만들었다 치고 어떻게 팔 거냐?"라는 질문에 맥없이 입을 다물고 말았다. "제품이 좋으면 팔리겠죠."라는 대답을 듣고는 그때까지 집중력을 다 놓고 초저녁 잠자리에 들어간 것이었다. 그런데 1시간여 지났을 때 아버지가 방문을 열고 나왔다. 그리고는 대뜸 말했다.

"나 같으면 신문사를 찾아가겠다."

사업을 시작하고 아버지에게 들은 '훈수'였다. 사실 당시만 해도 나는 기자를 만난다거나 언론사에 보도자료를 보낼 생각은 하지 못했다. 창업경진대회에 나갔다가 인터뷰 기사를 내준 곳도 있었지만 특별히 인사랄 것도 하지 않았다. 필요를 느끼지 못했으니 당연한 일이었다. 그러나 아버지 생각은 달랐다. 내 기술이 얼마나 좋은지 알리는 일이 가장 중요하다는 것이었다.

그 후 나는 영업과 마케팅에서 기자들을 만나는 일을 귀찮아하지 않았다. 나의 이야기를 풀어내는 데도 적극적으로 나섰다. 그리고 실제 나와 프록시헬스케어에 대한 조명 기사들이 쌓일수록 실질적인 매출도 상승을 했다. 언론 기사는 강력한 한 방이 되기도 했다.

2021년 7월 프록시헬스케어는 3억 5,000만 원의 매출을 올렸다. 창립 이래 가장 많은 매출이었다. 『조선일보』 특별 섹션에 '특수전자기파로 치태 제거…… "트로마츠 칫솔' 미 FDA 인증' 기사가 실리고 매출이 평소보다 두 배 이상 뛴 것이었다. 약 2개월 전 특허청과 한국발명진흥회가 공동 개최하는 디캠프에서 우승한 소식을 전해 들은 기자가 취재 연락을 해왔다. 나는 매출 증가표를 보며 아버지에게 들은 '훈수'가 승패를 결정짓는 한방이었다는 것을 다시금 깨닫게 됐다.

불량을 통해 배우고 발전하다

모든 제품의 개발 단계에서 첫 목표는 '시제품'을 만드는 것이었다. 시제품은 그야말로 시범용 제품이다. 계속 변화가 가능하다. 테스트하면서 수정해서 완제품에 가까운 모양으로 만들어낸다. 수정과 보완의 반복이다.

프록시헬스케어의 칫솔 브랜드인 트로마츠의 최초 시제품은 창업하고 만 2개월이 지나는 시점에 나왔다. 당시 나는 디자인 감각 따위는 갖고 있지 않았다. 그래서 일단 칫솔 모양을 구현하고 기술을 접목시키는 데 집중했다. 나는 기술적 부분은 할 수 있지만 칫솔의 모형을 만드는 것은 막막했다.

며칠에 걸쳐 근처 마트에 가서 눈에 보이는 모든 칫솔을 구매했다. 그렇게 50개 안팎의 칫솔을 두고 치수를 재기 시작했다. 칫솔의 헤드 부분의 길이 옆 둘레, 칫솔모의 길이와 개수, 손잡이의 길이와 구체적인 모양을 하나씩 적었다. 그리고 수학적인 평균값을 도출했다. 이를 접목해 칫솔 주형을 제작했다. 시제품은 내가 직접 연구원들과 붙어서 만들었다. 내부에 들어가는 전기장 발생 장치를 조립하고 칫솔의 외형을 입혔다. 시제품을 만들고 시범 사용을 해보며 문제점을 확인하고 해결하는 형태로 연구 업무가 진행됐다. 기술적인 부분을 세부적으로 설명하기가 쉽지 않다. 아무튼 당시는 처음이라 사소한 접촉 불량 문제를 해결하는 데도 며칠이 흘렀다.

2020년을 사나흘 앞둔 날 나는 외부인들에게 트로마츠라는 이름을 단 시제품을 처음 선보였다. 대단한 출시 행사를 한 것은 아니다. 시제품을 들고 지인들, 투자자들, 치과 의사들을 만나러 다녔다. 실효성과 심미성에 대한 냉정한 평가를 받고자 했다. 점차 시제품 숫자가 늘어나면서 미래 고객과 잠재 고객에게 선보이는 이벤트도 진행했다. 결과는 예상대로였다. 한동안 나는 온갖 클레임을 다 들어야 했다. 주변 사람들의 우려와 불만은 그나마 나았다. 스위치 모양, 방수 성능인증, 칫솔모의 패턴·두께·재질, 칫솔의 길이, 칫솔 디자인 등등. 일반 고객에게 받은 클레임은 직설적이고 날카로웠다.

'왜 이런 제품을 만들었을까?'

사실 변명거리는 차고 넘쳤다. 창업 3개월 만에 만들어진 시제품이었고 자본도 충분하지 않았다. 인력은 두말할 것도 없다. 고객이 보기에는 우리 제품은 아이들 장난감처럼 보였을지도 모르겠다. 기계가 아닌 연구자들이 일일이 수작업으로 조립한 제품이다 보니 조악한 부분도 없지 않았다.

나는 어디서 문제가 시작됐는가를 다시 짚어보았다. 처음부터 나는 고객이 하루라도 빨리 트로마츠라는 기술을 체험해보길 바랐다. '제품의 성능이 얼마나 잘 나오는가?'를 고민하지 못했다. 성능은 최소화되더라도 트로마츠 기술이 하루빨리 실현되기를 바랐다. 철저히 공급자 마인드였다. 당연히 고객의 체험 만족도는 높지 않았다.

나는 일반적으로 칫솔을 구매하는 고객이 '새로운 칫솔'에 무엇을 기대할지 고민해보지 않았다. 또한 트로마츠 기술이 무엇인지 모르는 고객이 처음에 어떠한 생각으로 제품을 접할지도 염두에 두지 않았다. '어디 제대로 작동이나 되는지 한번 보자.'라는 회의적인 고객이 상당하리라는 것은 상상도 하지 못했다.

나는 감정적 대응은 최대한 자제하고 고객의 의문 사항에 일일이 대응하면서 설명을 덧붙이는 형태로 불만에 대응하자고 당부했다. 그러나 고객은 이미 처음 본 시제품으로 나쁜 이미지가 굳어진 상태였다. 우리의 설명은 구차한 변명이 되고 말았다. 이 시기를 통해 나는 '비록' 시제품이지만 제품을 대하는 고객의 태도가 어떠한지 절절히 느꼈다. 6개월간 나와 직원들은 시제품을 만들고 고객에게 배송하고 피드백을 받는 과정을 반복했다. 2020년 3월 200개를 시작으로 완제품이 나오는 9월까지 약 8,000개 이상의 시제품을 통해 엄청난 고객 데이터를 확보했다. 나는 그러면서 고객 입장에서 생각하는 법을 배웠다.

그 후 나는 제품이 인증된 완제품이 나오기 전부터 고객 대응 정책은 최대한 단순하게 간다고 결정했다. '1년간 무상 교환'이다. 생활의 편리를 높인다며 혁신형 칫솔을 만든다는 기업에서 사후 서비스AS 정책을 불편하게 한다는 것은 앞뒤가 맞지 않았다. 나는 고객으로서 가장 편리한 방법을 골랐다. 어찌 보면 손해 보는 일이고 우리의 잘못이 아닌 경우도 있을 수 있다. 하지만 나는 이것이 옳다고 생각했다. 결과적으로 불량은 예견된 것이었다. 다만 나는 양산 초기 품질을 확보하는 노력을 통해 완제품의 효율성과 심미성을 높일 수 있었다. 또한 고객에게 가장 유효한 서비스 정책을 가동시킴으로써 시장에 제품을 내놓지도 못할 수도 있는 위기를 극복할 수 있었다.

우리의 첫 양산제품은 2020년 9월 24일 창업 딱 1년 만에 공식적으로 세상에 나왔다. 10개월 만에 1만 5,000개 이상이 팔려나가며 매출 10억 원을 달성했다. 내부 마케팅 전담팀 없이 기존 시제품을 사용했던 분들의 입소문으로 제품이 급속도로 팔려나갔다. 그 기간 특허 50건, 상표 60건, 임직원은 15명의 기업으로 성장했다. 창업 1년 만에 우리는 논문으로만 존재하는 페이퍼 기술을 검증했고 세상에 그것을 증명했다. 불량을 통해 배운 덕에 가능했던 것으로 생각한다.

2장

어떤 성공에도 비밀은 없다

1
창업에도 나침반과 속도계가 필요하다

왜 그때의 나는 실패했는가

프록시헬스케어는 창업 3개월 만에 시제품 개발을 완료했다. 회사를 열고부터 '12월에 시제품 개발을 완료한다.'라는 생각만으로 달렸다. 그 후 기업가치가 얼마나 될지, 유니콘으로 성장할 수 있을지, 상장은 어떻게 할지 등등은 고민하지 않았다. 계획도 없었다. 물론 나는 건강이 온전치 않았고 사람도 없었고 자본과 네트워크도 다 부족했다. 내가 믿을 것은 삼성과 씨젠에서 스스로를 증명했다는 자신감과 이제는 뭔가를 해낼 수 있다는 의지뿐이었다. 그때는 산더미 같은 것들을 그저 '하면 되는 일'로만 생각했다. 실제 나는 연구개발에 집중하면서도 창업에 관한 실질적인 업무들을 스텝 바이 스텝으로 진행했다.

일단 내게는 2016년 진행한 특허로 '지적 재산권'이 있었다. 함께 특허를 진행했던 친구에게 연락해 제조업 창업에 관한 이야기를 나눴고 "문제없음" 답변을 들었다. 가장 가치가 큰 일을 가장 먼저 했으므로 시작은 순조로웠다. 다음은 사무실 물색에 나섰다. 사무실이 없으면 유령 회사처럼 비쳐 인력 확보나 투자유치가 불가능할 것 같았다. 나는 번듯한 사무실이 반드시 필요했다. 그런데 연구개발을 할 공간이 있어야 했으므로 1인 공동 사무실 같은 곳은 갈 수 없었다. 여러 지원 프로그램을 검색한 끝에 서울창업허브를 찾아냈다. 임대료도 저렴하고 공간도 넉넉했다.

사업계획서를 열심히 써서 도전했고 치열한 경쟁을 뚫고 병원 입원 중에 서류 통과 연락을 받았다. 다음은 발표 평가를 진행해야 했는데 입원 중이라는 이유로 1개월 연장을 요청했다. 서울창업허브에서는 '전례가 없는 일'이지만 나의 딱한(?) 사정을 이해하고 대면 평가 일정을 변경해주었다. 덕분에 나는 퇴원 후 대면 평가를 하고 9월 사업자등록 직후에 서울창업허브로 입주할 수 있었다. 10평 정도의 공간이 배정됐다. 나는 회사 간판을 붙이고 책상에 앉을 수 있었다.

다음은 함께 일할 사람을 찾는 일이었다. 많이 뽑을 수는 없었지만 반드시 사람은 있어야 했다. 개발자 중심으로 공학 전공자들이 필요했다. 주변의 친구들과 지인들을 통해 여러 사람을 소개받았다. 또 팀장 시절 함께 일했던 팀원들의 연락도 받았다. 그동안 함께 호흡을 맞춰본 팀원들은 나를 믿고 팀원으로 합류해주었다.

그렇게 퇴원 후 2개월도 안 돼 나는 지적재산권 확보, 사무실 확보, 그리고 팀원 채용을 마무리할 수 있었다. 그리고 3개월간 제품 개발에 몰입해 성공적으로 시제품 개발까지 할 수 있었다. 논문 속에만 존재하던 원천기술을 칫솔이라는 제품으로 확인한 것은 내게는 너무 큰 감격이다. 그런데 그때 마음 한편에서는 '그래서 내가 실패했던 거구나!' 하는 각성이 일었다.

사실 나는 미국에서 연구 성과가 나왔던 2013년 8월 창업에 도전한 경험이 있었다. 당시 지도교수는 나의 연구 성과를 제품에 녹여보자고 제안했다. 나는 정말 아무것도 몰랐다. 그러나 '스타트업'이라는 말이 너무 매력적으로 들렸다. 바로 지도교수는 연구실의 박사 후 연구원들과 나를 묶어 창업 팀을 꾸렸다. 박사 후 과정 연구실 선배가 주도적으로 업무를 진행했다. 그들은 공동 창업자들에게 역할 분담을 하고 물리적 법률적 창업 프로세스를 밟아나갔다.

나는 단순히 실험실에서 개발한 기술을 제품으로 만들어볼 수 있겠다는 생각에 들떠 있었다. 지도교수와 선배 연구원들 그리고 박사 후 과정 연구원들이 나의 기술을 높이 평가해주는 것이 뿌듯했다. 그리고 "벤처기업으로 성장할 가능성이 크다."라는 이야기를 들을 때마다 당장 무슨 일이 벌어질 것만 같아 가슴이 뛰었다.

그 에너지로 나는 연구에 집중했다. 내가 연구실에 박혀 있는 사이 일은 빠르게 진행됐다. 지도교수는 학교 안팎의 네트워크를 활용해 적극적으로 창업 과정을 진행했고 박사 후 연구원 선배는 펀드를 따올 방법들을 알아보았다. 나는 일이 어떻게 돌아가는지를 브리핑으로 들으며 핵심 연구를 빠르게 진행하라는 지시를 받았다. 그렇게 나의 일과는 간단한 브리핑을 듣고 연구실에서 연구하는 것으로 짜였다. 그렇게 3개월 정도 지나자 일은 걷잡을 수 없을 정도로 커지기 시작했다.

어느새 지도교수는 의장이고 박사 후 연구원 선배는 CEO로 역할을 하고 있었다. 둘은 외부 일정을 만들고 참여했으며 스포트라이트를 받고 사업을 진행해 나갔다. 그사이 나는 작업을 수행하는 연구원 신세로 전락했다. 점차 나에게 해주던 브리핑은 줄어들었다. 나는 내가 왜 창업하겠다고 했는지와 앞으로 우리가 어떤 회사를 만들게 될지를 모두 잊어버리고 말았다.

문제는 우리가 펀드를 거의 따는 상황이 되면서 발생했다. 나는 학생 비자라서 학교 이외의 영역에서 어떠한 수입도 얻을 수 없었다. 나는 창업하는 것에서 그 어떤 경제적 혜택을 누릴 수 없었다. 나는 법인 설립에도 제한적인 참여만 가능했고 불가능한 것들도 많았다. 궁색한 상황에서도 외부 돈벌이를 전혀 할 수 없다. 나는 사실 그런 상황을 어렴풋하게나마 알고 있었다. 그러나 내가 기술 창업을 한다는 사실에 너무 들떠 있었다. 교수와 동료들이 모두 미국인이므로 어떤 해결책이 생길지도 모른다고 생각했다. 그때서야 나는 내가 창업을 너무 막연하게 생각했다는 것을 절감했다. 그리고 우리 팀의 생각은 한곳으로 일치되지 않았다.

시간이 흐르면서 나는 창업의 주요 멤버로서도 한참 벗어나 있었다. 창업에서 '기술 개발'은 중요하지만 이미 되고 나면 그야말로 '사업 영역'이 중요해진다. 자금 관리와 영업이 전반적인 핵심 인력이 된다. 결국 나는 미국에서 창업한들 빛을 보기는커녕 실험실에 처박히는 삶을 벗어나지 못하리라고 생각하게 됐다. '이러다 한국으로 돌아가지 못하는 것은 아닌가?' 하는 두려움도 마음을 흔들었다. 나는 여러 사정상 한국에 꼭 돌아가야 했고 미국에서 뿌리내리고 살고 싶지 않았다.

나는 창업할 때보다 그만둘 때 더 많은 걸 생각했고 더 큰 결심을 했다. 앞으로는 정말 원하는 것을 할 것이며 온전히 나의 힘으로 구축하겠다는 것이었다. 그리고 교수, 선배들, 연구원들에게 고개를 숙인 채 이야기를 꺼냈다.

"나는 더는 실험하지 않을 것이며 이 사업에서 빠지겠습니다. 나는 한국으로 돌아갈 것입니다."

모두 놀랐고 일부 팀원은 화를 냈다. 그들로서는 내가 그들의 시간과 에너지를 수포로 돌려놓은 이기적인 동업자였을 것이다. 그들에게 나의 상황과 처지는 고려 대상이 아니었다. 그날로 나에게는 배신자라는 낙인이 찍혔다. 다시 이전으로 회복되기까지 2개월 동안 너무나 힘든 시간을 보내야 했다.

이 경험은 내가 창업을 생각할 때마다 떠올랐다. '창업이란 정확한 동기와 계획을 하고 현실적인 문제들을 해결해가는 것이다.' 내가 한국에 돌아온 뒤 섣불리 창업에 도전하지 못한 이유이기도 하다. 그러나 한편으로는 이 교훈 덕분에 더 치밀하고 현실적인 방법들을 계획할 수 있었다는 생각도 든다.

주변 사람들은 시제품 개발까지 3개월밖에 걸리지 않았다고 하면 매우 놀란다. 속전속결의 비법 무엇이냐고 묻는다. 나는 '정확한 나침반과 속도계' 덕분이라는 답을 하곤 한다.

과거의 나는 어디로 가는지도 모른 채 무작정 달렸다. 대표적으로 미국에서의 창업이다. 당시는 그야말로 '휩쓸리듯' 내달렸다. 그러나 결국 어디로 향하는지도 모른 채 달리기만 했다. 주도권을 쥐고 있지 않던 나는 계획의 의무가 없었고 주는 것을 따라가는 것이 다였다. 결국 실패했다. 나는 나만의 속도계를 가져야 직성이 풀리는 사람이다. 일의 주도권을 쥐고 목표를 향해 달려 나갈 때 스스로 에너지가 생기고 동기부여가 된다.

'빨리'의 기준은 무엇인가? 방향을 확인하기 위해서는 나침반이 필요하고 속도를 확인하기 위해서는 속도계가 필요하다. 나는 한 번의 창업 실패 덕분에 정확한 나침반과 속도계를 장착하고 현재까지 달려올 수 있었다.

아버지에게 배우다

업태란 영업이나 사업의 실태이다. 프록시헬스케어의 업태는 '제조업'이다. 트로마츠라는 새로운 기술을 적용해서 고객에게 선보이기 위해서는 제품을 만드는 과정이 반드시 필요하기 때문이다. 그런데 제조는 생각보다 공간이 크게 필요하다. 프록시헬스케어의 본사와 제조 공장은 울산에 있다. 여기에도 얽힌 사연이 있다.

창업 후 얼마 되지 않아 제조 센터가 이슈로 떠올랐다. 현재의 임차 공간에서는 월별 최소 수백 개에서 최대 수천 개의 시제품을 만들 수가 없었다. 인력도 마찬가지였다. 시제품을 완성했으니 고객에게 체험할 기회를 주고 그에 대한 피드백을 들어야 한다. 그런데 시제품을 만들기 위해서는 공간과 인력이 반드시 필요하다.

제조 센터를 어떻게 마련할지 고민하던 시기에 우연히 '2019 드림 셰어 메디컬 해커톤Hackathon*'이라는 행사를 접하게 됐다. 울산창조경제혁신센터와 울산대 창업지원단과 울산대병원이 공동 주최한 행사로 의료·바이오산업의 창업자들이 모여 비즈니스 모델을 완성하는 대회였다. 의료 관련 스타트업에 좋은 기회였다. 나는 바로 참가 접수를 했고 본선에 오른 팀들과 울산대병원에 모여 무박 2일 동안 비즈니스 모델 개발과 투자설명회를 구성했다. 우리 회사는 대상에 해당하는 울산광역시장상을 받았다. 그러면서 울산의 창업 지원 프로그램과 울산대병원과의 협업 가능성을 알게 됐다. 그 후 울산대 인근에 5년간 50평을 무상 임차하는 기회도 얻게 됐다.

내가 울산으로 본사를 이전하면서까지 제조 센터를 두려고 한 데는 세 가지 이유가 있었다. 첫째, 고정비가 없다. 자본금이 적지 않은 회사에서 고정비 절감은 매우 중요한 이슈다. 당시 시장조사

---

* 해킹hacking과 마라톤marathon의 합성어

를 해보니 만일 수도권에 이만한 제조 센터를 세우면 매월 최소 200~300만 원의 고정비가 들어가고 번듯한 모양새를 갖추려면 500만 원 정도가 들어갔다. 고정비가 가볍다는 것은 아주 매력적이었다. 둘째, 공간이 넓어서 좋았다. 칫솔은 사실 부피가 작다. 그래서 조립라인도 작은 공간이면 될 것으로 생각한다. 그러나 현실은 그렇지 않다. 보통 칫솔에 들어가는 부품 단위가 1,000개에서 1만 개다. 칫솔 부품을 포함해 건전지와 포장재 등 들어가는 부품만 30종이 넘는다. 재고 적체 공간이 상당하다. 그리고 불량이 안 나려면 정리 정돈을 잘해야 한다. 그런데 그것도 공간이 필요하다. 효율적인 작업자 동선을 짤 수 있어야 하고 각 부품이 필요한 동선에 비치돼야 한다.

먼지는 불량의 주요 원인이다. 청소할 때도 좁은 공간에 어지럽게 물건이 쌓여 있는 곳은 넓은 공간에 잘 정리정돈된 곳과 비교해 2~3배의 수고가 들어간다. 안전사고와 불량을 최소화하기 위해서도 50평 규모가 필요하다. 셋째는 울산에는 울산대학교 병원이 있다. 바이오 기기에서 임상은 떼려야 뗄 수 없다. 과학적 검증이 없으면 백전백패다. 그러나 대학병원과의 연계에는 많은 과정과 관계가 필요하다. 개인적으로 울산대병원은 그나마 수월하게 임상을 진행할 수 있는 곳이다. 내가 다녔던 곳이고 네트워크도 있었다. 마지막으로 울산에 KTX가 있다는 것은 큰 장점이었다. 서울에서 울산은 물리적으로야 멀지만 KTX를 타면 2시간 20분이면 도착한다. 거기서 차로 30분만 가면 울산대병원 옆의 제조 센터에 갈 수 있다. 당일 일정도 소화할 수 있다.

나는 울산으로 본사 이전과 제조 센터 설립을 결정하고 인력 확보 고민을 했다. 여러 좋은 요건이 갖춰져 있지만 센터 관리와 인력 관리가 제대로 되지 않으면 말짱 도루묵이었다. 제조 과정을 책임지고 통솔하고 관리할 인력이 필요했다. 2019년 12월 울산 제조 센터에 대한 계획을 세우고 연말을 맞았다. 나는 가족 모임에서 관심과 지원 덕분에 회사가 잘 가고 있다는 '사업 보고회'를 개최했다. 말은 거창하지만 가족들이 모인 자리에서 창업 3개월을 정리하고 앞으로의 일정을 알리는 자리였다. 나는 보고를 마치고 그 자리에서 아버지에게 "울산 제조 센터를 부탁드립니다. 회사 부사장님으로 모시고 싶습니다."라는 말을 꺼냈다. 아버지는 짐짓 놀란 표정으로 "아들 회사에서 일할 기회를 얻은 아버지가 몇이나 되겠어? 이것 하나만으로도 나는 인생을 잘 살았다는 인정을 받은 것 같아 기쁘다."라며 흔쾌히 그 자리에서 수락했다.

당시 아버지는 원주에서 하던 건설 장비 사업을 정리하고 포항으로 귀향해 있었다. 은퇴 후 몇 년을 쉬다가 "일 없이는 안 되겠다."라며 포스코 직원들의 출퇴근 버스를 운전하는 일을 하고 있었다. 아버지는 회사에 이야기하고 제조 센터 설립 시기에 맞춰 이직했다. 그리고 2020년 3월부로 프록시헬스케어 부사장으로 다시 일을 시작했다. 나는 처음부터 아버지가 최적이라고 생각했다. 경험과 경륜은 결코 하루아침에 만들어지지 않는다. 아버지는 사업을 하며 다양한 사람들을 만났다. 젊은 시절에는 혈기 왕성했지만 나이가 들수록 성실과 근면으로 일들을 처리했다. 네트워크 관리도 남달랐다.

아버지는 울산 제조 센터가 설립되고 직원 채용과 제조 시스템 구축이 마무리될 즈음 "지금 일을 할 수 있게 된 것은 아들이 나를 인정해준 덕분이야."라며 열심히 해내겠다고 말했다. 사실 나는 사업을 시작하기까지 아버지가 나에 대해 어떤 생각을 하는지 잘 알지 못했다. 항상 내 길을 가기에 바빴고 부모님은 그런 나를 위해 열심히 뭔가를 해주는 분이었다. 내게 부모님은 든든한 지원군이었다. 하지만 나 스스로 남에게 기대서 뭔가를 하는 것을 좋아하지 않은 탓에 부모님이 내 생활 깊숙이 들어올 기회는 많지 않았다. 특히나 아버지와 나는 관심사가 많이 달랐다. 나는 서른이 넘도록 학교에만 머물렀다. 아버지의 조언을 들을 기회가 많지 않았다.

그런데 사업을 하면서부터 젊은 날의 아버지를 떠올릴 기회가 많아졌다. 아버지가 사업을 시작했던 계기, 그때의 어려움과 성과, 사업가로서 아버지의 장단점……. 그렇게 아버지와 내 삶을 겹쳐놓고 보니 나는 참 아버지의 영향을 많은 받은 아들이었다. 어릴 때 보고 배운 것들이 내게 많은 도움이 됐다는 것을 깨달았다. 그러던 중에 아버지가 우리 회사에 와서 일을 도와주면 좋겠다는 생각까지 하게 된 것이다.

회사 입사를 앞두고 아버지는 "네게 미안함과 여러 감정이 있다."라고 말했다. 아버지는 나와 동생을 키우며 '내가 인정받는 아버지가 될 수 있을까?'란 고민을 했다고 한다. 나와 동생은 서울대학교 대학원을 함께 다니며 서울살이도 같이했다. 아버지는 자식들이 커서 품을 떠나는 것을 보며 '아이들은 나와 다른 인생을 살겠구나.' 하는 생각이 들었다고 한다. 입학한 대학도 졸업하지 못하고 현장으로 뛰어든 자신과 달리 자식들은 대학을 졸업하고 안정된 삶을 살아갈 것을 기대했던 것이다. 게다가 내가 미국에 가서 학위를 따오고 대기업에 취직한 후로는 내심 머리가 굵어지고 가방끈까지 길어진 아들이 자칫 자신을 무시하지는 않을까 걱정도 했던 듯하다. 그런데 그런 아들이 자신의 모든 걸 걸고 세운 사업체를 맡아달라고 하니 감회가 남달랐다. 아버지는 나의 스카우트 제의가 '당신 삶에 대한 인정'으로 받아들여졌다고 한다.

현재 울산 제조 센터에는 다섯 명 정도의 직원이 있다. 시제품을 만들 때부터 손발을 맞춘 직원들이다. 팀워크도 강하고 애사심도 남다르다. 부사장님이 통솔하고 관리하며 안정적으로 조직을 이끈 덕분이다. 나는 회사에 갖가지 일이 생길 때마다 부사장님에게 '아들'로서가 아니라 '경험도 경륜도 미천한 스타트업의 대표'로서 연락을 드린다. 재무, 인사, 제조에 모르는 것이 많다. 아버지는 사심을 내려놓고 객관적인 가이드를 주고자 애를 쓴다. 아버지는 "프록스헬스케어가 성공할 때까지 최선을 다하겠다."라며 현장을 누비고 있다. 우리의 나침반과 속도계가 고장 나지 않도록 지켜주는 든든한 지원군이다.

2
홀로 성공할 수 없다! 팀이 중요하다

"인사 관리 자신 있습니다!"

"팀이 승리해서 기쁩니다. 저의 플레이가 팀 승리에 도움이 된 것 같아서 기분이 좋습니다."

어디서 많이 들어본 듯한 내용일 것이다. 이는 내가 기억하는 승리 투수들이 하는 인터뷰의 '정석'이다. 나는 야구 경기를 마치고 이런 인터뷰 듣는 것을 너무 좋아한다. 최고의 결과를 만들었지만 모든 공을 팀에게 돌리는 투수의 모습은 너무나도 멋지다. 마찬가지로 나는 조직에서도 팀워크를 매우 중요하게 생각한다. 자기를 앞세우기보다 함께 팀으로 움직이며 성과를 내는 것이 중요하다고 생각한다.

미국에서 내 연구가 성과를 낼 수 있었던 데는 지도교수와의 팀워크가 한몫했다. 지도교수는 연구를 분담하지는 않았지만 '잘할 수 있는 분위기'를 만들었다. 항상 소통할 기회를 주고 믿어주고 지원했다. 나는 지도교수의 신뢰와 위임 덕분에 자유롭게 아이디어를 내고 연구를 할 수 있었다.

반대로 팀워크가 잘 이루어지지 않으면 성과가 잘 나오지 않았다. 미국에서의 창업이 잘되지 않았던 이유 중 하나는 팀워크가 이루어지지 않았기 때문이다. 모두가 일을 열심히 하기는 했지만 각자의 생각과 동기가 달랐다. 그러다 보니 '좋은 게 좋은 것'이라는 식으로 넘어가는 일도 많았다. 나는 서로에 대한 신뢰와 믿음이 형성되지 않은 상태를 확인하고 팀에서 나왔다.

나는 직장생활에서도 '팀워크를 중심'으로 일했다. 팀원들에게 미래를 확정적으로 이야기할 수는 없었지만 업무를 공유했고 진정성을 가지고 설명했고 스스로 동기부여를 하도록 이끌었다. 팀원들 간의 정확한 의사소통과 진심을 담은 커뮤니케이션을 중요하게 여겼다. 나는 그러면서 모든 팀원을 끌어안을 수 있는 팀장으로 성장했다. 삼성에 있을 때는 연구 성과가 나오면 팀원들을 먼저 챙겼다. 어른들 말씀에 "아랫사람을 올리면 내 자리는 저절로 올라간다."라고 했다. 실제로 그런 일이 생겼다. 팀원들의 공로를 올려주자 자연스럽게 나도 승진이 됐다.

씨젠에서도 팀원들을 아우르는 데 집중했다. 역량이 뛰어나서 자기 몫을 알차게 해낸다는 평가를 듣는 팀원이 있는가 하면 적응을 못하고 떠돌이 신세로 지내는 팀원도 있다. 나는 그런 팀원들을 일일이 만나 일을 믿고 맡기고 싶은데 가능하겠냐고 허심탄회하게 물었다. 해보겠다는 팀원에게는 정말 전권을 넘기고 지원도 아끼지 않았다. 그러자 대부분의 팀원들이 환골탈태라 할 정도로 업무 능력이 높아졌다.

나는 창업하기 전에는 인사관리 하나만큼은 잘한다고 생각했다. 내 생각대로 팀을 이끌었고 성과도 잘 나왔다. 모든 것이 다 잘되는 것처럼 비쳤다. 내가 정한 기준에 따라 인재들을 뽑았다. 기존 생각대로 자기만 잘났다고 생각하는 인재보다는 희생정신을 갖춘 인재를 원했다. 또 "왜 이직하게 됐는가?" 같은 것들을 물었을 때 솔직하게 자기 생각을 이야기하는 인재에게 더 마음이 열렸다. 나는 하나둘 직원들을 채용하며 회사가 위용을 갖춰가는 것을 보는 것이 좋았고 가속 페달을 밟을 기대에 부풀었다. 회사 운영은 내가 꿈꾸던 대로 파격적으로 했다.

창업 이후 직원들이 하나둘 늘어가면서 '조직 시스템'을 갖춰야 한다고 생각했다. 울산은 아버지가 다섯 명의 직원들을 통솔했으므로 번외로 두고 서울 사무소는 내 권한이었다. 당시 우리 회사는 한 명의 오너 CEO와 다수의 연구원이 동고동락하는 분위기였다. 대표실도 없었고 특별한 존대도 없었다. 나는 직원들 사이에 앉아서 업무를 보았고 같이 밥을 먹고 대화를 나누었다. 회사 조직도는 중간 간부 없이 수평적으로 직원들 각자가 일하는 모양새였다. 내가 기대했던 '자유롭게 소통하고 업무를 진행하는' 딱 그 분위기였다.

당시 회사에는 근태 관리 시스템도 없었다. 나는 연구실 분위기에 익숙했고 그걸 동경했다. 그래서 유연한 자율출퇴근제를 도입했다. 10시부터 4시 사이에만 자리를 지키고 일주일에 40시간만 채우면 됐다. 나는 몸을 사무실에 둔다고 해서 업무 효율성이 올라간다고 생각하지 않았다. 신입사원의 휴가도 연간 26일을 제공했다. 놀 때 놀고 일할 때 일하자는 생각이었다. 가족 같은 분위기에서 회식도 자주 했다. 잘 먹이고 잘 대해주면 긍정의 에너지가 마구 쏟아지리라 기대했다. 그렇게 1년 넘게 팀을 이끌었다. 2021년이 되면서 직원이 울산 본점 제조 센터에 다섯 명과 서울 마포 사무실에 열세 명이 되면서 총 열여덟 명으로 늘어 있었다.

서울 사무소에는 나의 인사 철학과 조직 운영에 반감을 품은 인물이 없었다. 하지만 울산 센터 부사장인 아버지는 볼 때마다 가벼운 잔소리를 했다. "그런다고 조직이 잘 굴러가는 게 아닙니다."라고 말했다. 이 부분에서 나는 아버지와 세대 차이를 느꼈다. 나는 아버지가 30년도 전에 조직 생활을 했기 때문에 우리 세대를 잘 이해하지 못한다고 생각했고 약간 관료적인 문화에 젖어 있다고 생각했다. 다만 각자 자신의 현장을 잘 지키고 있으므로 입씨름을 할 필요까지는 없었다. 아버지는 아버지고 나는 나였다.

그러나 불행은 한꺼번에 찾아온다는 옛말처럼 가장 힘들 때 사고가 터졌다. 회사의 자금줄이 말라서 홀로 이리 뛰고 저리 뛰고 있었다. 그러던 어느 날 나는 회사에서 이상한 광경을 목격했다. 전화벨이 계속 울려서 고개를 들어보니 직원들이 하나도 없었다. 팀장 한 명만 전화를 받고 있었다. 시계를 보니 갓 4시를 넘어갔다. 나는 팀장에게 직원들이 다 어디 갔느냐고 물었다. 팀장은 직원들에게 전화했고 불편한 대화가 오고 가는 상황이 벌어졌다.

그 후 나는 자율출퇴근제를 정시출퇴근제로 돌리겠다고 발표했다. 나는 상황을 장황하게 설명했다. 회사의 자금 문제는 둘째치고 고객의 문의와 클레임 전화를 받을 직원이 없다는 것은 말이 안 되는 상황이었다. 그러나 일부 직원들은 강하게 반발했다. 그때서야 나는 '혹시 내가 잘못 생각하고 있었던 걸까?' 하고 그동안의 인사와 조직 운영 방식에 관해 의문을 품게 됐다. 그로부터 한 달여 나는 마음고생을 심하게 했다.

나는 팀원들의 마음을 얻는 것을 잘한다고 생각했고 자신 있어 했다. 그런데 결과는 그렇지 않았다는 걸 말해주었다. 내가 10년 가까이 믿고 지켜온 생각이 잘못된 것이라면 어떻게 해야 하나? 나는 고민하고 고민하다 울산에 전화를 했다. 아버지에게 며칠 내로 서울 사무실에 올라와달라는 부탁을 드리고 새로운 결정을 내릴 준비를 했다.

또 한 번의 팀 해체에서 배우다

부사장, 나, 그리고 인사담당 팀장 셋은 나란히 앉아 직원들과 개인 면담에 들어갔다. 나는 회사의 힘든 사정을 공유하고 긴축재정이 될 수밖에 없는 사유를 설명했다. 8시 반 출근과 5시 반 퇴근으로 돌아가야 제조업 기본의 업무를 할 수 있다는 판단을 이해해달라고 했다.

직원들의 반응은 제각각이었다. '얼마나 힘들면 저럴까……'라는 표정으로 이해해주는 직원들도 있었다. 그 자리에서 "저는 이해가 되지 않아서 퇴사하겠습니다."라고 말하는 직원들도 있었다. 나는 차분히 묻고 들었다. 그리고 직원들이 원하는 방향으로 인사 정리를 해나갔다. 다섯 명의 직원이 일시에 회사를 떠났다.

며칠 뒤 나는 빈 책상을 한쪽 벽으로 밀면서 '무엇이 잘못된 것인가?' 고민했다. 그 사이 부사장은 직접 회의실을 대표실로 꾸미고 '대표이사 김영욱'이라고 박힌 명패도 만들어왔다. 나는 농담 반 진담 반으로 "부사장님, 이게 뭐예요?"라며 핀잔을 주었다. 하지만 부사장인 아버지는 "진즉에 이렇게 했어야 합니다."라며 대표이사실 책상에 명패를 갖다 놓았다. 들어오는 돈은 적고 나가는 돈은 많았던 때다. 완제품 생산과 개발에 들어간 비용을 치르고 나면 당장 수천만 원의 적자가 생겼다. 이달은 어찌어찌 버텼다 해도 다음 달은 어떻게 또 버틸지 막막한 때였다. 그런데 아끼던 팀원들이 회사를 나가고 나니 맥이 탁 풀렸다. 나는 며칠 마음고생을 했다.

그러던 중 울산 제조 센터를 방문했는데 직원들이 깨끗한 공장에서 웃는 얼굴로 나를 맞아주었다. 나는 정리 정돈이 너무 잘돼 있어 기분이 좋았다. "이거 청소하느라고 일은 안 하는 거 아니에요?"라고 물으니 "부사장님께서 대표님 오신다고 어제부터 엄청나게 치우셨어요."라는 대답이 돌아왔다. 부사장이 부산을 떠는데 직원들이라고 가만히 앉아 있었을 리 없었다. 항상 친근하면서도 예의 바르게 대해

주는 울산 직원들이 참 고마웠다. 그러면서 한편으로는 '도대체 서울 사무실 운영에는 무슨 문제가 있었던 것인가?' 곱씹을 수밖에 없었다.

나는 사무실에 앉아 홀로 일을 보고 홀로 밥을 먹으며 '나의 자만'을 실패의 원인으로 꼽았다. 확실했다. 인사에 자신이 있다는 나의 자만이 조직을 망쳐놓았다. 연구실에서 연구원들은 각자 자신의 연구를 한다. 특별히 동기부여를 하지 않아도 열심히 할 수밖에 없다. 인간적 트러블이 있어도 감수해야 한다고 이해한다. 그러다 보니 누군가 조금만 솔선수범을 하면 팀워크를 잘 만들 수 있다. 지도교수가 위임하고 신뢰하는 인물이라면 연구실의 팀워크는 당연히 좋다.

큰 조직의 인사관리는 사실 팀장의 몫이 아니다. 조직에는 인사팀이 따로 있다. 근태부터 직원 교육과 관리에 대해 시스템적으로 접근한다. 문제가 되는 직원들은 인사 부서에서 주의와 경고를 듣는다. 팀장은 그런 팀원들을 다독이고 다시 일을 할 수 있게 조금만 끌어주면 된다. 결정적으로 연구실에서든 기업에서든 나는 '돈이나 과제를 주는 주체'가 아니었다. 그러다 보니 그들을 평가하고 관리하는 일에서 반 발은 물러나 있었다. 어떨 때는 그들을 대신해 교수나 상사와 싸워주는 것도 나의 일이라 생각했다. 그때 팀원들과 나는 하나였고 반대편에는 교수나 상사 혹은 경영자가 있었다. 그러나 이제 나는 그들과 한 팀일 수 없었다.

종합해 보면 나는 창업하기 전까지 자신이 잘나서 팀원들을 잘 이끌었고 성과를 낼 수 있었다고 평가했다. 하지만 사실은 조직이 있어서 가능했던 것이다. 내가 CEO가 아니라 팀장이어서 가능했던 것이다. 나는 더는 나를 받쳐줄 조직이 없었고 단순한 팀장의 자리에 있지도 않았다. 그것을 나는 전혀 알지 못했다. 아버지는 때때로 "회사 분위기를 잘 만들기 위해서 대표이사나 상사가 엄격함을 보이고 카리스마를 발휘해야 한다."라고 말했다. 내가 귓등으로 들었던 말이었으나 결코 틀린 이야기가 아니었다.

그렇게 또 하나의 문제를 확인한 나는 이전처럼 해결 방안을 찾기 위해 또다시 뛰어다니기 시작했다.

전 직장 상사들을 영입하다

어느 회사든 다섯 명 이상이 되면 대표 혼자서 재무와 인사를 종합적으로 하는 것이 불가능하다. 인사관리, 급여 책정, 잔고 관리, 성과관리 등 다양한 일을 맡아줄 일손이 필요하다. 나는 삼성에 다닐 때 모셨던 상사를 찾아갔다. 설비투자와 인프라가 열악한 상황이라고 해도 오히려 그렇기 때문에 더 훌륭한 인재가 필요했다. 또한 대표 혼자 모든 직원과 소통하면서 나타났던 약점을 해소해줄 간부급 관리자가 어느 때보다 절실했다. 지금까지는 인사관리는 물론 기술적 리드도 대부분 내가 하고 팀원들은 실무자 중심이었다. 조직을 안정시키고 더 성장하기 위해서 역할 분담과 인사관리 시스템의 고도화가 필요했다.

나는 두 분이 머릿속에 떠올랐다. 우리 부서가 쓰러져 갈 무렵 나와 함께 발표하고 기술력을 알려 나갔던 임승모 수석과 내가 퇴직을 결심하고 방황할 때 마음을 읽어주고 따뜻하게 상담해주신 서세영 수석이었다. 그분들과의 인연을 짧게 소개하면 임승모 수석은 나보다 일곱 살이나 많다. 삼성전기 연구원 시절 크리스털 제품의 양산 적용 프로젝트를 함께했다. 필리핀에서 땀과 눈물을 흘려가며 호흡을 맞췄다. 나는 당시 객관적인 데이터로 보고서를 쓰는 동안 선배들을 많이 믿고 의지했다.

임 수석은 내가 삼성전기를 퇴직하기 직전 나의 부서장이기도 했다. 내가 크리스털 사업 정리 후 방황하는 것을 보고 이끌어주었고 결국은 사표도 수리해주었다. 그 후로도 나는 임 수석과 막역한 사이로 지내게 됐다. 그런데 하루는 "내가 다른 사람은 몰라도 김영욱 책임 밑에서는 일할 수 있다. 나중에 기회가 되면 함께 일하자."라는 말을 해주었다. 씨젠으로 이직하고 나서도 2개월에 한 번 정도는 만나서 서로의 근황을 공유했다. 창업 후 프록시헬스케어의 제품과 기술에 관한 내용도 이미 다 알고 있었다.

2021년 1월 나는 본격적으로 임 수석을 우리 회사 연구소장으로 모셔야겠다고 생각했고 설득 작업에 들어갔다. 가장 어려운 것은 '걱정 없는 이직'이 가능하게 해드리는 것이었다. 임 수석은 나보다 일곱 살이 많았고 삼성에서 근무한 기간만 20년이 넘었다. 본인은 물론 가족들도 안정적 지원과 시스템에 익숙해져 있을 터였다. 나는 회사의 비전을 말씀드리며 함께해달라고 진심으로 말했다. 약 5년간의 우정 덕분인지 임 수석 본인은 물론 가족들도 흔쾌히 수락해주었다. 2021년 6월에 연구소장으로 합류했다.

서세영 수석은 제조업 기반을 다질 인물을 떠올릴 때 가장 먼저 생각난 이름이다. 프록시헬스케어는 독보적인 원천기술을 상품으로 만들어낸다. 제조업은 부품을 구매하고 효율적인 공정으로 제작해 고품질의 제품을 공급하는 시스템이 반드시 있어야 한다. 내가 홀로 크리스털 개발에 고군분투할 때 서세영 수석은 애플 제품의 분석 리포트를 구해주는 등 물심양면으로 도와준 제조 전문가였다. 내가 제조에 대해 모르거나 궁금한 것을 물으면 중국 주재원 경력을 살려 여러 조언도 해주었다.

서 수석은 조직관리 능력이 탁월했다. 나보다 관록이 많았다. 때로는 카리스마 넘치게 때로는 따뜻한 정으로 동료들을 이끌고 끌어안았다. 나 역시 퇴직을 고민하던 시기 많은 조언을 들었는데 항상 "꿈을 펼쳐라."라는 이야기로 끝을 맺었다. 제조 분야의 전문가로 핵심 인프라를 구축하기에 딱 맞는 인재였다. 망설일 필요가 없었다. 2월 서 수석에게 연락해서 함께해달라고 요청했다. 다행히 요청을 받아주었고 대외협력실장으로 합류하게 됐다.

두 분의 수석을 전무로 모시자 조직이 빠르게 안정돼갔다. 연구개발 능력이 한층 업그레이드됐고 제품의 고도화 작업도 이루어지고 있다. 앞으로 트로마츠 기술이 글로벌로 나가는 데 단단한 기틀이 마련될 것이라 기대한다.

3

투자금 유치, 실전, 그리고 전진이다

씨앗 투자자를 찾습니다!

나는 어느 면에서는 굉장히 고집이 세고 완고할 것 같지만 또 어느 면에서는 참 허술하고 붙임성이 좋다. 창업 초기 기술이나 조직에 대해서는 완고한 태도를 보이면서도 외부 활동이나 투자유치를 위해서는 후자의 태도를 보였다. 여러모로 도움이 됐다.

어느 영역이나 기준 혹은 표준이라 불리는 것이 있다. 창업 초기 나는 창업경진대회 등에서 귀동냥으로 이것저것을 들으려 노력을 많이 했다. 예를 들어 "초기 기업은 창업 3년 이내로 본다, 이때부터는 시드Seed 투자를 받아야 한다." "제조업의 성장 곡선은 3년에서 7년 사이가 중요하다. 이때 마케팅을 통해 손익분기점을 돌파해야 한다."

"기관 투자자들이 들어와야 안정권에 들어간다. 유니콘이 되려면 이때를 노려야 한다."라는 정보를 접하고 고개를 끄덕이곤 했다.

내가 정보 수집을 열심히 했던 분야 중 하나는 '투자금 유치'였다. 투자금 중에는 'FF 펀드'라는 것이 있다. 가족family과 친구friend로부터 끌어오는 돈을 말한다. 흔히 그들은 엔젤 투자자라고도 불린다. 그야말로 돈이 필요한 창업자에게는 천사 같은 사람들이다. 다음 단계로 넘어가 공식적인 투자를 받는 것을 시드 투자라고 한다.

창업 당시 나는 3개월을 버틸 수 있을 정도의 자금밖에 없었다. 그러다 보니 창업과 동시에 FF 펀드를 끌어모아야 했다. 다행히도 기존 네트워크를 통해서 투자 문의가 들어왔다. 또 의대 동창들과 사회생활을 함께했던 상사들로부터 FF 펀드와 약간의 투자를 받을 수 있었다. 막연하게 될 것 같다는 느낌으로 시작했다. 그런데 돈이 진짜 들어오니 신기했다. 벤처기업 인증이 되면서 신용보증보험의 보증을 받고 대출도 받았다. 초기는 펀드가 들어오거나 대출을 일으켜서 수개월을 버티는 것이 가능했다.

그런데 2020년 완제품을 내놓는 시점부터 급격하게 돈이 마르기 시작했다. 그도 그럴 것이 '제조'는 돈이 없이는 불가능하다. 제품의 외형을 만드는 데 필요한 금형비만 7,000만 원이었다. 5월 울산 신용보증기금에 연락해서 1억 원을 긴급수혈했고 투자금을 유치했지만 오래가지 못했다. 그때 처음으로 FF 펀드나 보증 대출로는 오래 버틸 수 없다는 감이 왔다.

완제품은 100개, 200개 단위로 생산할 수 없다. 기본적으로 최소

1,000개 단위로 생산하다 보니 재료비만 억 단위로 들어갔다. 개발비도 무시할 수 없었다. 2020년 한 해에 6억 원 이상의 개발비가 지출됐다. 인건비도 4억 원을 넘었다. 굵직굵직한 것만 따져도 1년 운영하는 데 15억 원 이상의 돈이 필요했다.

그때부터 나는 투자자들을 적극적으로 만나러 다녔다. 물론 사업 초기부터 투자 문의가 들어왔고 만나자는 연락이 오면 누구든 어디든 가리지 않고 달려갔다. 그러나 그때는 나 역시 '어디 어떤 이야기가 오고 가는지 한번 들어나 봅시다.' 하는 마음도 없지 않았다. 내가 모르는 세계이고 일단은 배워야 할 것 같으니 현장에 가본다는 심정이었다. 약 1시간 정도 사업에 대한 프레젠테이션을 했고 투자자들의 이야기를 들었다. 보통 미팅 한 번에 서너 시간이 들었다. 그쪽에서 투자하지 않기로 하면 나도 시간 낭비고 그쪽도 별 볼 일 없는 데 에너지를 쏟는 것이었다. 하지만 나는 크게 개의치 않았다. 내겐 배울 기회가 필요하다고 생각했다.

그러나 실제로 회사 운영이 어려울 정도로 돈이 말라가자 정신을 바짝 차리고 좋은 투자자와 투자처를 찾으러 발바닥에 땀이 나도록 뛰어다녔다. 2020년 12월부터 3월까지는 진짜 죽음의 계곡$_{Death\ Valley}$을 건너야 했다. 12월에 키즈 칫솔을 출시하다 보니 원자재비만으로 또다시 수억 원이 필요했다. 보통 기업들은 전년도 재무제표로 대출을 받는다. 그런데 전년이라고 해야 창업 첫해라 제품도 판매도 없어서 내놓을 지표가 하나도 없었다. 그럼에도 대출은 받을 만큼 받은 상황이라 은행에 더는 손을 벌릴 수도 없었다. 나는 정말 죽음의 계곡을 건넌다는 각오로 투자를 받아내야만 했다.

투자자 70여 명에게 배우다

나는 회사 창업하고 딱 한 달 뒤부터 투자유치를 위해 여러 액셀러레이터를 중심으로 미팅을 시작했다. 사업자도 내고 사무실도 얻고 직원도 뽑고 기술 브리핑도 가능한 시점이었다. 그러나 투자 부분에 대한 특별한 전문성이 없었으므로 개발자 미팅을 다녔던 마인드로 여러 곳을 만나러 다닌 것에 불과했다.

지금으로서는 너무도 당연한 일이지만 당시 투자자들의 반응은 매우 차가웠다. 당시 나에게는 그것이 일종의 충격이었다. 나는 기술에 자신이 있었다. 일단 기술에 대해 조금만 이해가 된다면 우리가 얼마나 대단한 제품을 만들어낼지 알 수 있었다. 그러나 투자자들은 내가 할 수 있는 것보다 할 수 없는 것 혹은 해내지 못할 것에 더 집중했다. 투자자들의 눈에 프록시헬스케어는 기술 논문만 갖고 있을 뿐 매출은 고사하고 시제품조차 개발돼 있지 않았다. 정말로 가능성밖에 없었다. 나는 가능성에 확신을 더해 투자해줄 곳을 찾아다녔다. 그러나 투자자들은 나머지 위험 요소들을 이야기하며 매몰차게 거절했다.

처음에는 '다른 곳을 만나면 되지.'라고 가볍게 생각했다. 그러나 같은 질문에 같은 결론이 나는 미팅이 계속되자 '내가 바뀌어야 한다.'라는 생각을 하게 됐다. 투자자들이 "콘셉트는 좋지만 제품이 아직 없네요."라며 제품이 없는 것을 큰 위험 요소라는 판단하면 나는 '시제품'을 만들어서 보여주어야만 하는 것이었다. 시제품을 들고 간다면 "원천기술 보유자들이 제품 개발에 실패하는 사례가 많아 투자가 힘들다."라는 말은 더 이상 듣지 않아도 될 것이다. "당신들의 자본력과 팀 구성이 빈약해서 시장 검증이 되지 않은 기술에 투자하기는 어려울 것 같다."라는 말 역시 들을 필요가 없어진다.

나는 10월 한 달간 투자자를 만나고 나서는 더 이상의 미팅을 하지 않고 시제품을 개발하는 데 집중했다. 시제품 개발 일정을 과감하게 앞당기고 그대로 밀어붙였다. 물론 시제품 개발에도 비용이 들어가지만 완제품 개발 단계만큼은 아니다. FF 펀드와 신용보증보험 등에서 대출받은 돈을 시제품 개발에 쏟아부었다. 그리고 3개월 만에 시제품을 만들어냈다. 2021년 1월 나는 다시 투자자들을 만나기 시작했다. 확실히 투자자들의 태도는 이전과는 달랐다. 우선 새로 만난 투자자들은 테이블에 좀 더 바짝 다가와 앉았다. 시제품을 펼쳐보고 만져봐야 했기 때문이다. 이전의 투자자들이 의자를 뒤로 빼고 서류를 손으로 뒤적이던 것과는 사뭇 다른 모양새였다.

또한 나는 그사이 벤처기업 인증을 받고 팀 구성도 안정적으로 마쳤다. 모두 초기에 만났던 투자자들을 통해 얻은 정보 덕분이었다. 개인 투자자들은 투자금의 세금 환급을 매우 중요하게 생각했다. 투자금의 40퍼센트까지 세금 환급이 됐다. 그러려면 투자처가 벤처기업 인증이 돼 있어야 했다. 정부에서는 유령 기업이나 페이퍼 컴퍼니를 차려서 돈을 이체하고 '투자를 했으니 세금을 돌려달라.'고 하는 리스크가 있으므로 벤처기업 인증이라는 제도를 활용하고 있었다. 벤처기업 인증은 해당 기업이 실체가 있는지 영속성을 가지고 사업을 진행할 수 있는지 기술성과 사업성을 종합적으로 검토한 끝에 부여된다.

나는 일반 기업들은 창업한 지 3년이 돼도 인증을 받지 못한 곳이 많다는 이야기를 들었다. 나는 나만의 추진력으로 일을 진행했고 기술보증보험의 대출 심사도 받고 인증도 받았다. 벤처기업 인증을 받으려면 사내 연구소가 있어야 했다. 팀 구성을 안정적으로 하면서 연구소도 개설해 관련 업무를 효율적으로 진행하도록 했다. 나는 벤처기업 인증을 통해 우리의 기술을 공식적으로 한 번 더 인정받았다는 데 자부심을 느끼기도 했다. 다시 투자자들을 만나러 다녔다. 의사 친구들이 중심이 된 곳에서 1억 5,000만 원의 엔젤 투자를 유치했다. 그 돈으로 업그레이드된 시제품을 50개 더 만들 수 있었다. 나는 이 시제품을 들고 더 많은 투자자를 만나러 다녔다.

당시 투자자들을 만나러 다닐 때 나의 목표는 '5억 원'이었다. 그때만 해도 그 정도면 충분하지 않을까 생각했다. 투자금을 받으면 지분을 나눠주어야 하고 '정기 보고'까지는 아니더라도 주주로서 대우해 주어야 한다. 투자금은 절대 공돈이 아니다. 나는 필요한 돈을 충당할 수 있는 수준까지만 투자금을 유치하고자 했다. 그런데 시간이 지나면서 목표가 점점 상향 조정됐다. 시제품이 완제품 단계로 넘어가면서 현금이 나가고 재고 자산만 늘었다. 제품이라도 왕창 나가주면 좋으련만 초창기이다 보니 입소문으로 물건이 팔려나가던 때라 그럴 수도 없었다. 창고에 물건이 쌓여가는 만큼 지출할 곳도 쌓여갔다.

이때 처음으로 스타트업 대표로서 힘들다는 생각을 했다. 회사 내부에서는 팀원들과 갈등이 생기고 외부에서는 투자자들에게 매일 깨지고 당장 지출할 곳은 쌓여 있으니 숨이 턱턱 막혔다. 모두가 배우는 과정이고 해내면 된다는 생각으로 버텼다. 어떤 면에서는 이전에 배운 것들을 바탕으로 새로운 투자자들에게는 나의 기량을 마음껏 펼쳐 보이는 부분도 있었다. 내가 부족했던 부분을 만회하고 그들이 원하는 것을 보여주려고 부단히 애를 썼다. 그러자 가능성을 알아보고 투자를 하겠다는 곳도 하나둘 만나게 됐다.

2021년 봄이 찾아오면서 프록시헬스케어에도 봄바람 같은 희망의 소식이 들려왔다. 제품 개발이 마무리되고 제품 판매에 가속도가 붙는 중에 20억 원 가까운 금액의 투자금이 들어왔다. 7월에는 매출이 3억 5,000만 원을 넘기며 회사의 은행 잔고(시제)도 최고점을 찍었다.

냉정하고 냉정하고 또 냉정하라

투자 유치가 얼추 마무리됐다. 나는 내가 만났던 투자자들과 성사됐던 곳, 막바지까지 갔다가 불발됐던 곳, 내가 투자금을 받지 않았던 곳을 헤아려보았다. 70여 투자자 중에 투자를 받은 곳은 7곳이었다. 2곳은 내가 퇴짜를 놓았다. 나머지는 내게 투자 불가 혹은 투자 거절의 답신을 보내왔다.

나는 투자를 받으며 세상에 돈이 얼마나 중요한가를 깨달았다. 창업 초만 해도 '나는 실력 있으니까 언제든지 돈은 가져올 수 있다.'라고 안일하게 생각했다. 그러나 딸린 식구가 많아지고 거래처에서 지급 요청이 쇄도하면서는 정신이 번쩍 들었다. 특히 돈 문제만큼은 어디 하소연할 곳이 없다는 것이 가장 답답했다. 부모님도 친구도 해결해줄 수 있는 문제가 아니었다. 또 자존심상 쉽사리 이야기를 꺼내지도 못했다. 결국 스타트업이란 혼자 고민을 많이 하는 일이라고 결론을 내고 스스로 돌파구를 찾아야 했다.

덕분에 나는 창업하겠다고 하는 친구들에게는 하고 싶은 이야기가 많아졌다. 절대 안일해서는 안 된다. 공부도 많이 해야 한다. 그리고 마지막까지 냉정해야 한다. 창업하겠다고 경진대회 같은 곳에 나가면 네트워크가 만들어진다. 그럼 투자자들과 자연스럽게 만날 기회들이 생긴다. 이때 투자자들은 회사 밸류가 얼마고 주식은 어떻게 발행이 되고 이야기를 꺼낸다. 나는 이때까지 부딪혀본다는 생각으로 이야기를 들었다. 그들이 흥미롭게 관찰하는 지표가 무엇인지 확인하고 어떤 식으로 스토리텔링이 되는지를 확인했다. 어깨너머로 듣는 것보다 직접 투자자를 만나는 것이 확실히 좋았다.

그러나 투자자들을 만나다 보면 기운이 빠지는 이야기를 정말 많이 듣게 된다. 나도 가슴에 스크래치가 나는 이야기를 많이 들었다. 여러 투자자로부터 "제가 박사님들 많이 만나봤는데 현실을 잘 모르시더라고요. 잘 아셔야 해요."라는 훈수를 들었다. 그리고 나의 연구 결과를 깎아내리는 이야기도 많이 들었다. "달랑 특허 1개 가지고 되는 건 없어요." 나라고 모르는 이야기가 아니었다. 특허 진행을 더할 생각도 있었다. 그러나 그들은 내 이야기는 들으려 하지 않고 자신들의 이야기만 쏟아냈다. "안 된다."라는 이야기를 반복해서 들으면 그것도 세뇌가 된다. 이때는 정신을 잘 붙들어야 한다.

가끔 정말 투자를 해줄 것 같은 투자자를 만나게 될 때는 냉정하게 살필 필요가 있다. 2019년 4분기에 프록시헬스케어의 가치를 6억 원 정도로 평가한 후 6,000만 원을 투자하고 지분 10퍼센트를 가져가겠다는 투자자를 만난 적이 있다. 내가 거절한 투자자 두 명 중 한 명이었다. 나는 우리 회사를 헐값에 넘기고 싶지 않았다. 6,000만 원으로 우리 회사가 일어날 것 같지도 않았다. 기업가치에 대해서는 스스로 회사의 가치를 평가해보고 기본 비율을 정할 정도로 공부를 해두는 것이 좋다.

한편으로 투자를 정말 해줄 것 같을 때도 마지막까지 마음을 놓아서는 안 된다. 거절당한 한 60여 번 중에는 정말 내일 당장 입금해줄 것 같은 투자자도 여럿 있었다. 하루 이틀, 한 주 두 주, 한 달 두 달 시간이 흘러 "미안하다."라는 통화로 끝이 났다. 잔뜩 기대하고 수혈을 기다리던 나는 그대로 사망선고를 받은 것처럼 낙담했다. 그런데 그것도 몇 번 당하고 나니까 "될 때까지 된 것이 아니다."라며 마음을 놓고 기다릴 줄 알게 됐다.

투자 이야기를 종합해보면 투자자들을 만날 때 가장 좋은 점은 앞서 이야기했듯 '배울 기회'가 된다는 점이다. 그들이 어떤 톤과 매너로 이야기하든 나와 일을 하든 안 하든 나의 약점에 매우 민감하고 잘 공유해준다. 안 된다고 하는 사람은 나를 깎아내리기 위해서 또 된다고 하는 사람은 나를 더 잘되게 하려고 약점을 이야기해준다. 나는 심각하지 않게 그 이야기를 들었고 잘 수용했다. 그리고 정말 내가 알아야겠다는 생각이 든 것은 지인에게 부탁해서라도 배웠다. 기업 밸류 기준과 투자 시 주식 발행 방법과 기업 연구소 신설과 벤처 인증에 대해 가르침을 받으니 그다음부터는 일이 훨씬 수월해졌다.

나는 '투자는 결혼'이라고 생각한다. 자신을 잘 알아봐주고 자신의 기준에 흡족한 상대를 만나고 싶어한다. 꼭 '사랑'이 전부일 필요는 없다. 상대의 재력, 명성, 인품에 반해 결혼할 수도 있다. 내 입장에서 좋은 투자자란 매출이 없어서 자생력도 생기지 않았을 때 미래를 보고 회사를 유지시켜 줄 수 있는 동반자였다. 따라서 나는 나의 기술을 알아봐주고 가능성을 함께 열어줄 곳을 원했다. 실제 우리에게 가장 많은 투자금을 넣은 곳은 신기술 기반 창업에만 투자하는 곳이었다. 세상에 새로운 제품을 내놓는 일이 얼마나 어려운지 알고 인정해준 것이다.

잔소리를 보태자면 투자받는 쪽도 책임을 다해야 한다. 자신의 사업에 전념하고 투자금으로 사업에 전념해야 한다. 투자자들을 만나며 그렇지 못한 스타트업이 많다는 이야기를 들었다. 한편으로는 그들의 안일하고 무지한 태도 때문에 많은 스타트업이 피해를 보고 있다는 생각도 든다.

4

우수함은 노력의 결과이다

시제품과 완제품는 다르다

2020년 10월 창업 1년 하고 1개월 만에 우리 제품은 미국 식품안전의약국FDA 인증 등록을 취득했다. 내가 칫솔을 선택했던 이유 중 하나는 '전세계에서 사용하는 생필품'이었기 때문이다. 한국에서 생산하든 미국에서 생산하든 남아프리카공화국에서 생산하든 전 세계에 팔 수 있다. 우리는 완제품이 출시된 즉시 미국 수출을 위해 미국 식품안전의약국 인증 절차를 진행했다.

물론 수출 제품 모두가 미국 식품안전의약국 인증을 필요로 하진 않는다. 나는 우리 제품이 전기를 쓰기 때문에 안전성 우려가 생기지 않기를 바랐다. 인증 과정에서는 독성 물질이나 환경호르몬 유발 물질은 없는지 검사하고 전자기파의 주파수 대역에 대한 안전성 검사도 포함된다.

　미국 식품안전의약국 인증 등록까지 마친 뒤 제품을 다시 살펴보았다. 첫 시제품을 만들고 연구원들과 앉아서 한 달 내내 조립했던 때가 떠올랐다. 제조의 처음은 개발이다. 개발자는 직접 설계도를 그리고 그에 맞는 부품을 발주해 시제품을 만든다. 조립 중에 문제를 확인하고 테스트해서 설계도를 수정하는 과정을 반복한다. 그렇게 완벽에 가까운 설계도가 완성돼야 완제품 설계도도 만들 수 있다. 당시 우리 회사의 연구원은 나를 포함 여섯 명이었다. 한 달 내내 조립해서 만든 시제품은 고작 50개였다. 완제품은 칫솔모 하나 본체 하나를 연결하는 것이 다이다. 하지만 시제품은 내부 전자기파 발생기부터 외형 플라스틱까지 일일이 조립해야 하므로 어쩔 수 없었다.

　첫 시제품 이후 트로마츠 칫솔의 변화는 상당했다. 테스트하면서 수정을 많이 했다. 완제품도 4번의 리뉴얼을 진행했다. 새로운 완제품이 되기까지 이전의 모든 제품은 시제품이라고 할 수 있다. 몇 번의 발버둥을 친 후에야 완제품에 가까운 제품이 탄생한다. 나는 시제품이고 완제품이고 가리지 않고 사용자로부터 이야기를 많이 듣고자 했다. 한참 투자자를 만나러 다닐 때 우리 제품이 칫솔이니만큼 전문가 집단의 평가를 받아보고 싶었다. 그래서 치과 의사 네트워크가 강한 투자 파트너스사를 만났고 그곳에 시제품을 전달하고 검토를 부탁했다. 속으로는 본인들의 직업과 이해관계가 충돌해 혹평하는 것이 아닌가 걱정을 하기도 했다. 만약 트로마츠 칫솔의 효과가 좋다면 치과 환자들이 줄어들게 될 테니 치과 의사들로서는 달갑지 않은 일일 것이라고 짐작한 것이다.

그러나 1개월간의 평가를 종합해보니 치과 의사들은 칫솔모에 대한 지적을 가장 많이 했고 완성도를 높여야 한다는 의견이 많았다. 치과적 임상 유효성에 대한 의견보다는 상업적 성공 가능성에 집중했다. 치과 의사이면서 투자자이기 때문에 상품을 객관적으로 이해하고 평가해준다는 인상을 받았다. 일부 치과 의사들은 과학 원리에 집중해 우리 제품이 획기적이고 긍정적이라는 평가도 해주었다. 그때 나는 강한 자신감을 얻었다. 양산 제품은 시제품과는 다른 방식으로 생산하기 때문에 상업적으로 개선할 부분이 많았다. 우리는 이러한 피드백을 빠르게 반영하며 시제품을 개선해 나갔다.

2020년 4월에는 그간의 기술 평가를 바탕으로 실제 실험을 해보기로 했다. 임상 실험을 위해 치과 전문의를 섭외하고 부모님이 계신 포항의 65세 이상 고령자 중 치통이 심한 환자들을 모아 테스트했다. 치과 전문의는 임상 전 환자들을 진찰했고 1개월간 트로마츠 칫솔을 사용한 후에도 한 번 더 진찰했다. 실험 결과 치통이 심했던 환자들은 음식을 자유롭게 먹을 수 있을 만큼 회복됐다. 이 결과는 투자유치에도 적극적으로 활용됐다. 비록 간이 임상 평가 수준이지만 체계적인 관리에 의한 결과여서 시드 투자를 유치하는 데 큰 도움이 됐다. 창업 9개월 만에 시드 투자금액으로는 상당한 6억 원의 투자금을 유치한 데도 임상 평가가 좋은 영향을 미쳤다.

마침 울산에 제조 센터가 만들어지면서 시제품 생산량을 대폭 늘릴 여건이 마련됐다. 2020년 3월 이후 한 달에 1,000개 이상의 시제품을 만들어냈다. 서울에서는 시제품 보완 쪽에 집중을 했다. 이렇게 투자금 유치로 완제품 출시에 조금 활력이 붙었다. 완제품을 제작하기 위해서는 '조립 공정도' '부품 명세서'가 필요하다. 방수와 같은 사용상 문제를 해결하는 '품질 관리 체계QC, Quality Control'도 세워야 한다. 시제품 출시 6개월 만에 우리가 이 모든 것을 만들어냈다.

투자자들은 가끔 일개 엔지니어 출신이 제조 센터를 원활히 돌리는 것을 의아해한다. 그러나 나는 '제조 시스템 구축'이라는 주제를 어렵게 생각하지 않았다. 이전 직장에서도 엔지니어들이 공정도를 그리고 최종 제품이 출하될 때까지 작업한다. 장비 개발도 비슷한 과정을 거친다. 나는 생산라인도 직접 깔아본 경험이 있다. 그러다 보니 자연스럽게 제조 시스템을 어떻게 만들어가야 하는지의 개념들이 잡혔던 것 같다.

개발자에게도 작업자에게도 가장 힘든 문제는 '불량'이다. 개발 단계에서는 '관찰'을 잘해야 한다. 직접 작업해보면 제품이 왼쪽에서 오른쪽으로 이동하느냐, 오른쪽에서 왼쪽으로 이동하느냐 같은 사소한 부분에서 불량의 원인이 발견되기도 한다. 제조 센터를 구축할 때는 적채 공간, 이동 동선, 청결도 등을 살펴야 한다. 작업자들이 완제품을 만들 때는 '숙련도'를 끌어올릴 방법들을 찾아주는 것이 좋다. 기본적으로 개발자들은 오래도록 제품에 매달렸기 때문에 처음 보는 작업자들보다는 훨씬 숙련도가 높다. 작업자들에게 작업 지시도를 주고 끝낼 것이 아니라 실제 작업했을 때 경험과 주의점을 직접 소통해주는 것이 가장 빠르게 숙련도를 끌어올리는 방법이다. 외주사에 부품 의뢰를 할 때도 마찬가지다. 꼼꼼하게 불량 가능 부위를 체크해주고 외주사에서도 세세히 살필 수 있도록 소통하고 점검해야 한다.

나는 모든 제품의 우수함은 노력의 결과물이라고 생각한다. 처음 제조를 시작할 때는 개발과는 또 다른 세계에 발을 들여놓는 것 같았다. 그때까지는 내 손에서 제품을 뚝딱뚝딱 만들면 되는 일들이었다. 하지만 작업자들 손으로 제품이 넘어가면서는 또 다른 문제가 생기고 고민거리가 생겼다. 고객에게 우수한 제품을 내놓기 위해서는 한순간도 놓쳐선 안 된다. 개발자가 됐든 영업자가 됐든 경영자가 됐든 제품을 파는 일을 하는 거라면 제조 현장의 감각을 잃지 않도록 하는 것이 가장 중요하다고 생각한다.

대기업으로부터 기술료를 받다

기술적으로 트로마츠의 장점은 사용처가 무궁무진하다는 것이다. 흔히 '물때'라고 부르는 미생물막은 어디에나 있다. 집안만 살펴보아도 악취의 원인이 되는 싱크대, 화장실의 배수망, 에어컨 내부, 욕실 벽면에 다 미생물막이 있다. 바깥으로 나가면 자동차 내부 냄새에서 선박 표면의 부식까지 다 미생물막이 있다. 현재 미생물막에 의한 미끈거림과 냄새 그리고 곰팡이의 번식을 막는 방법은 솔로 문지

르거나 화학물질을 사용해 닦아내는 정도이다. 트로마츠 기술은 인체에 무해한 전기로 원천적으로 해결할 수 있다. 자극과 소음을 발생할 필요도 없다는 점이 강점이다. 우리는 앞으로 트로마츠 기술을 활용한 다양한 제품으로 만들어갈 계획이다. 여기에는 여러 조직과의 협업도 포함된다.

대표적으로 2021년 4월 프록시헬스케어는 해양수산부에서 진행하는 '선체 부착 생물 처리기술 개발 지원 사업'에 선정됐다. 선체 부착 생물이란 따개비를 말한다. 배에 따개비가 붙으면 이동할 때 마찰저항이 커져서 운행 속도가 떨어진다. 따개비 때문에 연료 소모가 늘고 그러다 보니 이산화탄소까지 늘어 전 세계적으로 보면 매년 1,000억 달러(약 110조 원)의 손해가 발생하고 있다. 기존에는 배에 따개비가 붙지 못하도록 독성이 강한 부착방지제를 활용하기도 했다. 그런데 이것이 해양생물에 심각한 문제를 일으켜 2001년 국제 협약으로 사용이 금지됐다. 엄청난 손실에도 현재로서는 이렇다 할 대책을 마련하지 못한 상황이다.

그런데 트로마츠 기술을 활용하면 배 바닥 면에 따개비가 붙는 것을 원천적으로 막을 수 있다. 따개비가 선체에 붙는 것도 미생물막 때문이다. 실제 어항실험을 해보니 트로마츠가 발생하는 필름에는 다슬기가 거의 붙지 않는 것을 확인할 수 있었다. 어항에 트로마츠 기술이 접목된 필름과 그렇지 않은 필름을 15분 정도 두었다. 트로마츠 필름에는 미생물막이 생기지 않았다. 미생물막의 양을 감지해 따개비가 붙기 전에 주기적으로 제거해주는 기술을 개발하면 따개비 문제를 완전히 해소할 수 있다. 우리는 트로마츠 기술의 적용을 인쇄 방식으로 고민하고 있다. 선박 표면에 인쇄하면 선박에 손상을 가하지 않아도 되고 운행에도 영향을 주지 않는다. 해양수산부는 이러한 아이디어를 실체화하기 위해 우리 회사에 5년간 12억 원을 지원하기로 했다. 2021년 12월부터 안전 인증을 취득하고 작은 선박부터 테스트에 들어갈 계획에 있다.

　트로마츠 기술의 또 다른 적용 분야는 미용 부분이다. 2021년 12월부터 국내 굴지의 전자 회사의 미용 제품에 트로마츠 기술이 접목될 예정이다. 이 사업의 시작은 우리 투자사의 기술설명회를 통해 이루어졌다. 투자사인 퓨처플레이는 한 달에 한 번씩 자신들이 투자하는 기업의 기술을 국내외 투자사에 공유하는 행사를 한다. 한 번은 트로마츠 기술을 소개해보고 싶다는 연락이 왔다. 그곳에서 우리 기술을 접한 국내 전자회사의 투자 담당자가 적극적으로 연락해왔다. 그들은 나의 논문을 바탕으로 기술 검토를 적극적으로 했다고 한다. 그리고 A전자의 미용 제품에 접목하는 방안을 모색해 보았다.

　협의 과정에서 트로마츠 기술을 접목한 미용 제품을 제작해 성능 검증을 해본 결과 예상대로 가장 미용 효과가 높게 나타났다. A전자는 이 실험 결과를 바탕으로 트로마츠 기술의 사용료 계약을 문의해 왔다. 협상은 원만히 이루어졌으며 2021년 12월부터 완제품 판매가 이루어질 예정이다. A전자는 "트로마츠 기술을 적용해 자극 없는 미용 제품의 새로운 프리미엄 라인업을 구축할 수 있을 것으로 기대하고 있습니다."라고 강한 자신감을 내비쳤다.

국내 굴지의 전자 회사 내부에도 우수 연구 인력이 많을 것이다. 그럼에도 로열티를 주면서까지 우리 기술을 사용하는 것은 그만큼 사업적 가치를 인정한 것이 아니겠는가. 또한 A전자가 글로벌로 이름을 떨치고 있는 만큼 '기술료를 받는 기업'이라는 레퍼런스를 활용할 수 있다. 우리로서는 일거양득의 효과가 있는 사업인 셈이다.

3장

끝까지 위험하게 살아라

1

그래도 창업을 했을까

나의 적성은 '문제해결' 능력이다

나는 요즘도 '만약 내가 의사가 됐다면 뭘 하고 있었을까?' 하는 상상을 종종 해본다. 그러다 의료 사고를 예방하는 시스템이나 의료 서비스를 개선하는 앱을 개발하는 건 어떨까를 생각한다. 결국 '만약 내가 의사가 됐어도 사업을 했을 것'이라는 현재와 다르지 않은 결론을 확인한다. 덕분에 나는 최근 "트로마츠 기술이 없었어도 창업을 했을까요?"라는 질문에 "네 했을 겁니다."라고 자연스럽게 답할 수 있었다.

나는 나의 '적성'이 '문제 분석'이라고 생각한다. 적성이란 남들보다 높은 수준의 잠재력이 아니다. 다만 내가 가진 능력 중 비교적 우수한 것이다. 따라서 타고난 적성이란 다양한 능력에 대한 개인 내 상대평가의 결과이다. 적성은 타고난 것이기도 하지만 갈고닦아 키우는 면도 강하다. 나는 오랜 과정을 통해 '문제 분석' 능력을 갈고닦아 왔다.

무엇보다 내가 나의 적성이 문제 분석이라고 생각한 것은 의대보다 공대에서 더 잘해냈기 때문이다. 나는 의대를 다니는 3년 동안 그다지 못나지도 않았지만 그렇다고 그렇게 뛰어나지도 않았다. 그 긴 시간 동안 그럭저럭 중간 정도의 학생이었다. 그런데 미생물 연구를 하던 당시 나는 누가 봐도 우수한 연구자였다. 특히 기존의 생명공학 전공자들보다 월등한 이해력을 가졌고 전자공학을 접목해 새로운 기술도 개발할 수 있었다. 나는 적성이 의학이 아니라 전자공학이라는 걸 쉽게 깨달았다. 이 부분에서 문제 분석 능력을 특별히 공들여 갈고닦았다.

나는 진중한 사람은 아니지만 문제는 오래 관찰할 수 있다. 오래 보면 어디에서 문제가 생기는지 파악할 수 있다. 덕분에 기술적 해결점들도 잘 찾아냈다. 그런데 놀랍게도 최근에 나의 뛰어난 문제 분석 능력을 잘 발휘할 수 있는 곳을 또 하나 찾아냈다. 바로 창업이라는 영역이다. 창업은 정말 문제의 연속이다. 대부분 당연시 하던 것들을 '내'가 하면 문제가 생긴다. 재무나 인사 관리 등이 대표적이다. 또 공급자 위주로 생각하면서 문제가 생긴다. 제품을 만들 때 뼈저리게 느꼈다. 혁신하자고 하면 더 많은 문제가 생긴다. 이건 아주 전체적인 부분에서 다 그러하다. 그런데 나는 문제를 해결하는 것에 묘미를 느졌고 자연스럽게 추진력도 얻었다.

왜 어제는 시작하지 못했을까

나의 전략은 대부분의 목표를 아주 단기간에 맞추어 잡고 계획도 바로 실천하는 것이다. 시작 시점은 최대한 빠른 시기로 잡는다. 시작 시점은 내년이 아니라 올해, 다음 달이 아니라 이번 달에, 다음 주가 아니라 이번 주가 좋다. 이왕이면 내일보다는 오늘이 좋다. 나는 10대 시절부터 '하루의 차이'를 잘 알고 있었다. 학습 계획을 세울 때도 내일부터 이렇게 해보겠다는 것이 아니라 오늘 오후부터 어떻게 하겠다는 계획을 세웠다. 그리고 가끔은 '왜 어제 시작하지 못했는가?'를 고민했다. 그렇게 계획을 현실적으로 잡고 바로 실행하다 보니 계속해서 목표를 달성할 수 있었고 현실적 성과도 만들 수 있었다. 사업 영역에서도 같은 방식으로 했고 비슷한 결과를 얻었다.

2019년 창업을 하고 벌써 2년이나 지났다. 이제는 암투병하며 병실에 누워 있던 때가 언제였던가 싶다. 어른들은 시간이 같은 속도로 흐르지 않는다는 이야기를 자주 한다. 실제 인생의 어느 시기는 길게 느껴지고 어느 시기는 짧게 느껴진다. 보통 새로운 것을 겪고 집중할 때는 빨리 흘러가고 지루하고 심심할 때는 천천히 흐른다고 한다. 나는 지난 2년이 후다닥 흘러간 것 같다. 수많은 불량 클레임을 해결하기 위해, 좌절되는 투자유치를 성사시키기 위해, 인사관리의 허점과 미숙함을 극복하기 위해 해체와 재결성을 통한 팀의 안정을 위해 모든 것을 쏟아부었다. 그 모든 과정이 내게는 성장의 시간이었다고 생각한다. 나는 성장을 위해서라면 다시 태어나도 창업의 고통과 시련을 마다하지 않을 것이다.

2
두려움의 실체를 확인하라

경험의 한계를 넘어서야 한다

나는 공학을 전공한 사람으로서 '경험의 한계를 넘어설 수 없다.'라는 이야기를 좋아하지 않는다. 우리가 배운 것만이 지식으로 여기고 경험해본 것만 인정한다면 너무나 좁고 갑갑할 것이다. 우리는 경험의 한계를 넘어서기 위해 다양한 형태로 새로운 것을 익히고 간접적으로 배운다. 그렇게 성장한다.

그러나 '공포'와 '두려움'에 있어서만큼은 '경험의 한계'를 인정하지 않을 수 없다. 우리는 알지 못하는 세계와 지식이 많지 않은 부분에 대해 공포와 두려움을 느낀다. 대표적인 것이 미지의 분야, 내가 겪어봐야 하는 부분이다.

근 10년 전 미국에서 두 번째 겨울을 보내게 됐을 때 크리스마스에서 새해로 넘어가는 긴 휴가 기간을 맞아 홀로 남부 여행을 떠난 적이 있다. 대학은 문을 닫고 모두가 가족들과 휴가를 보내는 시기에 친구들은 내게 "영은 뭘 할 계획이냐?"고 물었다. 나는 작년처럼 방에 처박혀 밀린 잠이나 실컷 자겠다고 했다. 그때 친구들이 "무조건 남부로 가."라는 말을 했다. 이제 미국 생활에 약간 적응한 내가 홀로 차를 몰고 여행을 간다는 것을 상상도 할 수 없는 일이었다. 게다가 내 차는 나온 지 15년이나 된 닛산의 알티마로 완전 고물이었다. 친구들이 추천하는 플로리다까지 가려면 차로 18시간이나 운전해야 했다. "말도 안 돼."라며 친구들의 추천을 가볍게 무시하고 집에 왔다. 그러나 한밤중이 되고 보니 '왜 안 돼? Why not?'라는 생각이 들었다. 내게 이런 기회가 또 언제 올까? 아마도 없을 것 같았다. 그렇게 '플로리다까지는 힘들더라도 중간인 노스캐롤라이나는 갈 수 있지 않을까?'라는 생각으로 길을 떠나보기로 했다.

2010년 12월 26일 나는 내비게이션을 켜고 남쪽으로 차를 몰았다. 워싱턴DC 근교는 차가 많아 신경을 곤두세워야 했지만 버지니아주의 중앙 부분에 이르자 길은 텅텅 비고 광활한 평야가 펼쳐졌다. 그야말로 장관이었다. 자유를 눈에 보이도록 표현한다면 딱 그런 모습일 것이다. 1월 초 순 휴가를 마칠 때까지 낯선 도시로 차를 몰고 가서 잠깐 둘러보고 모텔에서 잠을 자는 식으로 여행을 계속했다. 리치몬드라는 도시에서는 점심으로 베트남식 볶음밥을 먹고 영화에서만 보던 주차장 앞의 단층짜리 방이 쭉 이어져 있는 모텔에 투숙했다. 버지니아 커먼웰스 대학교를 돌아보고 근처 식당에 들러 로컬 맥주에 버거로 저녁을 먹었다.

다음날에는 더햄이라는 곳에서 듀크대학교와 노스캐롤라이나대학교를 돌아보았다. 한겨울이었으나 남쪽으로 내려오니 약간 두꺼운 옷만 걸쳐도 추위가 느껴지지 않을 정도로 날씨가 좋았다. 마지막으로 도착한 곳은 노스캐롤라이나주의 윌밍턴이었다. 전혀 알려지지 않은 도시라는 데 큰 매력을 느꼈다. 조금 늦은 시간에 도착한데다 한식을 전혀 못 먹던 시기라 월마트에서 육개장을 사다가 숙소에서 뜨거운 물을 끓여서 먹었다. 작은 항구도시로 한적한 느낌이 인상적이었다.

그때까지 나는 앞만 보고 매진하는 삶을 수년째 살아왔다. 반드시해내야 한다는 의욕에 불타 있었다. 그러나 그 여행을 통해 삶에는 재충전도 필요하다는 것을 깨달았다. 만일 내가 일상의 틀에 박혀 열흘 동안 방에 있었다면 잠도 푹 자고 공부도 더 해볼 수 있었을 것이다. 하지만 그런 경험을 결코 하지 못했을 것이다. 낡은 차를 홀로 운전하며 낯선 곳으로 향하는 위험을 감수하지 않았다면 깨달음 같은 것도 얻지 못했을 것이다.

안개 속으로 들어가보자

어떤 이유에서인지 최근의 분위기는 '한 발만 잘못 디디면 백수가 된다.'라는 공포가 만연한 것 같다. 그래서 더욱 안정을 찾고 거기서 벗어나지 않으려고 애쓰는 것 같다. 세상에는 한 발 벗어나도 큰일 나지 않는 길도 많고 해보면 되는 일들이 많다.

"안개 속으로 들어가보라!"

만일 마음속에 열망이 있는데 공포와 두려움으로 현실화시키지 못하고 있다면 직접 안개 속으로 들어가 보라는 말을 전하고 싶다. 도망만 가서는 절대 원하는 삶을 살 수 없다. 불안과 걱정을 근본적으로 해결하는 방법은 그 길로 가서 안개 속의 실체를 확인하는 방법뿐이다. 대부분의 것들은 해보면 생각만큼 어렵지 않다.

3

발명가의 시대는 끝나지 않았다

우리에게 돌팔매가 필요하다

위험하게 살아라.
당신의 도시를 베수비오 화산 기슭에 세워라.
당신의 배를 미지의 바다를 향해 띄워라.
자신과 생각이 다른 사람들과 끊임없이 싸우며 살아라.
-프리드리히 니체, 『즐거운 학문』 중에서

내가 인문학에서 유일하게 관심 있는 분야는 '역사'이다. 특히 중국 역사는 오랫동안 관심을 두고 파온 분야이다. 큰 대륙에 일어났다 사그라지는 국가들의 이야기를 보고 있으면 '인간의 위대함'을 느끼게 된다. 그 밖의 분야는 '꼭 해야만 하는 수준'에 머물러 있다. 그러나 니체의 이 글만은 참 매력적이라 생각한다. 안정이 삶의 가장 중요한 이슈인 우리에게 니체의 글이 주는 가르침은 돌팔매 같다.

20대 나는 '군대'가 나의 안정에 가장 큰 걸림돌이라고 생각했다. 그런데 스물일곱 살 제대를 앞두었을 때 "군대 때문에 인생 계획을 세우기 어렵다."라는 것이 변명이라는 것을 알게 됐다. 전역 시점이 되자 나의 미래는 더 막막하게 느껴졌기 때문이다. 당시 내가 평가한 나는 '스물일곱 살(지금으로서야 한창 젊을 때라고 생각이 들지만 당시는 아무 것도 이룬 것 없이 나이만 먹었다고 생각했다.)' '백수(전역을 하면 의식주를 해결해주고 월급을 주는 곳이 아예 없어진다. 성인이 된 지 한참인데 부모님에게 가서 밥을 축낼 생각을 하니 속이 쓰렸다)'에 학력은 '고졸(원하던 대학에 갔다는 기쁨은 온데간데없어졌다. 남들은 이미 대학을 졸업할 나이의 나는 졸업까지 7학기가 남아 있었다. 이대로 사회에 나간다면 나의 학력은 고졸이었다.)'이었다. 내가 생각한 인생의 성적표는 너무나 초라했고 나는 밤잠을 이루지 못했다.

생각해보면 내가 불안하고 걱정이 많았던 것은 약간이나마 '안정'을 추구했기 때문이다. 스물일곱 살은 아직 초반이며 몸이 자유로워지면 새로운 일을 할 기회도 생긴다는 상황을 이해하고 대학에 돌아가면 원하는 공부를 마음껏 할 수 있다는 가능성을 이해했다면…… 약간의 위험을 감수할 용기만 있었다면……. 그런 걱정과 고민이 아무 의미가 없다는 것을 알았을 것이다.

제임스 다이슨은 저서 『계속해서 실패하라』에서 자신이 대학에서 디자인을 공부하고 사회에 나와 새로운 것들을 만들 때 "세상은 더 이상 '발명가들의 시대'가 아니었다."라고 썼다. 예술을 꿈꿨던 자신이 '공학자와 발명가들은 미래가 어떻게 움직일지를 결정하고 있다.'라는 것을 깨닫고 스스로 공학자나 발명가가 되려고 했을 때 느꼈던 막막함에 관한 이야기였다. 거대 독점 기업들이 혁명과 혁신을 수용하지 않고 '적당한' 제품을 만들어 광고를 통해 판매하고 있다고 비판했다. 그를 둘러싼 일상은 "도전 따위는 주머니에 넣어둬!"라고 말하고 있었다.

다행스럽게도 나는 개발과 제조를 할 때 그러한 절망은 느끼지 못했다. 오히려 우리 사회가 창업자들을 위한 다양한 지원 제도를 마련해준 것에 감사했다. 스타트업으로서 한 발 한 발 내디딜 때 참으로 많은 도움을 받았다. 그리고 스스로도 기술의 한계를 계속 깨고 있다는 자부심을 크게 느꼈다. 완벽한 제품을 만들고 싶다는 열의에 온몸을 맡겼다. 그리고 눈물과 땀을 자양분 삼아 개발자의 역할을 해냈다. 그러나 나의 역할은 개발자에 머물지 않았다.

결국 자신만이 답을 알고 있다

'요즘 나는 무슨 일을 하는가?'

나는 스타트업 대표이다. 그러나 주 업무는 '협상'이다. 엔지니어로서 기술을 개발하던 시기는 지나갔다. 연구원들이 그 일을 하고 있다. 인사와 재무도 담당 임원이 생기면서 내 손을 떠나갔다. 내가 지금 하는 일은 담당자를 만나 진행 상황을 보고 받고 일정을 조율하고 그 선에서 해결되지 않는 것들을 해결해주는 것이다. 투자유치도 어느 정도 마무리됐지만 여전히 자주 만나고 소통한다. 덕분에 요즘은 설득하는 일이 많다.

나는 내가 40대 중반에 협상을 주 업무로 하는 스타트업의 대표가 될 줄은 몰랐다. 이 책을 읽는 누군가도 자신이 무언가가 될 줄 몰랐다는 이야기를 할 수 있기를 바란다. 꼭 창업이 아니어도 좋다. 자신이 하고 싶은 일을 찾고 도전해서 생동감 있는 삶을 살길 바란다.

'과연 내가 할 수 있을까?'

자신만이 답을 알고 있다. 나는 암 투병이라는 극적인 상황에 놓였을 때 강한 동기부여를 느꼈다. '기술 하나만 믿고 창업할 수 있을까?' 기존의 고민은 '지금 하지 않으면 후회하고 말 것'이라는 간절함으로 바뀌었다. 그때는 삼성전기와 씨젠에서 겪었던 모든 일이 자신감을 불어 넣는 자원이 됐다. 그러나 나보다 현명한 창업자들은 '마지막 선택'이라는 극단적 상황으로 자신을 몰아넣지 않고도 자신의 일을 찾아서 해내고 있다. 모든 도전이 인생의 큰 이벤트가 될 필요도 없다.

우리는 '존재해온 것들' 속에 살아가고 있지만 잘 관찰하면 수정하고 보완해야 하는 것들이 뜻밖에 많다. 일상을 관찰하고 문제를 정의한 후에 끈질기게 해결해줄 사람이 필요하다. 위험을 감수하는 자에게 '발명가의 시대'는 끝나지 않았다!

퍼시스턴트 라이프

초판 1쇄 발행 2021년 9월 19일
초판 3쇄 발행 2021년 10월 25일

지은이 김영욱
펴낸이 안현주

기획 류재운 **편집** 안선영 **마케팅** 안현영
디자인 표지 최승협 본문 장덕종

펴낸 곳 클라우드나인 **출판등록** 2013년 12월 12일(제2013-101호)
주소 우) 03993 서울시 마포구 월드컵북로 4길 82(동교동) 신흥빌딩 3층
전화 02-332-8939 **팩스** 02-6008-8938
이메일 c9book@naver.com

값 17,000원
ISBN 979-11-91334-31-9 03320

* 잘못 만들어진 책은 구입하신 곳에서 교환해드립니다.
* 이 책의 전부 또는 일부 내용을 재사용하려면 사전에 저작권자와 클라우드나인의 동의를 받아야 합니다.

* 클라우드나인에서는 독자 여러분의 원고를 기다리고 있습니다.
  출간을 원하시는 분은 원고를 bookmuseum@naver.com으로 보내주세요.

* 클라우드나인은 구름 중 가장 높은 구름인 9번 구름을 뜻합니다. 새들이 깃털로 하늘을 나는 것처럼 인간은 깃펜으로 쓴 글자에 의해 천상에 오를 것입니다.